위기의 병원을 위한
STRATEGY 전략

반드시 성공하는 1%의 차이는 무엇인가?
누구도 알려주지 않았던 실무 위주의 병원 경영 핵심 전략!

김성훈 지음

힘든 집필 기간 동안
묵묵히 응원해 준 사랑하는 나의 아내,
지칠 때 나를 웃게 해준
세상에서 가장 사랑스럽고 소중한 아들에게
감사의 마음을 전합니다.

이 책을 향한 찬사

하루하루 최선을 다해 진료하고 있지만 언젠가 나도 뒤처지는 날이 올 수 있다는 불안감에 휩싸이곤 한다. 이 책을 읽고 나는 다시 기대감에 벅찬 하루를 시작할 수 있게 되었다. 저자는 마케팅의 본질뿐만 아니라 의사의 마음을 꿰뚫고 있는 것이 확실하다.

홍종현, 강남 프레쉬홍닥터의원 대표원장

이 책은 단순히 병원 경영을 설명하는 책이 아니다. 실전에서 갈고닦은 경험을 잔인할 정도로 솔직히 알려주는 비밀의 문서와 같은 책이다.

김봉철, 부산 해운대뉴욕치과 대표원장

지금까지 보았던 병원 경영 책과는 비교할 수 없을 정도로 디테일하다. '인수분해' 편을 돌이켜보면 이제는 더 이상 컨설팅 회사에 의지할 필요가 없을 정도라고 느껴졌다. 이 책은 다독이 아니라 병원을 마무리하는 순간까지 곁에 두고 읽어야 한다.

김기봉, 대구 FM 치과병원 대표원장

지금까지 읽은 수많은 병원 경영 서적들과 비교해 보면 왜 이제서야 이런 책이 나왔을까라는 생각이 든다. 내가 어디에 집중해야 하는지, 어디가 부족한지, 그럼 어떻게 해야 하는지 모든 것을 알려준다.

박진택, 성남 원데이항외과 대표원장

병원 경영에 대한 많은 경험과 이해를 갖고 있는 김성훈 대표는 지금껏 의료 현장에서 경험한 자신의 노하우와 새로운 전문 지식을 활용하여 병원 마케팅, 환자 관리 및 행정 지원 시스템을 통합하는 의료 지원 솔루션 시장에 새로운 대안이 이 될 것이며, 체계적인 병원 경영을 필요로 하는 이들에게 꼭 필요한 가이드라인을 제시해 줄 것으로 기대한다.

윤태준, 동의대학교 교수(AI, Metaverse 전문가)

시작하는 글

작은 차이가 큰 차이를 만들어 낸다

"A little thing that makes big difference"
- Brian Tracy-

    무려 20곳의 다양한 분야에서 성공신화를 쓰고, 세계적 대기업이 찾는 컨설턴트이자 자수성가 사업가인 브라이언 트레이시(Brian Tracy)는 그의 강연에서 다음과 같이 이야기했다.
    "경주마가 한 끗 차이로 1등을 한다고 할 때 그 상금은 2등을 한 말의 10배나 된다. 이 말은 우승마가 10배 더 빠르다는 뜻일까? 아니면 10% 빠르다는 말인가? 아니다. 우승마는 겨우 한치 빠를 뿐이다. 하지만 이 한치의 차이가 10배의 상금으로 변한다."
    마찬가지로 연봉이 3천만 원인 사람보다 3억을 버는 사람이 기술이나 능력, 지능, 근무시간에서 10배의 차이를 보이는 것은 아니다. 그의 말처럼 우리에게 필요한 것은 대단한 것이 아닌 바로 한

치의 차이를 극복하는 방법이다.

이는 병원 경영에서도 마찬가지이다. 십수 년간 병원을 경영해 본 필자의 입장에서 바라볼 때, 소위 잘나가는 병원의 대표원장과 그렇지 못한 병원의 대표원장의 실력은 한 치 차이인 경우가 많다. 그러나 대부분은 그 차이를 1등 한 말과 10등 한 말의 차이만큼, 능력이 10배, 100배의 차이라고 인식한다.

잘나가는 병원의 원장을 바라보면서 "저 사람은 경영감각이 나보다 뛰어나니까", "저 사람은 손이 매우 빠르니까", "저 사람은 말을 정말 잘 하니까", "저 사람은 똑똑하니까" 등 자신보다 뛰어난 부분이 있어서 잘 된 것이라고 스스로를 평가절하한다.

누구나 남들보다 잘하는 영역이 있으며, 적어도 흥미를 느끼거나 관심이 많은 영역이 있다. 하지만 정작 본인은 어느 정도 잘하는지, 얼마나 가치 있는 것인지 모르는 경우가 대부분이다. 그렇기에 자신이 가진 장점을 매출로 연결시키지 못하는 안타까운 경우를 많이 보았다. 내가 가진 그 작은 장점 하나가 남들이 그토록 원하던 한 가지 '그것'일지도 모르는데 말이다.

병원의 성공을 갈망하는 대표원장은 소위 잘나가는 병원이 어떤 마케팅을 하고, 어떻게 진료를 보고, 어떻게 관리를 하는지 궁금해 한다. 뭔가 특별한 방법을 찾아보지만 자세히 알려주지 않거나 두루뭉술하게 말하기만 한다. 만약 어떤 하나의 팁을 얻게 되더라도 그것을 병원 상황에 알맞은 형태로 활용하지 못할 뿐만 아니라 왜?

그리고 무엇 때문에 이런 방법을 도입했는지에 대해서 의문을 가지거나 깊이 생각하는 사람이 거의 없는 것이 현실이다. 또한 그런 팁 몇 개 알았다고 성공하는 병원이 되었다는 말을 들어 본적도 없다.

이 책은 지금까지 어느 컨설팅 회사에서도 알려주지 않았던 것들을 담고 있다. 일반적인 컨설팅 회사는 마케팅이면 마케팅, 조직관리면 조직관리… 각 분야별 전문가들이 있어 각자가 잘 아는 부분을 집중적으로 파악하고 개선해 나가면서 결과를 보여주지만, 정작 병원을 경영하는 입장에서 서로 유기적으로 적용시키는 방법을 제시하지는 않는다. 또한 그런 분석을 통해 해결 방안을 내기까지의 노하우에 대해서는 더더욱 알려주려고 하지 않는다.

이 책을 읽고 나면 병원 경영의 전체적인 윤곽을 내 머릿속에 이미지화 시키고 그 흐름 속에서 필요한 것을 적용할 수 있는 능력, 실제 자신의 부족한 부분, 잘하는 부분을 구분해 낼 수 있는 능력과 어떤 것에 집중해야 하는지, 어떻게 문제를 해결해 나가야 하는지에 대한 통찰력을 얻을 수 있을 것이다.

이 책에서 다뤄지는 이야기들은 수많은 경영 프로젝트를 진행하면서 겪었던 일들, 내부에서 바라본 관계자들의 업무처리 방식과 마인드, 외부인의 시각으로 바라보았던 병원 실정, 컨설팅 담당자로서의 경험 등 실제 실무에서 체득한 방법을 토대로 작성되었으며 최대한 쉽게 표현하고자 하였다.

　필자는 자신의 일에 몰두하고, 환자를 정성으로 치료하지만 현실적으로 병원의 경영상태가 좋지 않아 주변 환경에 지배당하는 의사들에게 한줄기 빛이 되고 싶은 마음에 집필을 시작하였으며, 필자가 진심과 정성을 다해 한 글자, 한 글자 펜으로 꾹꾹 눌러쓴 마음을 공감해 주길 바란다. 자신이 느끼는 남들과의 실력 차이를 단지 한 치 차이로 만들 수 있도록 과감하게 많은 것을 오픈했다.

　마지막으로 이 책은 경영의 본질, 핵심을 기초적으로 설명했기에 병원이 아니더라도 대부분의 사업에 적용할 수 있는 것들이 많을 것으로 판단된다. 이에 필자 또한 많은 사람들에게 선한 영향력과 영감을 선물하고 싶다.

목차

추천하는 글	이 책에 대한 찬사 - 한줄 서평들	6
시작하는 글	작은 차이가 큰 차이를 만들어 낸다	9

Chapter 1   병원경영의 기본기 다지기　19

의료계의 현실(병원 경영의 현재)　19
성공한 병원 vs 성공할 병원 vs 실패할 병원　23
나만 모르는 지독한 매너리즘　29
나를 살리는 목표 설정　34
시행착오가 없다면
아무것도 하지 않은 것이다　42
메타인지가 높은 사람이 성공한다　46

Chapter 2   마케팅으로 만드는 매출　53

마케팅을 부정적으로 보는 병원　53
고객만족의 진정한 의미　57
광고와 마케팅의 차이　62
마케팅에서의 3 STEP　65
마케팅의 핵심은 스토리텔링　72
내 병원의 Catchphrase를 찾아라　76
온라인 마케팅 파헤쳐보기　81
오프라인 마케팅 파헤쳐보기　115
지금 당장 적용하는 1차 의료기관의 마케팅 전략　133

| Chapter 3 | 조직이 만드는 매출 | 143 |

	조직을 탈출하려는 직원들(퇴사의 조건)	143
	팀장의 역할이 매출을 증가시킨다	151
	직원을 있는 그대로 인정해야 한다	159
	누구나 꿈꾸는 직원 교육시스템	165
	나만의 호위무사를 조직하라	181
	급여에 대한 가치 인식	185
	MOT교육을 활용하라	194

| Chapter 4 | 전략과 분석
그리고 시스템으로 만드는 매출 | 201 |

	컨설팅 회사도 안 가르쳐주는 셀프 병원 분석법(인수분해)	201
	세분화의 마법	216
	매출 증대의 첫걸음, 환자 데이터 수집과 분석	222
	손뼉도 마주쳐야 소리가 난다	233
	진료시스템도 전략이 필요하다	239

Chapter 5	대표원장 자신이 만드는 매출	245
	오너의 마인드가 만사다	245
	사고의 시작은 어디서부터 출발하나	249
	난 어떤 시각으로 경영을 바라보는가	255
	정보의 가치는 달라진다	261
	포괄적 진료를 지향하자	266
	세금관리, 세무조사관리 - 무엇을 하고있나	269

Special	어려울 때 꺼내보는 비밀의 문서	277
	수가의 경쟁에서 살아남는 방법	277
	새로운 파이프라인이 필요하다고 느껴질 때	283
	병원의 분위기가 느슨해질 때	289
	지인의 병원이 잘된다는 말을 들었어요	292
	불확실한 미래에 대한 공포가 밀려들 때	297
	아끼는 직원이 흔들릴 때	303

책정보   309

Chapter 1
병원경영의
기본기 다지기

'빈익빈 부익부(貧益貧 富益富)'의 의미는 경영의 본질을 이해하고 현실에 잘 활용하는 소위 뛰어난 사람이 운영하는 병원만이 잘 된다는 것이다. 한눈팔지 않고 최선을 다하면 잘 되는 시대는 저물었음을 의미한다.

의료계의 현실 (병원 경영의 현재)

우리나라 의료계의 경영상태는 아직도 빨간 불이다. 왜 빨간 불이지? 1997년 외환위기를 지난 이후 경기가 회복되는가 싶더니 여러가지 외부적인 이유로 다시 경기가 나빠졌다고 말한다. 항상 경기가 좋지 않았다. 그 때 그 순간은 말이다. 그러나 모두들 하나같이 똑같이 말하는 공통점이 있다. 지나고 보니 그때가 좋았다고… 심지어 IMF때가… 차라리 코로나로 팬데믹일 때가… 좋았던 것 같다고 말한다.

이게 무슨 말인가? 과거를 되돌아보면 활황이었고, 지금은 불황이라니 전혀 객관적이거나 수치적으로도 맞지 않는데 말이다. 처음에 말한 '빨간 불이다'의 의미는 실제 경제가 '빨간 불이다'가 아니라 우리의 마음속에 메아리치는 핑계에 관한 표현이다.

물론 아무런 어려움이 없었다고는 말할 수 없다. 부동산 가격의 하락, 주가의 하락, 국제 무역수지 적자, 2023년 고금리 등 실질적인 시장경기가 나빠졌을 때 일반 시장은 물론 의료계까지 파장이 적지 않은 것이 사실이다.

반면 코스피지수가 3,000포인트를 넘어가고, 국제무역수지가 사상최고치를 경신하는 등의 시장경기가 좋아질 때에도 '경기가 좋다' 라는 말보다는 치열한 경쟁으로 수가는 하락하고, 물가는 높아졌으며, 환자는 줄어들어가는 것 같다는 등의 탄식만 즐비했다. 왜 그런 것일까? 왜 그때만 좋았고 지금은 나쁜 걸까? 필자가 의료계에서 십수 년간 겪어보고, 경험해본 바로는 좋은 시기일 때 탄탄한 시스템을 구축하지 못했고, 미래에 대한 대비책을 마련하지 못했으며, 병원간 경쟁이 심화되면서 돌이켜보면 병원 사정이 좋았던 그 순간에서 멈춘 경우가(경영시스템, 마인드) 많았기에 과거의 영광만이 기억속에 오래 머무르기 때문이라고 판단된다.

동네 병·의원이 처한 현실 - 빈익빈 부익부(貧益貧 富益富)

약 20년 전만 하더라도 우리나라 대부분의 병. 의원들은 규모적인 부분에 대해서 크게 문제가 되지 않았다. 큰 병원들은 큰 병원데로, 작은 의원들은 작은 의원데로 먹고 살만 했다. 그러다 점점 대형병원, 네트워크 병원들이 등장하면서 환자들의 쏠림 현상이 생기기 시작했다.

개인 이름을 명칭으로 사용하는 병원은 이제 정말 보기 힘들 정도다. 너도나도 연합하여 네트워크 병원들이 우후죽순 생기고 또 사라지는 과정을 지나고 나니 이제는 특화진료 또는 세분화된 질환, 병명을 위주로 하는 병원들이 생기기 시작하였다.

물론 네트워크 병원을 나쁘게만 볼 것은 아니다. 네트워크 병원이 등장하면서 의료계에 서비스의 개념이 대두되기 시작하였고, 환자를 고객으로 바라보는 시각이 생기면서 친절함은 기본이며, 만족을 넘어 감동을 전하려는 노력이 돋보였다. 또한 여러 의사들이 모이면서 각 분야별 협진시스템이 만들어짐에 따라 의료의 질 또한 높아지는 결과를 만들어냈다.

반대의 입장에서 이야기를 하면 개원하는 병원이 늘어나면서 경쟁의 심화가 발생하였고, 그로인하여 저수가의 늪지대가 늘어나기 시작하였다. 의사나 환자나 모든 부분에서 눈높이가 높아져 근처 병원보다도 시설은 좋아야 하고, 수가는 낮아야 치열한 경쟁에서 비집고 들어갈 수 있게 되었다.

또한 새로운 광고, 눈에 띄는 광고를 위하여 여러가지 온라인, 모바일 플랫폼에 지출하는 비용은 기하급수적으로 늘어남과 동시에 효율은 떨어졌으며 MZ세대 직원들의 눈높이도 높아져 인건비의 상승과 울며겨자먹기로 다른 병원보다 더 좋은 복지제도를 제공해야 하는 분위기도 생기게 되었다. 이런 현상속에서 작은 동네의원의 경영상태는 악화되게 되었지만, 더욱 큰 문제는 그 잘나가던 병원들도 여러가지 이유로 타격을 입어 치킨게임에 합류하게 되어가는 현실에 맞닥뜨리게 된 것이다.

 누구는 그런 이야기를 한다. 그래도 동네의원들이 훨씬 힘들지 무슨 대형 병원들이 힘드냐고 말이다. 여기서 필자는 자신 있게 말할 수 있다. 매출이 전부는 아니다. 대형병원은 생각보다 매출 대비 순수익이 적다. 매출이 높은 만큼 고정비용은 상상을 초월하는 경우가 많다.

 병원 매출이 계속 상승하는 분위기에서는 체감할 수 없을지도 모르지만, 단 2~3달만 매출이 삐걱거리면 작은 동네의원보다 훨씬 큰 데미지를 입게 된다. 이제는 결국 대형병원과 동네의원 모두에게 힘든 시기가 왔다.

 소제목에 '빈익빈 부익부(貧益貧 富益富)'의 의미는 경영의 본질을 이해하고 현실에 잘 활용하는 소위 뛰어난 사람이 운영하는 병원만이 잘된다는 것이다. 그냥 한눈팔지 않고 최선을 다하면 잘되는 시대는 저물었음을 의미한다.

경영의 본질을 이해하고 전략을 잘 수립하여 적어도 내 주변 병원들 보다 더 뛰어난 병원이 되도록 만들어야 한다. 개원의는 사랑하는 가족과 나를 믿고 의지하는 직원들을 어깨에 짊어지고 있기 때문이다.

성공한 병원 VS 성공할 병원 VS 실패할 병원

십수 년간 수많은 병원을 내·외부에서 관찰하며 일을 해보니 성공한 병원, 성공할 병원 그리고 곧 망할 병원을 구분해 내는 통찰력이 생겼다. 소위 잘나가는 병원은 분명한 이유가 있고, 안되는 병원 또한 그만한 이유가 존재한다.

한 병원의 대표원장은 자신의 병원을 어떻게 판단할까? 그렇게 내려진 결론이 정말 객관적으로 정답일까? 일부는 자신의 병원을 라이프 사이클로 비유하며 정확하게 판단한 경우도 있지만, 대부분은 병원이 어떤 위치에 있는지조차 모르고 그저 잘 된다, 안된다 정도의 이분법적 기준으로 판단하고 있다. 심지어 잘 되거나 안되는 기준조차 친한 선후배의 부정확한 대답에 의존해서 판단하기도 한다. 누구에게는 매출이 높은, 누구에게는 수익률이 높은, 누구에게는 적당한 매출에 정신적 또는 육체적 부담이 적은 것을 성공이라고 생각한다. 그럼 도대체 성공한 병원과 성공 가능성이 있는 병원, 그리고 망할 것 같은 병원은 어떻게 알 수 있을까?

이 질문에 답하기에 앞서 모든 기준은 병원의 대표가 생각하는 가치에 달렸다는 것을 기억하자. 성공의 가치는 기준을 어디에 설정해 놓는지에 따라 다르다. 정답은 없다. 하지만 한 가지 확실한 것이 하나 있다. 우리가 흔히 말하는 성공한 병원의 대표원장은 자기가 설정한 목표가 있고, 그것을 이루기 위해서 부단한 노력을 하는 사람들이다. 남들이 뭐라고 해도 자신만의 기준이 명확하고 목표를 이루기 위해서 감수해야 할 리스크를 당연하고 겸허하게 받아들이며 '안되는 이유'가 아닌 '되는 이유'를 계속 찾아낸다.

지금까지 수많은 병원의 대표와 같이 비즈니스를 해오면서 대표의 집중과 몰입 상태에 따라 얼마나 큰 결과의 차이를 만들어내는지 확인하였다. 간단하게 정리하자면 성공할 병원은 대표의 마인드가 도전적이며, 과거에 얽매이지 않고 자신이 무엇을 잘하는지, 무엇이 부족한지, 무엇을 해야 하는지를 알고 있으며, 당면한 과제들 하나하나에 모든 열정과 노력을 집중시킨다. 주변에서 부정적인 말과 조언이 난무하여도 진심으로 자신을 믿고 나아가는 사람들이다. 성공한 사람은 이런 태도를 지속적으로 유지한 사람이다.

망할 것 같은 병원은 성공한 병원과 정 반대로 생각하고 행동한 사람이다. "저런 잘나가는 병원들이나 이렇게 하지, 난 그렇게 못해, 내 상황과 맞지 않아"라고 자신의 한계를 설정해버리며, 주변의 말에 쉽게 흔들리고 "나름 노력해 봤는데…"라는 말로 자기합리화하는 사람은 대부분 경영이 어려운 경우가 많다.

실제 필자가 겪어본 어떤 병원의 성공한 사례와 실패한 사례를 들어보겠다.

먼저 성공사례인 병원이다.

이 병원의 대표원장은 컴퓨터를 잘 다룰 줄 모른다. 컴퓨터를 끄고 켜고 환자 예약표를 확인할 수 있는 정도이다. 그 사람의 왼쪽 가슴에 있는 주머니에는 아주 작은 메모지와 볼펜이 항상 꽂혀 있었다. 출근하고 퇴근할 때까지 그가 환자를 치료하는 시간 이외에는 차트 보기, 메모하기 그리고 직원들과 이야기하기, 책과 업계 신문 보기 이외에는 거의 다른 행동을 하지 않았다. 내가 보기에는 잠자기 전까지 머릿속에는 온통 병원 생각만 하고 살았다. 한마디로 병원에 미친듯한 모습만 보였다. 어떤 메모를 했는지 살펴보면 환자와의 접점에서 필요한 멘트, 진료 중 불편한 것, 환자에게 도움이 되는 동선, 치료를 더 정확하고 빨리 해낼 수 있도록 도와주는 장비 및 기타 아이디어 등 모든 내용이 환자와 직원 그리고 시스템에 대한 것이었다.

병원이 얼마나 잘 되었는지 궁금하지 않은가? 정확한 매출을 말할 순 없지만 작은 빌딩 2개 정도를 큰 어려움 없이 살 수 있는 경제적 능력을 가지게 되었다. 또한 근무하는 의사 수도 처음 2명으로 시작하여 약 30명 가까이 늘어났다. 물론 혼자만의 노력으로 가능한 것은 아니었다. 훌륭한 직원들과 함께 했기에 가능한 일이었다. 여기에서 중요한 것은 대표의 마인드와 행동력이다.

자신이 정한 목표를 위해서 한순간도 잡생각을 하지 않았으며, 오로지 병원의 발전만을 위해서 스스로를 채찍질해야 했다. 이 사례를 들어보니 어떤가? 당연히 성공할 사람이라는 생각이 들지 않는가?

반대로 망한 병원에 대한 이야기이다.

원장 1명, 직원 5명의 작은 치과이다. 한자리에서 개원한지 5년 정도 되었는데 어느 날부터 매출이 늘지 않고 제자리를 맴돌고 있었다. 걱정스러운 마음에 각종 강의와 세미나를 듣다가 컨설팅을 의뢰했다. 경영분석을 해보니 마케팅의 부재와 그 병원만의 아이덴티티가 부족했다. 평소 대표원장의 진료 스타일은 환자가 불편해하는 부분을 위주로 치료하였고, 환자가 만족하면 다시 돌아온다는 마인드로 치료를 하였지만 만족할 만한 부분이 치료 이외에는 없었다.

컨설팅 초반에 병원의 성장을 위해서는 무엇이든 다 하겠다는 의지를 보였지만, 시간이 지나면서 원장의 말과 행동은 달랐다. 자신의 병원을 발전시키기 위해서 컨설턴트, 원장, 직원들이 다 같이 노력해야 함에도 불구하고 돈을 지급했으니 알아서 해달라고만 말하며 전혀 같이 하고자 하는 마음이 없었다. 아이덴티티를 만들어서 환자와의 모든 접점 포인트에 적용하려고 해도 원장부터 적용하지 않고 예전 하던 방식 그대로 진료를 했으며 그 모습을 바라보는 직원들도 똑같이 행동하였다. 그리고 마케팅으로 오는 신환수와 매출에 대해서만 신경 쓰는 모습을 보였다. 컨설팅을 진행하는 중간중간에 변화를 받아들이지 않고, 실천하지 않으면 안 된다고 이야기를 했지만 그 순간에 잠깐 수긍하는 액션을 취할 뿐이었다.

물론 마케팅의 힘으로 어느 정도의 매출이 상승하기는 하였다. 컨설팅 계약 종료 이후 매출이 오른 상태로 6개월 정도는 유지가 되었다. 하지만 컨설팅이 끝나고 난 이후 치과의 상황을 확인해 보니 예상했던 문제가 생겼다. 시간이 지나면서 마케팅에 쓰는 비용이 아까워 줄이기 시작했고, 내원 환자와의 지속적인 관계 유지를 위한 CRM(Customer Relationship Management)을 귀찮아하게 되면서 결국 예전에 자신이 편하게 하던 모습 그대로 되돌아갔던 것이다. 실패한 사례를 들어보니 어떤가? 누가 봐도 안될 것을 예상할 수 있지 않겠는가?

필자가 하고 싶은 말은 바로 이런 것이다. 성공할 수밖에 없는 병원, 실패할 수밖에 없는 병원은 대단한 것이 있거나 없는 것이 아니라 객관적인 시각에서 살펴보면 누구나 알 수 있는 것이다. 이 책을 읽고 있는 당신의 사례를 글로 녹여내 본다면 제3자인 독자들은 어떤 판단을 하겠는가? 당사자의 입장이 아니라 관찰자의 입장에서 자신과 자신의 병원을 돌아봐야 한다.

그리고 성공할 가능성이 높은 병원이 있다. 이런 병원의 원장은 성공한 병원의 대표와 마인드가 거의 비슷하다. 항상 자신의 목표를 설정해두고 끊임없이 노력한다. 자신의 부족함이 무엇인지, 환자들에게 조금 더 만족을 줄 수 있는 방법이 무엇인지에 대해서 계속 생각하며 아이디어가 떠오르면 일단 실행에 옮기는 능력이 대단하다. 하지만 이런 사람들도 어느 정도 만족할 만한 성과가 나오면 매너리즘에 빠지는 사람과 그렇지 않은 사람으로 나뉘게 된다. 매너리즘에 빠지게 되는 사람들은 자만심에 젖어 생각보다 빠른 쇠퇴기를 경험하게 되는 경우도 있다. 그래서 이런 사람들에게는 자신의 목표를 업그레이드해야 한다는 처방을 내리기도 한다.

사실 필자도 오랜 기간 필드에서 직접 부딪히고 수많은 경험을 하였지만 정작 그 순간에는 이런 통찰력을 가지지 못하였다. 그저 문제 해결 능력이 뛰어난 정도에 불과했다. 그리다 나와 내 주변 상황들을 관찰자의 입장에서 바라보는 순간 모든 퍼즐이 맞춰지기 시작하였으며 당장 눈앞의 문제가 아닌 몇 수 앞을 내다볼 수 있을 정도의 통찰력이 생기기 시작했다.

성공한 병원, 성공할 병원은 ①대표가 자신과 자신의 병원을 객관화를 할 줄 알고, ②리스크를 생각하기에 앞서 '해야 하는 이유와 되는 방법을 끊임없이 제시하였는가?'에서 결론지어진다.

책 읽기를 잠깐 멈추고 종이 위에 자신을 객관화시켜보는 시간을 가져 보기를 추천한다.

부족한 분야, 현재의 목표, 자신의 성격 등 그 어떤 것이라도 좋다. 자신을 객관화시킬 수 있는 용기와 시간을 가진다면 앞으로 당신의 능력은 의심할 여지없이 올라갈 수 있다.

나만 모르는 지독한 매너리즘

우리가 일상에서 무언가를 반복하는 행동이나 습관에 대해서 생각해 본 적이 있는가? 대부분 매일 아침에 일어나 세수하고, 이 닦고, 식사하는 일상의 루틴을 만들고 따르는 것을 좋아한다. 아니 당연하다고 생각한다. 그런데 이런 습관은 흥미롭거나 새로운 경험이 될 수 없으며 때로는 우리의 새로운 시도를 막을 수도 있다고 생각하는 사람은 거의 없다.

예를 들어 일어나서 씻고 출근 준비를 하는 일상적 루틴에 더하여 10분 명상, 10분 스트레칭, 10분 독서를 한다면 어떻겠는가? 남들과 다른 하루를 꾸준히 10년간 보냈다면 어떤 미래가 어떻게 달라질지 상상만 해도 대단하다는 생각이 든다. 그러나 무의식적으로 그 루틴에 따르는 것이 불안함을 제거하고 편안함을 주는 것이라고 인식해 버린다면 새로운 변화를 시도조차 하지 않는 결과를 초래할 것이다.

매너리즘의 사전적 의미는 항상 일정한 방식으로 일을 하거나 같은 생각만을 반복하게 되어 독창성을 잃게 된다는 것이다. 사람들은 같은 동작, 언행, 사고(思考)에 만족하면서 익숙함에 물들어 새로운 것을 시도하거나 변화를 가져오는 것이 무의식적으로 어렵거나 두렵다고 생각한다.

한 내과 의사는 매일 감기 환자를 만나게 되는데, 환자에게 하는 설명이 대부분 반복적이기 때문에 녹음을 해서 틀어주고 싶을 때도 있다고 말했다. 그 의사가 환자를 대하는 태도는 안 봐도 알 수 있을 것 같지 않은가? 이때 환자들은 그 의사의 태도에서 어떤 감정을 느끼겠는가?

매일 똑같이 보내는 일상이 힘들어지고, 지겨워지고, 어떤 일을 하더라도 의욕이 없어지는 때가 있다. 그렇다고 열심히 하지 않는 것도 아니다. 그러다 보니 더욱 나의 일상이 무료해지고 나의 존재 가치가 사라지는 것 같은 생각이 들기도 한다. 이런 경우가 바로 흔히 말하는 매너리즘에 빠진 상황이다. 누군가는 쌓여가는 환자로 인하여 번아웃이 왔다고도 한다. 물론 병원이 잘되어 많은 수익이 창출되었다고 할지라도 매너리즘에 빠지는 시기가 늦어질 뿐 오지 않는다는 것은 아니다.

많은 의사들은 병원을 개원하기 전에 실패에 대한 두려움을 겪지만 열정과 희망은 최고조에 이르게 된다. 그러나 막상 업무가 시작되면 여러 가지 현실의 장애물에 부딪히며 눈앞에 직면한 문제에 온 신경이 집중되어 중요한 것과 시급한 것을 구분하지 못하는 상황에 처하게 된다. 내가 운영하는 병원이 잘 되든, 잘 안되든 모두 어느 순간 "내가 지금 뭘 하고 있나?"라는 생각을 하게 될 때가 있다.

필자가 겪어본 수많은 의사들은 아래와 같은 이유로 매너리즘에 빠져들곤 했다.

1. 나이가 들어서
2. 너무 많은 환자를 보다 보니 지쳐서 (오랜 기간 일 만해서)
3. 노력에 비해 수익이 적어서
4. 같은 일을 반복하다 보니 지루해서
5. 돈은 벌었지만 의욕이 없어져서

이런 이유를 듣고 나면 모두가 그럴만한 사정이 있다고 생각할 수 있으나 비판론자의 입장에서 평가하면 각각의 이유에 반론을 제기할 수 있다.

1. **나이가 들어서** > 새로운 목표가 없었군요.

2. **너무 많은 환자를 보다 보니 지쳐서**

> 본인이 아닌 다른 사람을 믿고 어느 정도 맡길 수 있는 여유와 시스템이 없었군요. 완벽주의자 또는 본인만의 에고(Ego)에 갇혀서 사셨군요.

3. 노력에 비해 수익이 적어서

> 열심히 한 당신에게 박수를 보냅니다. 그러나 병원 경영을 잘 하기 위한 방법들을 제대로 실행하지 않았거나 세상의 변화를 적극적으로 받아들이지 않았군요.

4. 같은 일을 반복하다 보니 지루해서

> 일이 아닌 개인의 인생에 대한 투자를 소홀히 하셨군요.

5. 돈은 벌었지만 의욕이 없어서

> 목표가 '돈'이었다면, 목표달성을 하고 나니 재미가 없어졌군요. 만약 목표가 돈이 아닌 인생의 성공이었으면 어땠을까요?

어떤가? 이런 반론의 예를 보면서 무엇이 중요하고, 어떻게 내 일과 세상을 바라봐야 하는지 느낌이 오는가? 매너리즘이라는 것은 누구에게나 당연하게 찾아올 수 있지만 그것을 극복하는 사람은 더욱 성숙하고 만족스러운 삶을 살아갈 것이고, 극복하지 못하는 사람은 특별한 계기가 생기지 않는 이상 내가 가진 고정관념의 올가미에 걸려 부정적인 사고의 틀에서 벗어날 수 없게 된다.

그런데 이러한 매너리즘을 더 깊게 들어가 보면 조금 위험한 경우도 있다. 바로 '착각의 매너리즘'(illusory mannerism)이다. 내가 매너리즘에 빠진 원인을 정확하게 파악하지 못하고 엉뚱한 곳에서 해결책을 찾아 그것이 마치 정답인 줄 알고 지내는 것이다. 자신이 옳다고 생각한 것이 상대편의 입장에서는 그렇지 않은 상황, 또한 그 사실조차 모르는 원장은 착각의 매너리즘에 빠져 자신의 마음을 파괴하고 직원과의 관계, 나아가 환자에게까지 좋지 못한 영향을 끼치게 된다.

매너리즘의 종류는 정말 다양하다. 하기 싫음으로 나타나기도 하고, 무엇을 해야 할지 모르는 것으로도 나타날 수 있다. 지금 이 순간부터 나에게 매너리즘이 찾아올 수 있음을 인지하고 혹시 나 자신이 매너리즘에 빠져 있지는 않은지 깊이 생각해 보아야 한다.

매너리즘이 나의 정신을, 나의 육체를, 나의 성공을 얼마나 갉아먹는지 그 위험성에 대해서 알고 있더라도 매너리즘에 빠졌다는 것을 알아차리지 못하는 것이 가장 큰 문제이기에 지금 시급한 것은 나의 상황을 객관적인 잣대로 평가해 보는 것이다.

나 자신이 매너리즘에 빠져있는 것은 아닌지, 빠졌다면 얼마만큼 영향을 주고 있는지를 확인한다면 새로운 목표가 생기고, 내가 해야 할 일들이 보이기 시작할 것이다. 내 인생에서 가치 있는 것을 찾아낸다면 결국 나의 발전, 병원의 발전으로 인하여 진정한 행복이 시작되는 순간이 될 것이다.

나를 살리는 목표 설정

개원 초기에는 나만의 부푼 꿈과 희망으로 설렘도 있지만 그와 비슷한 크기만큼 두려움으로 인해 밤잠을 설치기도 한다. 힘든 하루하루를 보내지만 시간이 지나면서 매출은 올라가고 나름 노하우도 생기면서 마음의 안정을 찾아가곤 한다. 그러나 세월이 흘러 매출이 한계에 도달했다는 생각이 들거나, 체력은 떨어지고 일이 재미가 없다는 생각이 들면서 점점 초심을 잃게 된다. 이런 난관에 봉착한 당사자의 이야기를 들어보면 일에 지치고, 환자에 지치고, 직원과의 관계에 지쳐서 더 이상 노력하고 싶지 않으며 나를 해방시켜주고 싶다는 생각이 든다고 한다.

여기서 필자가 뼈 때리는 이야기를 해주고 싶다.

"그렇다고 솔직히 돈을 덜 벌고 싶은 생각은 없잖아요."

십수 년간 만났던 수많은 병원의 대표원장들이 공통적으로 겪은 현상이며, 대부분 인정할 수밖에 없을 것이다. 왜 그럴까?

여러 가지 개인적인 사정과 상황이 있을 수 있어 단정할 수는 없지만 필자의 관점에서 이러한 현상은 자신의 목표가 불명확하기 때문이라고 본다. 대부분 개원 초기에는 매출에 대한 목표, 병원 규모를 키우려는 목표 등을 설정하고 그것을 이루기 위해 현실적으로 당면하는 온갖 어려움과 내면의 고통을 헤쳐 나가려 노력한다. 치료 난이도가 높은 케이스의 환자가 오면 무조건 상급병원으로 진료 의뢰하지 않고 선배나 동료 의사들에게 도움을 요청하는 등 환자 한 명 한 명도 소중하게 대한다. 그러다 본인의 목표가 이루어지면 너무 뿌듯해하며 자신감이 생기고, 새로운 목표를 정한 후 또다시 내달리기 시작한다. 하지만 시간이 지나면서 초심은 조금씩 변질되어 환자를 고르기 시작하고 환자를 대하는 자세도 달라져 예전의 내가 아니라는 것을 조금씩 알게 된다.

이 모든 것이 인간의 본성에 기인하는 것이므로 잘못되었다고 하려는 것은 아니다. 다만 필자는 이럴 때 본인의 병원을 바라보는 환자, 직원, 가족의 모습을 떠올려보라고 말하고 싶다. 개원 후 어느 정도 시간이 지나 열의가 없어지는 때가 오면 이제는 내가 생각하는 목표가 꼭 나만의 목표만이 아니라는 것을 깨달았으면 한다. 나와 뜻을 같이하며 나를 응원해 주는 사람들을 외면하고 당장 나의 어려움에 허우적대느라 현실에 굴복해 버리는 것은 '의(義)'를 저버리는 행동이지 않을까?

목표라는 단어의 의미를 확장하여 해석할 줄도 알아야 한다. 필자는 의료업계에 있으면서 직원들의 이야기를 참 많이 듣는 편이다. 실제로 가까이서 이야기를 들어보면, 어떤 직원들은 적당히 일한 만큼 급여만 받아 가면 된다는 생각을 하기도 하고, 어떤 직원들은 대표원장과 같이 병원을 키워가는 과정에서 자신을 믿고 힘을 실어주는 대표와 함께하게 되어 기쁘고, 자신의 역할이 중요하다고 생각하기도 한다. 이런 생각을 가진 직원이 있다면 얼마나 행복한 일인가? 많은 직원 중 일부만이 이런 생각을 가지겠지만 그 직원 한 명은 여러 명의 몫을 함은 물론이고, 대표가 목표를 향해 달려가는데 큰 위로와 힘이 되어준다. 이런 마음을 겉으로 표현하는 직원이 있지만 반대로 마음속으로만 생각하는 직원이 많기 때문에 대표는 잘 모르는 경우가 많다. 그래서 목표는 나 하나의 것이 아니라는 점을 다시 한번 상기하기 바란다. 사람은 누구나 지칠 수 있다. 그러나 그런 어려움을 이겨낼 수 있는 원동력은 바로 새로운 목표이다. 큰 목표, 화려한 목표가 필요한 것이 아니다. 달성 가능한 '작은 목표' 하나하나가 모여서 원대한 목표를 이룰 수 있다.

그럼 지금부터 목표 설정에 대한 실질적인 팁을 공유하고자 한다. 목표는 목적에 따라 다음과 같이 분류할 수 있다.

- 병원 매출에 대한 목표
- 병원 규모에 대한 목표
- 나의 명성에 대한 목표
- 내 삶에 대한 목표

병원 매출에 대한 목표

의료 행위를 하고 있지만 자선사업가가 아니고 수익을 위해야 함은 현실적으로 당연한 것이다. 매출에 대한 목표를 설정하였다면 단계별로 고려해야 할 사항이 있다. 최종 목표 매출이 얼마이든 간에 첫 목표는 현실 가능한 정도의 수준에서 설정되어야 한다. 처음 목표가 너무 높다면 기간이 길어지게 되고, 그 과정에서 너무 많은 내적·외적 어려움에 봉착하게 될 가능성이 높아진다.

  그래서 처음에는 원대한 목표가 아니라 1년 이내에 해낼 수 있는 정도가 적당하다. 그리고 첫 목표에 어느 정도 도달했을 때 다음 목표를 빠르게 설정하여야 한다. 다만, 두 번째 목표부터는 매출을 정하되 매출액 자체만을 바라보아서는 안된다. 계속 매출액 자체가 목표가 되면, 의료의 본질에서 멀어지는 방향으로 나가는 경우가 많다. 마케팅이든 병원 시스템이든 돈과 연결되기 시작하면 환자들의 니즈가 아닌 매출을 높이기 위한 나의 니즈에 맞게 변질되기 때문이다. 그래서 두 번째 목표를 설정할 때에는 환자수를 기준으로 매출액을 설정해야 한다. 이를 위해서는 현재 우리 병원의 1일 평균 총 환자수, 신환수, 총 환자수 대비 객단가, 신환수 대비 객단가 등을 파악해야 한다. 나중에는 일 평균 환자수만 보더라도 매출을 예상해 낼 수 있다.

  이렇게 하는 이유는 대표가 매출만을 목표로 하는 순간 모든 직원들의 직원들의 머릿속에도 '목표=매출(돈)=환자' 라는 공식이 성립되기 때문이다. 매출액 자체가 아니라 환자수, 상담수, 진료 동의율 등을 목표의 기준으로 잡아야 한다. 처음에는 환자수와 매출을 매칭 시키기 힘들겠지만, 조금만 익숙해지면 자연스럽게 매칭이 될 것이다. 다시 한번 강조하지만, 이 방법은 나와 나의 직원들 모두가 환자를 바라보는 시각이 달라지게 하며 1명의 환자도 소중하게 느끼게 되는 방법 중 하나이다. 이런 병원은 잘될 수밖에 없다.

병원 규모에 대한 목표

매출을 상승시키기 위해서는 일정 규모 이상의 공간, 직원 수, 장비 등이 필요하지만 처음 개원한 의사가 아주 큰 규모에서 많은 직원을 고용하며 시작하는 병원은 많지 않다. 예를 들어 50평 규모에 6명이 근무를 한다면 특별한 진료를 하지 않는 이상 그 병원에서 벌어들일 수 있는 매출의 한계는 어느 정도 정해지게 된다. 시간이 지나서 병원이 자리를 잡기 시작하면 직원을 차츰 늘리게 된다.

내가 생각하는 매출의 목표가 있다면 이 공간에, 이 직원으로 얼마만큼의 매출이 가능한지 고려해 봐야 한다. 공간(규모) 때문에 생기는 한계는 무조건 존재하기 때문이다. 더 큰 평수로 이전을 할 수도 있고, 가능하다면 지금 위치에서 확장을 할 수도 있다. 임대로 있다가 상가 분양을 받을 수도 있고, 분양을 받았다면 크게 확장을 하면서 부동산의 가치까지 가져간다면 자연스럽게 자산이 늘어나게 된다. 물론, 위험 부담이 커질 수 있겠지만 목표를 잡을 때만큼은 위험 부담에 집착하지 말아야 제대로 된 목표 설정이 가능하다. 그리고 병원 확장 관련 비용뿐만 아니라 그 규모를 감당할 수 있는 나의 역량(Capacity)도 고려해야 한다.

나의 명성에 대한 목표

사실 명성이라는 것은 너무나 주관적인 영역이다. 필자가 말하는 목표는 연예인처럼 유명해지는 것이나 정치적 명성을 획득하는 것이 아니라 내가 의사로서 가질 수 있는 명성을 기준으로 목표를 정해야 한다는 것이다.

이 기준은 세 가지로 분류할 수 있다.

- 환자들로부터 얻을 수 있는 명성
- 자신의 전문 분야에서의 명성
- 직원 및 주변 지인들로부터 얻을 수 있는 명성

이 세 가지 중 어떤 목표를 설정해야 하는지는 중요하지 않다. 내가 원하고 꼭 바라는 것이면 되고 한 가지 이상 선택하면 더욱 좋다.

왜 명성에 대한 목표를 가져야만 할까? 명성을 가져야 한다는 의미는 개인사업자이기 이전에 의사가 가지는 본성으로서 남들에게 인정받고 싶고, 그로 인해 나 자신의 삶에 보람을 느낄 수 있는 계기가 될 수 있기 때문이다. 필자는 그동안 수많은 의사들의 걱정을 들어왔고 허심탄회하게 대화를 해 보았기에 그들이 가진 내적 고민에 대해서 누구보다도 잘 알고 있다.

돈을 많이 벌면 당연히 좋겠지만, 단순히 돈이 목표가 되었을 경우 처음엔 병원이 잘 되어 기쁘더라도 향후 매출이 하락하거나 내 스스로가 지치는 경우가 생기면 너무나 허망하게 모든 것을 놓아 버리고 싶은 생각이 밀려오게 될 것이다. 의사로서 내 삶의 숙명 같은 책임감, 의무감에 대한 만족이 충족되지 못하고 좋지 않은 나와의 감정에 무릎을 꿇어버리는 결과가 나오는 것이다. 그래서 명성이라는 이름의 목표를 위해서 일을 추진하다 보면, 나를 바라보는 세상의 모든 시선들에 대해서 떳떳해지고, 자존감이 높은 의식 수준으로 성장하게 되며 이것은 곧 내가 원하는 모든 것을 이룰 수 있다는 생각의 근간이 되어주므로 꼭 추천하는 것이다.

위에서 언급한 세 가지 중 한 가지만 선택해도 괜찮다는 의미는 세 가지가 모두 하나로 연결되어 있기 때문이다. 한 가지를 이루고자 생각하고 정진하면 나머지 목표들도 결이 같기 때문에 유기적인 결합으로 발전할 수 있다.

소위 예전에 잘 나갔다는 선배들의 지금 상황을 보라. 영원할 것 같았던 그 패기와 명석한 두뇌를 10년 이상 유지하고 있는 사람이 얼마나 될 것 같은가? 꾸준하게 우상향 하는 사람은 아주 드물다. 힘들어서…, 나이가 들어서…, 이제 벌 만큼 벌어서 등 다양한 말로 자신의 마음을 돌려 표현한다.

매출이 높으면 대단한 사람, 매출이 낮으면 그렇지 못한 사람이 아니다. 롱런하는 병원, 의사로서 만족감이 높은 대표는 자신이 하는 이 일에 의미를 부여하고 그것을 해내고자 하는 목표 설정 및 실행에 의해서 완성된다.

내 삶에 대한 목표 (돈 그리고 행복)

내 삶에 대한 목표를 설정할 때는 꼭 주의해야 할 사항이 있다. 대부분의 사람들에게 진정한 목표가 무엇이냐고 물어보면 '돈'이라는 대답보다 '행복'이 우선이고 그러기 위해서는 경제적 자유가 필요하다고 말하곤 한다. 아직도 의사로서 돈을 이야기하면 마치 부도덕한 것처럼 보는 사람들이 있고 의사 자신도 돈에 대한 이야기를 하면 품격이 떨어진다고 말하는 사람이 있다.

만약 내 병원의 경영이 악화되어 경제적인 여유가 없으면 의사로서 최선의 치료를 제공할 수 있겠는가? 의료 행위는 육체와 정신적인 모든 것을 치료하는 것이 본질이며 그러기 위해서는 환자를 위하는 마음이 진심에서 우러나와야 한다. '부(富)'는 그런 여유와 품격, 거룩함, 고매함, 선의 가득한 봉사의 정신을 포함한다. 그러기에 목표가 아닌 '수단'으로서의 '돈'은 필수불가결한 것이다.

그러하다면 진정한 행복은 무엇인가? 진정한 행복의 조건은 본인이 설정한 것이고, 그것이 이루어졌을 때 행복을 느끼는 경우가 많다. 잠깐 행복한 순간을 맛보았다면 계속 행복한 상태로 살 수 있을까? 이에 대해 'YES'라고 답하긴 어려울 것이다. 위에서 언급한 '3. 나의 명성에 대한 목표'를 다시 한번 읽어보고 고민해 보라. 삶에서 내가 부여한 삶의 의미가 실현되는 과정을 경험하고 그 결과가 나타났을 때 비로소 행복을 느낄 수 있을 것이다.

모든 것에 의미를 부여해 보자. 세상에는 좋은 삶과 나쁜 삶은 없다. 단지 '세상을 좋게 바라보는 나'와 '세상을 나쁘게 바라보는 나'만 존재할 뿐이다. 삶에 대한 목표를 가진다는 것은 삶을 살아가는 진짜 의미를 발견하고 스스로 최선의 선택을 하는 것이다.

인간이 목표가 없거나 선명하지 못하면 목표를 달성하기 위한 시도조차 하지 않고 중간에 포기하게 될 것이다. 지금 당장 작은 목표를 세워보자.

시행착오가 없다면 아무것도 하지 않은 것이다

자신의 병원이 잘 되길 바라는 사람은 한 번쯤 "저렇게 잘나가는 병원은 무엇 때문에 잘 되지? 그 방법을 모두 알고 싶다"라는 생각을 해보았을 것이다. 대형병원을 운영하다 보면 주변에서 "어떻게 그렇게 높은 매출과 규모를 만들죠?"라고 물어보는 경우가 가끔 있다. 그럴 땐 말하기 참 곤란한 경우가 생긴다. 솔직히 그 방법이 너무 많아서 무엇을 대답해야 할지 모르기 때문이다.

잘 되는 병원의 노하우를 한마디로 요약하자면 아주 작은 성공들이 모여서 큰 성공을 이루었다고 할 수 있다. 진료면 진료, 인사면 인사, 마케팅이면 마케팅… 각 부분에서 조그마한 변화를 일으키면서 차근차근 성공하는 방법들을 쌓아왔고 결과적으로 그 병원만의 시스템이 완성된 것이다.

그런데 수없이 많은 방법이 하루아침에 이루어지지도, 모두 성공하는 것도 아니다. 많은 시행착오와 어려움 속에 하나씩 자리를 잡아가고 그것이 모여 탄탄한 시스템이 완성되는 것이다. 그것을 모르는 사람들은 무엇인가 특별한 방법이 있다고만 생각한다. 물론 여러 가지 전략과 고객의 니즈를 잘 파악하여 현실에 적용시키기까지 세밀한 노하우가 있겠지만 이것 또한 아주 작은 노력들이 모여 완성되는 것이며 수많은 실패와 수정이라는 시행착오를 반복하면서 이루어지는 것이다. 이런 데도 시행착오가 무서워서 아무것도 하지 않은 채 그저 쉽게 이룰 수 있는 지름길만을 찾고 있을 것인가?

시행착오가 두려운가? 이 책을 읽고 있는 독자라면 분명 성공에 대한 의지가 있다고 생각되기에 시행착오에 대한 본질부터 제대로 알고 갔으면 한다. 시행착오의 사전적 의미는 어떠한 목표를 위해서 확실한 방법을 모르는 채 본능, 습관 따위에 의하여 시행과 착오를 되풀이하다가 우연히 성공한 행위를 계속함으로써 점차 시간을 절약하여 목표에 도달하게 된다는 것이다.

여기에서 중요한 것은 시행해야 함과 동시에 뒤따라오는 "착오"에 있다. 착오는 실패가 아니며 실패한다고 포기해야 하거나 망하는 것이 아니다. 병원이라는 사업의 여정에서 많은 사람들에게 시행착오가 실패와 불확실성에 대한 두려움을 불러일으키고 그 자체로써 큰 부담으로 다가올 수 있다. 그래서 시도 자체를 하지 않는 원인이 되기도 한다. 하지만 엄밀히 말하면 "망하면 어쩌지?", "안 될 것 같은데…"라는 막연한 생각은 모든 것을 한 번에 잡으려는 욕심에서부터 출발하기 때문에 더 큰 좌절감에 빠지게 한다.

앞에서도 언급했듯이 잘나가는 병원은 아주 작은 성공들을 모아서 하나의 큰 시스템을 완성하게 될 것이다. 따라서 지금 먼저 행해야 하는 것은 작은 성공들을 위한 실행을 해야 하는 것이지 큰 시스템을 완성하는 것이 아니다.

이런 의미에서 시행착오는 지금껏 내가 일구어 낸 성과들이 없어지는 큰 결정이 아닌 사소한 것의 변화에 지나지 않는다는 점을 명심해야 한다. 또한 그런 시행과 착오의 반복에서 배우는 경험은 앞으로 일어날 성장의 튼튼한 발판이 됨과 동시에, 빠른 시간 내에 안정적인 성공을 이룰 수 있는 씨앗이 될 것이다.

주변에 잘 되는 병원, 성공한 병원을 만든 사람 한두 명쯤은 분명히 있을 것이다.

만약 당신이 신에게 그 사람들의 병원이 하루아침에 망하게 해

달라고 빌었고 실제로 망하게 되었다고 상상해 보자. 그럼 망한 사람은 그 길로 모든 걸 포기하고 다시는 새로운 병원을 만들지 못할까? 절대 그렇지 않다. 그들이 생각하고 고민했던 시간과 시행하다 실패한 수많은 경험들은 어떤 신이 와도, 어떤 해커가 와도 빼앗아 가지 못하는 것이며, 포기하지 않는 사람은 마음만 먹으면 망한 경험까지 살려서 더욱 튼튼한 병원을 다시 세울 수 있을 것이다. 하지만 이런 시행착오 없이 잘 된 사람(예를 들어 광고 하나로 반짝 잘 된 병원 등)이 당신의 저주를 받고도 새로운 병원을 만들 수 있을지는 의문이 든다.

그리고 모든 사람은 잘 되는 병원이 한번 완성되면, 지속적으로 잘되기를 바랄 것이다. 최대한 쇠락기를 늦게 맞이하고 싶을 텐데 그러기 위해서는 시행착오라는 과정을 숙명으로 받아들여서 완전 내면화해야 한다. 시행착오를 겪는 것을 주저하는 사람들은 이것이 자신의 능력을 판단하는 것이 아니라 불확실한 상황에서 적극적으로 시도하려는 용기에 대한 인정임을 기억해야 한다. 그 길은 어려울 수 있지만 각 단계마다 고유한 이야기를 만들어가는 것과 같다. 실패는 끝이 아니라 진보의 고속도로에 있는 피트 스톱(Pit Stop)이다.

성공하는 병원이라는 거대한 태피스트리(tapestry)에서 시행착오는 진보의 구조를 짜는 실 일뿐이다. 그것을 두려워하지 마라. 당신의 놀라운 성공에 없어서는 안 될 동반자로 결국 나의 병원과 나의 가족 모두를 단단하게 만들어 줄 것이다. 작은 것부터 하나씩 시행하고 착오를 겪어보는 것쯤이야 두려워할 필요가 없는 것이다. 모든 것을 걸고 한 번에 모두 취하려는 욕심만 버리면 된다. (이것은 세상을 살아가는 이치와도 부합한다.)

그것이 모이면 어떤 결실이 맺어질지 머릿속에 상상해 보는 시간을 가져라. 결국 주변에서 부러워하는 경영자가 될 것이다. 그 노하우는 아무나 함부로 빼앗아갈 수 없는 엄청난 무기가 될 것이다.

메타인지가 높은 사람이 성공한다

메타인지란 1970년대에 발달심리학자인 존 플라벨(J. H. Flavell)이 창안한 용어로, '자신의 생각에 대해 판단하는 능력'을 말한다. '상위 인지', '초인지'라고도 하며, 자신의 인지 과정에 대하여 한 차원 높은 시각에서 관찰, 발견, 통제하는 정신 작용을 나타낸다. 쉽게 말하자면 자신의 지식이나 생각에 대해 알고 있는 것, 모르는 것을 명확하게 인지할 수 있는 능력을 나타내는 것이다.

우리가 대부분 알고 있다고 생각하는 것 중에 실제로 아는 것 같은 느낌을 받는 것 또는 어렴풋이 기억하는 것을 알고 있다고 믿는 경우가 많다.

예를 들어 학생 때 시험을 치면 분명 알고 있던 문제인 것 같은데 답을 정확하게 모르는 경우가 있다. 어느 한 챕터를 공부해서 다 외웠다고 생각하고 다음 챕터로 넘어갔지만 실제 시험지를 받아보면 생각이 흐릿해지며 정확하게 기억하지 못한다. 그리고 메타인지가 부족할 경우 암기력과 무관하게 학습 능력의 향상에 큰 문제가 생길 수 있다. 왜냐하면 모르는 것을 안다고 판단했기에 기억 자체가 제대로 형성되지 않기 때문이다.

그럼 필자가 왜 이렇게 메타인지에 대해서 장황하게 늘어놓는지 설명해 보겠다.

우리가 병원을 경영함에 있어서 메타인지는 너무나 중요하다. 나의 진료 수준이, 나의 직원관리 능력이, 나의 경영관리 능력이, 나의 환자 관리 능력이 어느 정도인지 정확하게 알아야 무엇을 개선할지 어떻게 개선할지를 알 수 있기 때문이다. 내가 무엇을 잘하고, 무엇을 잘 못하는지를 정확하게 인지하지 못하면 엉뚱한 곳에 에너지를 쏟게 되고 반대로 열정을 끌어올려 집중해야 하는 곳에는 신경을 덜 쓰게 되는 비효율적인 상황이 초래되기도 한다.

필자가 병원 경영을 할 때 이런 경우를 너무나 많이 보아왔다. 대표원장이 판단하기로, 자신은 주변에 있는 많은 병원들 사이에서 진료 수준으로 보았을 때 상위권에 드는데 환자는 이런 것을 잘 모르는 것 같고, 오히려 마케팅 능력이 떨어져서 현재 병원의 매출이 나빠지고 있다고 생각하는 경우가 있었다.

대표원장은 필자에게 자신의 실력을 최대한 어필할 수 있는 마케팅에 집중해 달라고 요청했다. 그런데 실제 내부를 들여다보니 원장의 능력이 주변에서 인정할 만큼의 실력은 아니었다. 왜냐하면 그 병원에 근무하는 직원들로부터 발생하는 소개환자가 생각보다 적었는데, 직원들이 친한 지인들에게는 여러 가지 핑계를 들며 자신이 근무하는 병원을 추천하지 않았기 때문이다.

객관적으로 판단했을 때 A라는 특정 진료를 하면 나중에 문제가 된 경우도 꽤 있었는데, 원장 자신은 그것을 어쩔 수 없는 상황, 환자가 예민해서 등의 핑계만 늘어놓았다. 직원들은 모두 알고 있는데도 말이다. 이 상황에서 마케팅에만 집중을 하면 어떤 현상이 일어나겠는가? 아무리 신환이나 구환이 늘어난다고 할지라도 병원의 본질인 치료로써 환자들을 만족시키지 못한다면 결국 시간이 지나 제자리로 돌아오게 되어있다.

그리고 인사관리에서도 마찬가지이다.

직원들의 급여도 주변보다 조금 더 높게 책정하고, 복지도 나쁘지 않으며 업무 강도도 그리 높지 않은데 이직률이 높을 경우 "요즘 젊은 사람들은 너무 편한 것만 찾고 끈기가 없고 성실하지 못하다"라고 말하는 사람들이 많다. 물론 조직에는 문제가 되는 직원들이 한 명쯤 있는 경우가 허다하다. 하지만 필자가 겪어본 직원들의 이야기를 들어보면 꼭 그렇지만은 않았다. 대표원장의 무리한 인

사정책이나 소통 부족으로 인하여 직원들의 마음이 떠나버린 경우가 많았다. '나는 직원들에게 잘해준다'는 생각을 하는 순간 첫 단추를 잘못 끼우는 상황이 되는 것이다.

메타인지의 정확한 뜻을 이해하고 나 자신과 나의 병원에 대해서 객관적으로 냉철하게 생각해 보아야 한다. 메타인지가 높다고 무조건 성공하는 것은 아니지만 메타인지가 낮으면 열심히 하더라도 성과가 나지 않고, 좌절감만이 밀려오게 된다.

그렇다면 메타인지는 어떻게 높여야 되나?

병원을 경영하는 대표원장의 입장에서 메타인지를 높이는 방법으로 추천하는 것은 다음과 같다.

1. 자기 성찰 시간을 가져라

자신을 위한 정기적인 자기 성찰 시간을 가져라. 최근 결정, 프로젝트, 과제에 대해 숙고할 시간이 필요하다. 잘된 점과 생각만큼 되지 않은 경우에 개선이 필요한 이유를 생각해 보라. 이 연습은 사고의 패턴을 변화시키고 의사 결정 전략에 대한 능력을 향상시킨다.

2. 지속적인 학습 계획(Initiatives)을 가져라

나의 개인적인 학습 그리고 조직 내에서 지속적인 학습 계획을 통해 병원 내 학습 문화를 조성하라. 이 방법은 지식 확장의 기회를 제공하게 한다. 여기에는 경영, 리더십, 업계 동향과 관련된 오프라인 세미나 또는 온라인 강좌가 포함될 수 있다. 원장과 직원 모두 학습 경험이 다양할수록 관점이 넓어지고 그로 인하여 같은 현상을 보더라도 해결 방안을 만들어내는 폭이 확대되어 메타인지 능력 향상에 기여하게 된다.

3. 피드백과 브레인스토밍(Brainstorming)을 활용하라

내가 추진하고 결정하는 대부분의 업무에서 병원 구성원으로부터 적극적으로 피드백을 구하라. 건설적인 비판을 수용할수록 나의 메타인지는 높아지게 된다. 자신을 객관적인 환경에 노출시키면 다양한 관점과 접근 방식을 배울 수 있다. 대기업 또는 IT 분야 스타트업 회사에서는 구성원들의 창의적이고 자유분방한 발생에 의한 브레인스토밍이 너무나 중요한 것임을 이미 알고 있고, 실행하고 있다.

결국 내가 가진 관점이나 철학이 절대적이 아님을 인지하고, 지식을 지속적으로 탐구하고 타인의 의견에 귀 기울이는 과정에서 더 발전된 나를 만들어 갈 수 있을 것이다.

Chapter 2

마케팅으로
만드는 매출

환자는 치료를 잘하는 병원, 나를 이해해 주는 병원, 나를 알아주는 병원을 찾고 있다. 아무리 치료를 잘한다고 할지라도 그 사실을 알리지 못하면 그런 정보를 간절히 원하는 환자들에게 도움과 신뢰를 줄 시작점에도 도달하지 못한다.

마케팅을 부정적으로 보는 병원

요즘 대부분의 병원들은 마케팅, 광고에 투자하는 것을 당연하게 생각한다. 주변 지인이나 소문에 의해 광고가 되는 일은 이미 예전에 있었던 일쯤으로 생각하고, 그런 시대를 그리워하지만 병원 수의 증가로 환자들에게 선택권이 주어지게 되면서 예전으로 돌아갈 수 없게 되었다. 여러 분야에서 마케팅은 필수적으로 행해야 할 부분이라는 것에는 이견이 없다. 그러나 의료계만큼 아직도 마케팅에 부정적인 생각을 가지는 업계도 드물다.

　실제로 어느 대도시 지역의 특정 한의원, 치과, 피부과를 검색해서 알아보니 생각보다 많은 수의 병·의원들이 온라인 광고를 하지 않고 있었다. 주변의 많은 병·의원 대표와 알고 지내는데, 병원을 광고하지 않는 사람들이 꽤 되는 것이 현실이다. 그분들의 이야기를 들어보면 마케팅을 하지 않는 이유를 공통적으로 이렇게 설명한다.

1. 병원의 품격이 떨어진다.(돈을 밝히는 이미지가 생긴다)
2. 온라인에서 진상 환자를 잘못 만나면 이미지만 더 나빠진다.
3. 비용이 많이 들고, 운영할 인력이 없다.
4. 특히 온라인 광고를 통해서 오는 사람은 환자의 질이 좋지 않다.

　반대로 물어보겠다. 당신과 당신 가족은 맛집을 찾아갈 때 주변 지인들의 소개와 맛있다는 소문만 듣고 가는가? 온라인으로 검색해 보고 리뷰라도 한번 보고 간 당신은 손님으로서 질이 좋지 않은 사람인가? 당연히 아니지 않는가? 일부 극성스러운 사람들은 어떤 경우에도 소수로 존재한다. 내가 선택할 때는 여러 번 확인하고 비교하면서 입장을 바꿔놓고 생각하면 왜 부정적인 시선으로 고객을 바라보는가? 물론 광고, 마케팅을 하려고 해도 어디서부터 어떻게 해야 할지 막막하고 몰라서 그렇다는 것은 충분히 납득할만하다. 진료하기도 바쁜데 혼자서 행정처리부터 많은 일을 하기는 어렵다는 것도 충분히 이해한다. 하지만 못하는 것과 하지 않는 것은 상당한 차이가 있다.

  광고 없이도 잘 되던 시절을 생각해 보자. 그 시대에는 개원의도 많이 없었고, 정보의 비대칭성이 상당히 높았기 때문에 누구나 기본 매출은 보장이 되던 시기이다. 그러나 그중에서도 아주 소수의 병원들은 광고를 진행했다. 그때 광고를 적극적으로 진행하던 병원은 주변의 따가운 눈총을 받기도 했지만 높은 매출을 기록한 곳도 많았다. 인맥을 통해서 방송에 출연하거나 신문, 잡지에 기사 하나만 나더라도 이슈가 되어 멀리 떨어진 지역에서도 환자가 찾아오는 병원이 되었다.

  지금도 마찬가지이다. 환자는 치료를 잘하는 병원, 나를 이해해 주는 병원, 나를 알아주는 병원을 찾고 있다. 의사 자신이 생각하기에 아무리 치료를 잘한다고 할지라도 그 사실을 알리지 못하면 그런 정보를 간절히 원하는 환자들에게 도움과 신뢰를 줄 시작점에도 도달하지 못한다. 의사의 입장이 아니라 환자의 입장에서 생각해 보자. 환자가 광고를 통해서 병원을 방문하였고, 방문한 병원에서 자신의 병을 치료해 주고 친절하기까지 했다면 얼마나 좋은 기억과 신뢰를 가지고 돌아갔겠는가? 특히 정보의 비대칭 시대에 적극적으로 행동하여 정보를 얻어내는 것이 중요한 것이었다고 생각하지 않았을까? (행동경제학 입장에서 볼 때 자신만 아는 정보라고 생각하는 것에 개인은 상당한 자부심을 느끼며 주변 사람들에게 알려주는 행위 자체에 남들보다 우위에 서있다고 생각한다.)

의사의 품격은 광고를 하면서 무너지는 것이 아니다. 광고가 의료 서비스의 무결성을 훼손한다는 두려움에 사로잡히지 마라. 오히려 광고는 윤리적이고 책임감 있게 수행될 때 진료의 우수성, 의사의 따뜻한 배려, 병원 혁신에 대한 자신의 약속을 전달하는 강력한 도구가 된다. 그리고 광고와 마케팅은 단지 새로운 환자를 유치하는 수단만 되는 것은 아니다. 환자의 충성도가 변덕스러운 시대에는 환자들의 마음에 따뜻함과 신뢰를 남기는 것이 필수이다. 마케팅 채널을 통한 정기적이고 전략적인 커뮤니케이션을 통해 기존 환자들이 병원과 연결되어 있다는 느낌을 받고 충성도와 소속감을 가지게 된다. 또한 이러한 환자들이 늘어나면서 병원이 재정적으로 안정화된다면 더 높은 수준의 서비스를 제공할 수 있게 될 것이다.

여기서 강성적인 발언을 해보자면 내가 광고를 하지 않아도 내 주변 병원에서 더욱 공격적이고 강한 광고를 시작할 것이다. 그것은 상대적으로 내가 한 수 아래의 병원으로 전락해 버리는 결과를 만들어내는 꼴이 되고 만다. 환자들은 무의식중에 상대 병원의 주장, 장점에 길들여지고, 나의 설명은 듣지 않게 되며 변명 또는 하소연쯤으로 생각하게 된다.

결론적으로, 효과적인 광고는 우리 가치의 타협이 아니라 우리 병원의 지속적인 성공을 위한 전략적 필수 요소이다. 이는 환자와 지역사회의 공감을 불러일으키는 방식으로 병원의 사명, 가치, 우수성을 전달하는 것이다. 광고와 마케팅을 필요악으로 여기지 않고 탁월한 의료 서비스를 제공하고 있다는 사실을 진실되게 알리기 위한 파트너로 받아들여야 한다.

고객만족의 진정한 의미

의료계에서 환자를 고객이라는 개념으로 접근한 것은 그렇게 오래전 일이 아니다. 1990년대 '예 치과 네트워크'가 환자의 개념을 넘어 '고객'이라는 개념을 의료계에 선보이면서 시작되었다.

'예 치과 네트워크'는 치료만 잘해주면 된다는 인식이 있던 시절 환자들에게 호텔 서비스를 받는 느낌을 전달하고 고급화를 지향하는 병원을 만들어 대한민국 의료계에 큰 영향을 끼쳤으며 이후 네트워크 병원 및 의료 서비스의 개념을 도입하려는 병원들이 우후죽순 늘어나기 시작하였다.

30년 전은 대다수의 사람들이 병원은 그저 병을 치료하는 곳이라는 이미지만 가지고 있을 뿐, 의료 서비스의 개념은 기대조차 하지 않았던 시기이다 보니 당시 엄청난 주목을 받았다. 현재 의료계에서는 고객만족이라는 개념을 넘어 고객감동이라는 단어가 너무나 당연해지고 이런 서비스를 제공하지 않으면 시장에서 외면받고 도태될 것이라는 것에 이견이 없다.

'고객만족경영' 이 단어는 의료계에서 시작된 단어가 아니다. 오히려 현재는 만족 경영을 넘어 '고객감동경영'을 원하는 사회이다. 기본이 되는 '고객만족경영'의 사전적 뜻을 먼저 알아보자.

고객만족경영

경영의 모든 부문을 고객의 입장에서 생각하고 고객을 만족시켜 기업을 유지하고자 하는 신 경영 기법으로 1980년대 후반부터 미국과 유럽 등지에서 주목받기 시작하였다. 출처 : 두산백과사전

고객은 자신의 입장에서 어느 정도 기대치를 가지고 제품이나 서비스를 이용한다. 여기에서 서비스를 제공하는 주체가 고객이 가진 기대치 이상으로 만족감을 충족시켜주면 그 경험이 감동으로 다가와 고객이 다시 재구매 및 재방문하도록 만드는 것을 고객만족경영이라고 한다. 이 경영방법은 시장점유율 증대나 원가절감

등의 단기적인 수익 증대의 관점이 아닌, 장기적인 관점에서 고객을 만족시킴으로써 수익을 극대화하는 구조를 구축하는 데 목적을 두고 있다.

그렇다면 병원에서 고객들을 만족시키기 위해서는 어떻게 해야 할까? 우선 고객들에게 만족 또는 감동을 주기 위한 방법을 알기 위해서는 고객이 가지고 있는 두 가지 입장으로 나누어 보아야 한다. 하나는 병원에서 제공받는 것이 당연하다고 생각하는 부분이고, 다른 하나는 병원에 기대하는 부분인데 이 둘의 차이가 무엇인지 구분할 수 있어야 한다.

당연하다고 생각하는 것	병원에 대해 기대하는 것
· 좋은 치료 결과	· 나를 기억해 주었으면
· 치료와 관련된 질문에 대한 대답	· 나의 입장을 이해해 주었으면
· 예약시간에 늦지 않게 치료를 시작하는 것 등	· 친절하게 응대해 주었으면 등

일반적으로 사람은 자신이 생각했던 것 이상의 응대를 받으면 감동을 받게 된다. 쉽게 말해 그 사람의 기대치보다 조금이라도 더 크게 만족시켜주면 된다고도 해석할 수 있다. 반대로 고객이 당연하다고 생각하는 것을 충족시키지 못하였을 때는 좋지 못한 감정을 가지게 된다. 그렇다면 환자들이 당연한 권리라고 생각하는 부

분에 대해서 우리 병원은 부족한 점이 없는가? 환자들이 기대하고 있는 부분을 충분히 충족시키고 있는가?

예를 들어 당연하다고 생각하는 것 중에 환자가 치료에 대한 질문을 할 때 쉬운 단어 선택으로 비유도 잘 들어가면서 친절하게 설명하고 있는지, 그리고 환자가 질문할 시간을 주는지 등을 체크해 봐야 한다. 만약 그렇지 못하다면 환자가 쉽게 알아들을 수 있는 답변을 준비하고 어느 시점에 환자들이 편하게 질문할 수 있는지를 생각해 보고 시간별 동선을 체크하여 시간분배도 해주어야 한다.

환자가 기대하고 있는 것 중에 나를 기억해 주었으면 하는 부분을 생각해 본다면 예약을 하고 온 구환일 경우 "아~오늘 11시에 예약하신 OOO분이시죠, 예전에 치료한 부분은 괜찮으셨나요? 오늘 불편하신 부분도 지난번처럼 원장님께 신경 써달라고 꼭 전달하겠습니다." 등의 기억해 주는 느낌의 멘트를 준비하고 교육해야 한다. 다시 방문해 주신 것에 대한 감사의 인사만 잘해도 환자들은 충분히 좋은 감정을 가지게 된다. 입장을 바꿔서 생각해보라. 병원이라는 낯선 공간에서 지난번에 방문한 것을 기억하고 다시 방문했을 때 나를 아는 체해주는 것과 처음 방문한 사람인 것처럼 응대하는 것은 전혀 다른 감정을 불러일으키지 않겠는가?

고객이 당연하다고 생각하는 부분은 무조건 지켜야 한다. 또한, 환자가 기대하는 부분도 만족시켜주어야 할 것이다. 환자가 기대하는 것을 자세히 들여다보면 대단한 것이 없음을 알 수 있다. 병원이라는 낯선 환경에 들어온 사람은 자신도 모르게 '을'의 입장이 된다. 환자는 비용을 지불하고 정당한 서비스를 받는 것인데도 말이다. 그럴 때 '을'의 느낌을 받을 수 있겠다는 환자의 마음을 알아차리고 환자가 안심하고 자기 몸을 맡길 수 있도록 편안하게 이름 한 번 더 불러주고, 기억하고 있다는 인사 한마디를 친절한 말투로 해준다면 정말 만족할만한 병원이라는 이미지가 구축된다.

상대를 배려하는 마음에서 한 발짝 더 나아간 실제 사연을 소개한다. 현실적으로 떠오르는 부정적인 생각을 배제하고 본질을 이해하는 열린 마음으로 읽어 보았으면 한다.

> 시골에 한 할머니가 운영하는 허름한 소머리 해장국 가게에서 있었던 일이다. 청년 둘이 한 그릇씩 먹고 나가면서 계산하려다 보니 버스에 가방을 두고 내려 지갑이 없었다. "할머니 죄송해요. 나중에 드리면 안 될까요? 계좌번호 알려주시면 보내 드릴게요. 정말 죄송해요." 딱한 상황에 처해진 청년들은 연신 허리를 굽히며 죄송하다고 했다. 이 모습을 본 할머니는 "차비는 있어요? 쯧쯧~." 라며 5천 원짜리 하나를 건네주었다고 한다.

할머니는 어떻게 하면 밥값을 받아낼까 하는 생각을 한 것이 아니라 청년들의 차비가 더 걱정이었던 것이다. 이게 진심이다. 이 청년 중 한 명은 모 신문사의 기자였고 할머니와의 이야기를 알리면서 이 국밥집은 대박이 터졌다.

결국 고객들이 몰리게 되는 이유는 단 하나, '감동'받고 싶은 마음이 아닐까?

광고와 마케팅의 차이

일반적으로 우리는 '마케팅'이라고 하면 네이버나 SNS 및 유튜브 등을 통한 온라인 광고와 지하철이나 버스, 택시, 또는 길거리 현수막 등에 하는 오프라인 광고 등의 활동들을 떠올린다. 적어도 내가 만나고 이야기한 대부분의 병원 원장들은 마케팅을 이러한 광고행위 정도로만 생각했다. 하지만 광고와 마케팅은 다른 개념이다.

광고와 마케팅의 차이를 간단하게 설명하자면 광고는 널리 알리는 것을 주목적으로 하는 행위이며, 마케팅은 판매하고자 하는 상품의 가치를 인식시키고자 하는 것이 주목적이다. 광고가 판매라면 마케팅은 포장이다.

마케팅은 4가지 요소를 중심으로 연구를 진행하는데 이는 제품, 가격, 유통, 홍보로 나뉜다. 광고는 이 중 하나인 홍보의 한 가지 전략이다. 마케팅은 아주 넓은 의미를 포함하는데 데이터를 수집해서 시장을 분석하고, 이것을 토대로 소비자의 니즈(needs)와 원츠(wants)를 반영하여 판매까지 예측하는 일련의 모든 과정이 담겨있다. 만약 많은 비용을 들여서 광고를 하는데 좋은 결과가 나오지 않는다는 것은 마케팅 기획이 부족한 것으로 환자의 니즈를 제대로 파악하지 못한 광고를 진행하여 병원의 가치를 전달하지 못하였기 때문이다.

반대로 마케팅은 탄탄한데 광고 자체에 문제가 있는 경우도 있다. 기획한 마케팅을 고객이 찾거나 원하는 장소(광고대상 채널)에 적용하지 못한 경우가 해당된다. 이때는 최대한 많은 광고 채널을 리스트 업(List up) 하여 기획한 자료에 가장 잘 어울리는 곳을 찾아 선택해야만 한다.

예를 들어 건선 치료를 중점으로 하는 한의원이 있다고 가정해 보자. 건선은 남녀노소를 가리지 않는다. 다만 모든 연령을 타깃(Target)으로 선정하면 너무 광범위하기에 광고 비용이 많이 소요된다. 물론 모든 연령을 대상으로 하고, 다양한 광고 채널에 많이 노출될수록 효과는 좋아지나 타깃과 지역이 방대해지면 광고비용을 감당하기 어려워지기 때문에 어떤 연령대와 어떤 증상을 겪는 환자들을 대상으로 할지 정하고, 그 환자들만의 특이한 증상과 불편한 점을 부각시키도록 기획해 나간다. 2~3가지 카테고리로

'Catchphrase', 사진, 사례, 내용을 정리해 둔다.

자료가 완성되면 광고 진행 단계로 넘어간다. 만약 '소아 건선' 치료를 타깃으로 삼았다면 소아환자가 많이 찾는 경로를 확인해 봐야 한다. 맘카페의 배너광고, 게시판 리뷰 광고 등의 방법도 있으며 신도시(젊은 부부가 많은 지역 등)를 지역 타깃팅하고 SNS 또는 블로그 광고를 진행하는 방법도 나쁘지 않다. 물론 수많은 홍보 방법이 있겠지만 한정적인 예산 내에서 노출과 유입량을 높이기 위해서는 철저하게 환자의 입장에서 검색 경로를 파악하고 그곳에 그물을 쳐 놓아야 한다. 이렇게 좁은 지역부터 특정하여 차근차근 홍보하기 시작하면 점차 더 넓은 지역으로도 타깃을 넓힐 수 있게 되고 이후에 방문한 환자들을 대상으로 또다른 마케팅을 적용할 수 있게 된다.

여기에서 중요하게 생각해야 할 것은 광고와 마케팅의 차이점을 이해하고 진행해야 된다는 것이다. 앞서 설명한 것처럼 환자들에게 효율적으로 다가가기 위해서는 마케팅의 영역에서 대상과 내용을 선정하고 어떤 종류의 광고를 어디에 얼마만큼 공략할 것인지 전략을 짜야 한다. 둘의 차이점을 이해하지 못하고 전략 없이 그저 '어떤 광고가 효과 있다더라', '요즘은 이게 대세라더라'라는 식의 감(感)으로 접근하면 마케팅 회사의 좋은 먹잇감이 될 수 있다. 같은 광고라도 모든 이에게 동일하게 통용될 수 없다. 추구하는 상품과 그 병원의 철학, 상황, 예산 등에 따라 효과가 모두 다를 수 있다.

 이 점을 꼭 명심해서 본인의 병원에 가장 알맞은 광고, 마케팅 전략을 짜야 한다.

마케팅에서의 3 STEP

> 이제부터는 편의상 마케팅과 광고의 차이를 구분하지 않고 마케팅으로 통칭하여 설명하겠다. 실제 현장에서는 두 가지를 동의어로 인식하는 경향이 많기에 쉽게 이해시키고자 함이다.

 마케팅을 진행하고자 마음을 먹었는데 도대체 어디에서부터 어떻게 해야 할지 막막한 경우가 대부분일 것이다. 보통 초진 환자를 유입시키는 것이 가장 큰 목표라고 생각하는데 꼭 그렇지만은 않다. 처음에는 신환이 많을수록 좋지만, 시간이 지나면 구환의 유입 없이는 병원을 성장시키기 힘들기 때문이다. 그래서 마케팅을 진행하기로 마음을 먹었다면 어느 정도 순서에 따른 구분이 필요하다. 지금부터 마케팅을 어떤 순서로 시작하고, 어떻게 구분해서 생각해야 하는지 알아보겠다.

 일단 병원 마케팅은 3 STEP으로 나눌 수 있다. 이 3단계의 과정을 이해하고 나면 복잡한 일련의 과정들을 단순화할 수 있고, 어느 시점에서 어떤 것을 고민하고 풀어가야 하는지 알 수 있게 된다. 간단히 말하면 STEP 1은 광고 등을 통하여 환자가 병원에 내원하기 전까지의 단계, STEP 2는 병원 방문 후부터 치료가 완료될 때까지의 단계, STEP 3는 치료 후 Follow-up 하는 단계이다.

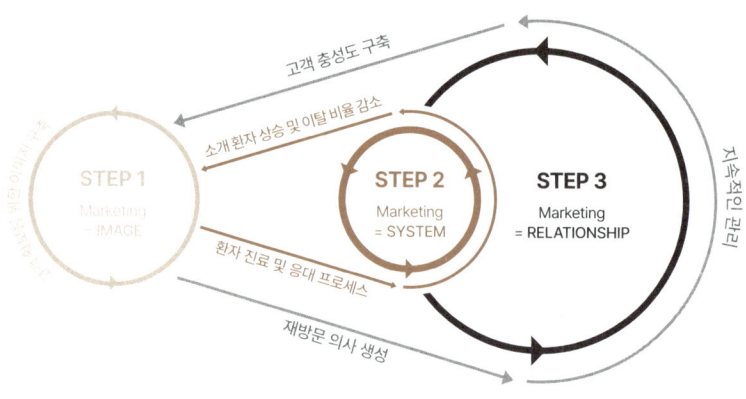

[그림 1] 병원마케팅의 3 STEP

마케팅이라고 생각하면 대부분 STEP 1을 떠올리지만, 그건 탄탄한 병원을 만들 수 있는 모든 요소가 아니라 일부분일 뿐이다. 진정한 마케팅은 내 병원을 방문한 환자들에게 만족감을 줄 수 있는 시스템을 만드는 것이고, 그것이 롱런하는 비결이다.

STEP 1 : 초진 고객 확보를 위한 광고 집행

우리 병원을 여러 곳에 알리는 단계이며, 이를 위해 온라인 또는 오프라인 광고를 집행하는 것이다. 여기까지는 누구나 알고 있고,

어떤 광고를 해야 할지에 대해서는 병원의 예산과 운용인력을 고려해서 진행하면 된다. 마케팅을 전문으로 하는 업체에 문의할 경우 대략적인 윤곽을 잡을 수 있다.

하지만 여기에서 필자가 중요하게 생각하는 부분은 광고를 집행하기 전에 어떤 아이덴티티를 가지고 어떤 부분을 강조할 것인가에 대한 준비가 미리 되어있어야 한다는 것이다. 대표원장들은 그저 업체에 전적으로 맡기는 경우가 많은데, 나의 철학과 생각을 절대로 업체가 대신해 줄 수 없다는 것을 알아야 한다. (내가 원하는 방향과는 다르게 표현될 가능성이 높다.)

그리고 STEP 1에서 광고의 영역은 온라인 및 오프라인 광고를 넘어서는 범위까지 생각해야 한다.

예를 들어 온라인 및 오프라인 광고를 통해 고객이 병원에 전화 또는 문의 글을 남겼다고 가정하자. 위치를 다시 확인하는 사람, 주차장 문의를 하는 사람, 치료 비용을 상담하는 사람, 예약을 하려는 사람 등이 있을 수 있다. 이때 직접 전화를 하거나 온라인에 답변을 남겨야 하는데 어떤 직원이 어떻게 대답해야 고객이 이탈되지 않고 병원 내원으로 연결될 수 있을까? 치료와 관련해서는 당연히 내원을 하고 의사가 직접 진단해야만 정확하게 알 수 있다는 것을 환자도 알고 있다. 하지만 환자의 문의 사항을 대하는 직원의 말투와 응대 방법에 따라 방문 여부의 결과는 다를 수 있다. 또한 신환이 아닌 구환을 대상으로 한 응대 방법은 조금 더 스마트한 대응이 필요하다. 친절한 인사와 더불어 예전에 치료받은 부분에 대한 간단한 피드백 멘트를 곁들인다며 환자 자신을 기억하고 있다는 느낌을 전달할 수 있으므로 이런 멘트에 관해서도 고민할 필요가 있다.

이처럼 STEP 1은 고객의 시선을 외부에서 내부로 향하게 하는 첫 번째 관문인 만큼 고객의 기분을 해치거나 신뢰가 낮아지지 않도록 하는 것이 핵심이다.

STEP 2 : 환자가 병원을 방문한 단계

이 단계에서도 마케팅이 필요하냐고 의문을 가질 수 있지만, 광고와 마케팅의 차이를 이해했다면 충분히 많은 방법들을 떠올릴 수 있다. 방문한 고객에게 신뢰를 주고 치료 동의율을 높이기 위해서 의사는 초진 단계에서부터 진단 설명, 치료 과정까지 환자가 쉽게 알 수 있고 환자의 입장을 헤아릴 줄 아는 멘트를 구상어야 하고, 직원들에게 상담교육, 멘트 교육, 임상교육 등을 할 수 있어야 하며, 환자의 치료 완료 후 수납 및 예약 그리고 해피콜(Happy-call)까지 원활하게 진행될 수 있는 시스템을 만들어 놓아야 한다.

STEP 2를 잘하면 소개환자가 늘고, 상담 등에서 이탈되는 비율(Drop rate)이 줄어들며, 프로그램화되니 진료 시스템으로 인해 더 높은 객단가를 만들어낼 수 있다. 오로지 광고에 목맬 필요가 없는 가성비 높은 마케팅이 가능해지는 것이다.

STEP 3 : 치료 완료된 환자 대상 마케팅

　대부분의 병원은 이 단계에서 아무것도 하지 않거나, 해야 할 생각조차 하지 못한다. 사람들은 자신의 불편했던 부분이 해소되고 나면 쉽게 잊어버리곤 한다. 특히 병원 치료는 정기적으로 재 주문하는 쇼핑 품목이 아니기에 아프지 않으면 생각조차 하지 않는 것이 특징이다. 이 단계의 목적은 "우리 병원을 잊지 마세요~", "당신을 계속 기억하고 있을게요~", "우리가 잘해줬던 것도 꼭 기억해 주세요~" 등의 메시지를 환자에게 전달하는 것이라고 할 수 있다. 다소 간지러운 표현일 수 있지만 생각해 보면 이보다 더 좋은 표현도 없다. 이렇게 하지 않으면 우리 병원이 그저 한번 방문했던 병원 정도로 취급될 수 있으며, 경쟁 병원에게 고객을 빼앗길 수도 있고, 병원에 대한 이미지도 나쁘거나 평범함을 넘지 못할 수 있기 때문이다. 신환의 재방문을 위한 관리, 구환을 통한 신환 재창출이 STEP 3의 궁극적 목표이다.

STEP 3를 어떻게 체계적으로 완성할 것인가?

　목적을 잘 생각해 보면 환자들이 우리 병원을 잊지 않도록 만들기, 병원이 환자를 기억하고 있음을 강조하기 이기에 그에 적합한 방법들을 고민해야 한다. 대부분 병원은 치료가 완료되면 치료비를 수납하고 끝이다. 이에 환자에게 좀 더 적극적으로 다가가는 길을 생각해 보면 마무리 '확인 상담' 시간을 갖는 방법이 있다. 환자의 치료 전·후 상태를 비교해 주거나 치료 결과가 이렇게 잘 되었고, 관리는 어떻게 하는지 등의 이야기를 하는 시간을 따로 만들면 좋다. 이때 가장 좋은 방법은 담당 의사가 직접 하는 것이지만, 사정이 여의치 않으면 팀장급 이상의 직원이 해주는 것이 좋다. 이 상담 시간에 가장 중요한 것은 치료의 결과 만이 아니라 '우리 병원의 의료진들이 당신을 위하여 이만큼 최선을 다했고, 다음에 또 불편하면 방문해 주시면 감사한 마음을 잊지 않겠다'는 마음을 전달하는 것이다.

이렇게 '확인 상담'을 마치고 돌아가면 환자에게 정기적으로 연락하는 방법을 모색해야 한다. 흔히 병원에서는 할인 등에 대한 광고성 문자나 알림 톡을 보낸다. 치료 비용을 할인하는 안내 메시지를 보내는 것이 나쁘다는 것은 아니지만 자주 이런 내용을 보낸다면 병원의 이미지가 좋지는 않을 것이다. 제대로 된 구환 관리를 위해서는 정기적인 치료 정보에 대한 내용을 작성하여 6개월 또는 1년에 한 번씩 안부 연락을 하는 것이 오히려 우리 병원의 신뢰도를 올리는 방법이다.

필자가 이런 이야기를 하면 어떻게 일일이 환자에게 연락을 하냐고 우려를 표하는 경우가 있는데 그건 아무런 계획 없이 제대로 해 보지 않은 사람들의 변명인 경우가 많다.

치료 정보에 대한 수많은 질문과 답변이 존재하는데 한 달에 하나의 정보도 못 만들겠다면 그것은 관심의 문제일 뿐이다. 너무 많은 것보다 제대로 된 정보, 실제 도움 되는 정보 1개면 충분하다. 아니 두 달에 1개로도 가능하다. 이런 가운데 가정의 달, 명절, 연말, 방학 등을 명분으로 할인 이벤트를 진행하는 정도는 괜찮다. 여기서 조금 더 공을 들인다면 1년에 한번 소식지 형태로 안내장을 보내는 것도 좋다. 요즘은 스마트폰으로 모든 것이 가능한 세상이지만 반대로 종이 형식의 소식지를 보낸다면 그 느낌은 받는 입장에서 더 값지게 느껴질 것이다. 병원의 스마트폰에 익숙한 젊은 사람도 그렇지 않은 어르신도 있다는 것을 기억해야 한다.

이런 방법이 모든 사람을 감동시킬 수 있다면 거짓말일 것이다. 하지만 병원이 아무것도 하지 않아서 구환을 놓치는 것보다 우리 병원을 신뢰하는 사람을 한 명이라도 더 찾는 방법이라고 생각해야 한다. 나의 노력이 쌓이고 쌓이면 탄탄한 구환을 보유한 병원이 됨을 잊지 말아야 한다.

이제 병원 마케팅의 3 STEP을 이해했다면, 어떤 시점에 무엇을 고민해야 하는지 알 수 있을 것이다. 한 번에 모든 것이 생각처럼 잘될 수는 없지만 이처럼 나눠서 고민해 보면 분명 방법을 찾을 수 있을 것이다.

마케팅의 핵심은 스토리텔링

병원에서 진행하는 광고의 내용을 보면 대부분 가격적인 부분, 원장의 출신학교와 풍부한 임상경력, 최신 의료장비 등의 정보 전달 수준에서 노출된다. 물론 의료법상 다양한 문구를 사용하기 힘든 점이 있지만 대부분이 획일적이다. 그리고 요즘 비보험이 주가 되는 진료과에서는 모든 광고 문구를 무시한 채 가격에 대한 광고만을 공격적으로 하고 있다. 대형 치과의 경우는 임플란트 가격을 보철 크라운 하나보다 더욱 저렴하게 책정하고 가격만을 내세워 광고를 하다 보니 일반적인 병원들은 광고할 의지조차 꺾여버리는 경우도 발생한다.

이런 환경 속에서 우리는 어떻게 대처해야 할까?

세상의 모든 제품은 무조건 싸다고 잘 팔리는 것은 아니다. 특히 의료분야에서는 더욱 그렇다. 물론 가격이 큰 부분을 차지하는 것은 당연한 이야기이다. 현재 덤핑 수가를 내세우는 병원들이 성행하고 있지만 이는 예전부터 존재해 오던 것이다.

불과 몇십 년 전만 해도 틀니 및 보철을 치과의사가 아닌 무자격자에게 아주 저렴한 비용으로 (일명 '사사') 시술받을 수 있었고, 불법인 줄 알면서도 치료비가 저렴하니 환자들은 자신의 치아를 맡겼다. 현재는 불법도 아니고 정식 자격을 갖춘 의사가 싸게 한다는데 안 갈 이유가 없다. 하지만 모든 사람이 치료비가 저렴하다는 이유로 그곳에 가지는 않는다. 반대로 아무리 비싸도 자신에게 가치가 있다면 빚을 내서라도 가는 것이 인간의 마음이다. 그렇다면 자신이 파는 의료라는 상품이 가치 있게 보이려면 다른 병원과의 차별성이 있어야 하는데, 단순히 더 잘한다, 더 친절하다, 더 좋은 재료를 쓴다는 말들은 큰 효과가 없다. 결국 자신만의 스토리가 치료 과정에 담겨있어야 한다.

모든 브랜드는 저마다의 스토리가 있고 그 스토리가 모여 하나의 아이덴티티(Identity)가 만들어지는데 병원 광고 분야에서는 이러한 부분을 잘 다루는 곳이 상대적으로 적다. 왜 그럴까를 고민해 보면 의료계는 광고의 주체가 대표원장이 아닌 직원들, 혹은 마케팅 회사이기 때문이 아닐까 싶다. 의사 본인이 진료에 대해 느낀 점과 경험, 의사가 생각하는 진료 철학에서 시작함이 아니라 그저 모방하거나 이쁘고, 세련되고, 있어 보이는 것을 더 중요하게 생각하는 경우가 많다. 그래서 광고들을 보면 거의 대부분 비슷한 내용들이 즐비하다.

그중 최악은 블로그, 홈페이지 등 병원 홍보를 위해 등록한 게시글에서 "OO원장님이... OO원장님 진료"등 누가 봐도 남이 써준 느낌이 드는 문구를 사용하는 것이다. (제발 이렇게 하지 말자. 고객이 의사를 꼭 높여서 불러야 하나? 그냥 OO원장이라고 쓰자. 더 객관적인 느낌이 든다.) 고객의 입장에서 병원 광고를 보면 다들 자기들이 잘한다는 말만 하는 것 같지 않을까? 고객은 스토리가 있는, 나를 잘 챙겨주고 꼼꼼하게 치료해 줄 것 같은 느낌이 드는 곳에 훨씬 마음이 쏠릴 것이다. 사실보다 앞서는 것은 '느낌'이다. 그래서 감성을 자극하는 스토리가 필요하다.

스토리텔링이 가능한 마케팅을 하기 위해서는 내가 가장 자신 있는 치료 분야는 무엇이며, 왜 잘하게 되었는지에 대한 과정을 설명할 수 있어야 한다. 그래서 다른 병원과의 차별성이 무엇인지, 중점 진료를 강조하고 싶다면 어떤 부분까지 고려해서 치료하고 있는지 등의 스토리를 녹여낼 수 있어야 한다. 한 가지 더 추가하자면 자신의 진료철학 (예를 들어 환자의 통증 해결 중심, 예방 중심, 기능 회복 중심, 심미 중심 등)의 기준을 밝히고 잘된 사례를 바탕으로 자신의 강점을 부각시킨다면 환자의 입장에서도 더욱 진심이 느껴질 수 있을 것이다.

어떤 학생이 극심한 여드름 때문에 여러 군데의 피부과를 돌아다니다가 결국 자신에게 왔다고 한 피부과 의사가 말했다. 다른 피부과에서 받은 잘못된 시술로 인해 돌이키기 힘든 상태로까지 진행이 되었다고 한다. 스트레스가 극심한 나머지 학업은 물론 삶을 포기하고 싶을 정도까지 생각하였다고 한다. 심지어 치료비도 부족했다고 했다. 딱한 사정을 들은 의사는 진심으로 도와주고 싶다는 생각이 들었다고 했다. 학교에서 전문의 수련할 때도 충분히 배웠다고 생각했지만 그 학생을 도와줄 만한 정도가 아니라는 생각에 여드름 관련 공부를 다시 시작했다고 한다. 그러던 어느 날 희망의 실마리를 찾았고 그 방법을 시도하면서부터 점차 효과가 나타났다고 한다. 모든 병원이 포기한 학생을, 그것도 치료비까지 부족한 것을 알면서도 진심으로 도와주고 싶다는 생각에 많은 노력을 하였고, 결국 그 학생은 아주 좋은 치료 결과를 얻었으며 그 과정에서 의사는 피부 트러블 치료에 대한 많은 노하우를 터득하게 되었다. 이후 입소문이 나기 시작하면서 그 병원의 위상은 높아지고 매출도 덩달아 오르게 되었다.

그 피부과 의사는 스토리텔링을 위해 일부러 이런 일을 만든 것이 아니다. 진심으로 환자를 대하다 보니 이런 스토리가 만들어진 것이다. 또한 그런 자신의 이야기를 외부로 표현할 수 있는 용기와 경영적인 감각이 있었기에 가능했던 것이다. 그저 좋은 학교 출신 원장에 위치 좋고, 인테리어도 화려한 병원을 홍보하는 것과 이런 스토리까지 있는 병원 중 환자들은 어디에 마음이 끌리겠는가?

지금부터는 작은 치료 과정 하나부터 스토리를 만들어 볼 것을 추천한다. 사소해도 좋다. 치료하는 의사 입장에서 이런 느낌, 이런 걱정이 있었고 환자들은 이렇게 반응하였다 등의 상황들을 하나씩 글로 기록해 놓는다면 훌륭한 스토리텔러가 될 수 있고, 제대로 전달할 수 있다면 환자들에게 훌륭한 의사로 인식될 것이다. 이

연습이 잘되어 있으면 좀 더 발전하여 어떤 광고 툴을 사용할까라는 생각이 들게 되고 그 툴을 생각보다 쉽게 선택할 수 있는 능력까지 얻게 될 것이다.

모든 것에 의미를 부여할 수 있어야 한다. 그 의미의 시작은 환자로부터 나와야 한다. 의미가 있는 것을 표현하면 가치가 된다. 가치가 높아지면 환자와 매출은 늘어날 수밖에 없다.

내 병원의 Catchphrase를 찾아라

우리나라의 병원은 치료 과목, 병원 규모 등과는 관계없이 대부분 광고를 진행한다. 그 광고가 비용이 많이 드는 것이든, 무료로 할 수 있는 것이든 상관없이 대부분 광고를 진행하는 것이 현실이다. 진료만 잘하면 환자들이 찾아온다고 생각하는 시절이 있었지만 이미 그런 시절은 흘러간지 오래다. 사실 환자들이 생각하는 치료를 잘 하는지 못하는지의 판단 기준은 의사들이 생각하는 것과는 다르다. 대부분 인터넷에 떠도는 정보, 소문에 의지하며, 잘 한다고 광고하면 철석같이 믿는 경향이 있다. 광고에서 말하는 내용이 진실인지 아닌지를 판단하기 전에 진실일 것 같다는 느낌이 들면 진실이라고 인식하곤 한다. 그래서 마케팅에 감각이 있는 병원들은 병원의 좋은 이미지를 만들 방법을 고민한다.

그럼 이 시점에서 병원이 아닌 다른 브랜드의 광고는 어떠한지 이야기해 보자. '나이키'를 생각하면 떠오르는 단어는 무엇인가? '애플'은 어떠한가? 이 브랜드들의 공통점은 생각만 해도 떠오르는 선명한 이미지가 있다는 것이다. 나이키는 열정과 도전, 애플은 혁신의 이미지가 있다. 이는 곧 스토리가 있다는 것이고 스토리에 힘을 실어줄 Catchphrase가 있다는 것이다.

나이키 광고에서 신발이 얼마나 편한지, 옷 원단에는 어떤 기능들이 있는지 등의 내용은 전혀 말하지 않는다. 그저 나이키 신발을 신고 운동하는 주인공이 나올 뿐이다. 다양한 선수들의 이야기를 담으며 소비자들에게 '우리는 당신이 위기를 극복하고 무엇이든 할 수 있다고 믿는다. 그러니 포기하지 말고 지금부터 다시 시작해'라는 동기부여(영감)를 줄 수 있는 메시지를 전한다. 그리고 영상 말미에는 항상 'JUST DO IT'으로 마무리된다. (현재는 조금 바뀌었다.) 결국 나이키는 자신들의 가치관을 형상화시킨 제품을 만들고 그것을 극적으로 표현하고, 소비자는 그 제품을 구매함과 동시에 나이키의 가치관에 동참하게 되는 것이다.

애플의 광고에서도 노트북의 성능과 용량 등에 대해서 전혀 말하지 않는다. 그저 뛰어난 창조성, 예술성을 선보이는 장면만 나올 뿐이다. 애플의 스마트폰 광고도 마찬가지로 '주인공'이 스마트폰을 이용하여 사진을 즐겁게 촬영하는 과정만이 나온다. 카메라가 몇 화소인지, 메모리 용량은 어떻게 되는지 등은 알려주지 않는다.

그러나 소비자들은 이 두 브랜드의 정체성에 매료되어 구입에 망설임이 없다.

위의 두 브랜드 이야기를 듣고 나면 "그건 대기업, 이미 유명한 브랜드이기에 가능한 것 아냐?"라고 말할 수도 있다. 하지만 절대 그렇지 않다.

애플의 창시자 '스티브 잡스'는 실적 부진으로 자신이 만든 회사에서 쫓겨난 적이 있다. 쫓겨나기 직전에 스티브 잡스는 '리사'라는 컴퓨터를 출시했다. 그리고 '리사'를 홍보하기 위해 뉴욕 타임스에 광고를 냈다. 그런데 그 광고는 9페이지에 걸쳐 사용법, 성능 우수성 등 엔지니어가 아니라면 아무도 관심도 없을 내용들로 빽빽하게 채워졌다. 개발자의 입장에서 제품의 우수성을 최대한 자세히 설명하고 싶었고 그러면 고객들이 그 우수성을 인정하고 구매로 이어질 것이라고 생각했지만 잡스의 생각과는 달리 판매량은 부진했으며 결국 자신의 회사에서 쫓겨났다. 소비자들은 단지 기능이 우수하다고 제품을 구매하는 것이 아니었던 것이다. 이후 잡스는 1986년 1천만 달러에 애니메이션 스튜디오 '픽사'를 인수하고 '토이 스토리', '몬스터 주식회사'등 전 세계 메가 히트를 치며 성공한 다음 다시 애플로 돌아가게 되었다.

애플로 돌아온 잡스는 애플의 광고에 단 3가지만 보여주었다. 혁신적인 인물인 ① 아인슈타인 ② 애플 로고 ③ Think Different 두 단어가 전부였다. 컴퓨터 이미지는 등장하지도 않았다. 애플의 광고는 '저희 제품을 사용하면서 다르게 생각하고 자신의 천재성을 펼치세요.'라고 해석할 수 있다. 이후 애플은 대한민국 GDP의 두 배에 달하는 시가총액을 가지게 되었다.

이제 우리의 병원을 생각해 보자.

우리 병원은 위에 언급한 브랜드처럼 사람의 마음을 움직일 수 있는 Catchphrase가 있는가? 병원 광고의 대부분은 첨단 장비, 우수한 의료진, 화려한 임상경력 등을 내세운다. 오히려 더 좋은 문구를 사용하고 싶지만 의료법의 규제 아래 아주 소극적인 내용들만 사용할 수밖에 없어서 아쉬움이 남는다고 말한다. 하지만 가만히 생각해 보면 우리 병원도 스티브 잡스가 '리사' 컴퓨터를 뉴욕타임스에 광고할 때처럼 하고 있는 것은 아닐까? 최고, 최초 같은 문구와 장황한 설명들을 늘어놓지 않더라도 충분히 자신의 병원을 부각할 수 있는데도 말이다.

예를 들어 치과에서 임플란트 광고를 하고자 할 때 최고의 의료진이 첨단 장비로 꼼꼼하고 안전하게 임플란트를 심어준다는 의미를 내포하고 싶다면 '자연 치아의 가치가 훼손되지 않은 임플란트 식립, 그것이 우리의 사명입니다'와 같은 표현이나 의사의 가치관을 표현하는 방식으로 광고할 수 있을 것이다. 만약 안과에서 라식 수술에 관한 광고를 하고 싶다면 '새로운 세상을 바라보는 눈, 이제 두 눈 크게 뜨지 않아도 보입니다'라는 문구와 함께 아웃포커싱 처리한 사진을 배경으로 넣는다든지 하는 방법도 있을 것이다.

이렇듯 내 병원이 가진 특징이 남들과 똑같다면 그건 특별히 차별적인 요소가 없다는 뜻이다. 차별적인 요소를 표현하기 위해서는 단어 하나로도 충분할 수 있다. 돈이 많다면 광고에 엄청나게 투자하여 노출을 최대로 만드는 것이 좋은 방법이 될 수 있지만, 대부분의 로컬 병원은 그렇게 하기 어려운 것이 현실이다. 그래서 Catchphrase를 만들어야 하고, 그 문구가 후킹(Hooking) 멘트로 끝나지 않도록 진료 시스템부터 상담 등, 병원 내 모든 부분에서 맥락을 같이하는 내용들로 철저하게 구성해야 한다. 광고를 보고 온 환자가 그 문구에 당연히 동의할 수 있도록 만들어야 한다.

실제로 많은 병원에서 광고하는 내용이 병원 방문 후 환자들에게 동일하게 전달되지 못하는 경우가 많기에 꼭 동기화되어야 한다. 광고 내용과 실제를 동기화 시키기 위해서는 병원의 진료 시스템상에서 상담 내용, 직원의 멘트, 원장의 멘트 등 모든 것을 catchphrase와 동일하게 맞춰야 한다. 원장은 내용을 직원들에게 교육해야 하고, 가장 최적의 멘트를 위해서 회의도 필요하다.

이렇게 Catchphrase를 만드는 것은 우리 병원의 방향성을 정하는 것이기에 만들 때부터 아주 신중해야 함은 물론 지키지 못할 공약은 남발하지 않아야 한다. Catchphrase는 어렵고 대단한 것일 필요는 없다. 평소에 내가 생각하는 가치관, 환자도 공감할 수 있는 그런 것 하나면 된다. 진료철학, 질병에 대한 생각, 예방에 대한 생각, 환자의 마음 등을 기준으로 만들면 어렵지 않게 기획해 낼 수 있을 것이다.

온라인 마케팅 파헤쳐보기

실전 마케팅에 앞서

병원 경영에 있어 가장 중요하게 생각하는 일 중에 하나가 바로 마케팅이다. 요즘은 마케팅 없이는 누구도 성공하기 힘들다. 특히 현재 우리 사회는 젊은 사람은 물론 나이가 있으신 어르신들도 스마트폰으로 많은 정보를 접하는 세상이 되었기에 온라인 마케팅은 필수적이다.

이 파트에서 필자가 중요하게 생각하는 부분은 '온라인 마케팅이든, 오프라인 마케팅이든 모든 것에 대해서 편견을 가지지 말아야 한다'는 것이다. 모든 광고는 서로 유기적으로 연결되어 있으며 특정 광고가 효과 있다는 것도 수명이 짧은 경우가 많고, 아무리 온라인이 대세라고 해도 단점은 분명히 존재하기 때문이다. 이제 대세는 특정 마케팅이 아니라 마케팅이라는 도구를 어떤 식으로 분석하고 적용해 나가는지가 성공의 요건이 된다. 그러니 이런 관점에서 온라인과 오프라인의 활용방안에 대해서 생각해 볼 필요가 있다.

온라인 마케팅의 종류

온라인 마케팅의 종류는 새로운 플랫폼의 생성과 환경의 변화로 인하여 꾸준히 늘어나고 있다. 우리가 흔히 알고 있는 온라인 마케팅의 종류를 나열하면 다음과 같다.

홈페이지, 블로그 마케팅, 키워드 마케팅, 플레이스 마케팅, 지식인 마케팅, 배너 마케팅, 유튜브 마케팅, SNS(인스타그램, 페이스북 등), 카페 마케팅, 언론(기사) 마케팅, 디스플레이 마케팅, 피드 광고 등 *세부적으로 들어가면 종류는 더 많음

이 중에서 어떤 마케팅이 가장 효과가 좋을까? 이 문제에 정답을 말할 수 있는 사람은 없을 것이다. 사실 정답이 있을 수 없다. 왜냐하면 누구는 비용(지출) 대비 매출의 비율 즉, ROAS(Return On Advertising Spend: 광고비 대비 매출)가 높은 것을 효과가 있다고 할 것이고 누구는 브랜딩이 중요하기에 병원에 대한 이미지 전환이 잘 된 것을 효과가 있다고 판단할 수 있기 때문이다. 그리고 어떤 하나의 방식이 지속적으로 효과가 있는 툴(Tool)이 되지도 않으며, 효과가 없어 보였던 마케팅이 추후에 나중에 많은 이들이 찾는 수단이 될 수도 있기 때문이다. 또한 의료업계에서는 광고 하나만으로 소위 대박을 만들어 낼 수 없고, 여러 가지 마케팅이 동시에 적용되어야 효과를 볼 수 있다.

온라인 마케팅을 시작하기 앞서 '구매 고객 여정(Customer journey map)'을 이해해야 한다. '구매 고객 여정'이란 쉽게 말해서 고객이 상품이나 서비스를 선택하고자 할 때 어떤 동선을 따라서 구매를 확정하는지, 구매에 영향을 주는 단계별 요소가 무엇인지에 대한 지도를 그리는 것이다. 이런 전략을 가지고 온라인 마케팅에 접근하면 어떤 부분에 힘을 주고, 우리 병원에는 어떤 부분이 필요한지에 대한 분석적인 사고를 해낼 수 있다.

온라인 마케팅 전략 1 (기본적인 유료 광고)

이 전략은 가장 기본이 될 뿐 아니라 시행즉시 효과가 나오는 마케팅이며 한번 세팅해두면 신경 쓸 일이 별로 없는 마케팅이다. 다만 비용이 타 광고에 비해서 많이 소요되므로 가성비를 높일 수 있는 전략을 미리 세워둬야 한다. 흔히 병원에서 온라인 마케팅을 진행한다고 가정했을 때 가장 기본은 홈페이지와 키워드 광고이다.

홈페이지

키워드 마케팅을 설명하기 이전에 가장 중요하게 고려해야 할 부분이 바로 홈페이지다. 고객이 유입되는 경로와 상관없이 마지막에는 홈페이지로 연결되기에 그에 대한 전략은 너무나도 중요하다. 이것은 온라인상 '구매 고객 여정'의 최종 단계이므로 홈페이지의 구성에 상당한 심혈을 기울여야 할 것이다.

일반적인 병원의 홈페이지들은 진료과목과 질병에 대한 상식, 의료진 정보, 기타 기본 정보(위치, 전화번호, 진료시간, 주차 등)들로 구성되어져 있다. 이럴 경우 고객들은 다른 병원과의 차이점 또는 이 병원에 가야 할 이유를 찾기 힘들다.

애널리틱스 같은 홈페이지 분석 자료를 살펴보면 대부분 홈페이지 홈 화면에서 머물다 갈 뿐 세부적인 내용을 클릭해서 보는 사람은 아주 소수에 불과하다. 따라서 홈페이지 첫 화면은 우리 병원이 강조하고자 하는 슬로건과 그것을 뒷받침해 주는 시각적 자료들을 강조하는 등의 노력이 필요하다. 또한 고객들은 기본적인 치료상식 등 인터넷을 통하여 흔하게 접할 수 있는 내용은 거의 읽어보지 않는다. 차라리 특정 치료에 대한 내용을 기재하고자 한다면 같은 질병을 치료함에 있어서 타병원과 조금이라도 다른 병원과 차별성을 강조해야 한다.

예를 들어 치과에서 충치 제거 후 보철(크라운) 치료를 하는 경우를 설명한다고 하면 '우리는 꼼꼼하게 충치를 치료하고 맞춤식 보철을 제작합니다.'라는 식상한 표현이 아닌 '충치를 제거할 때 우리는 자연치아의 소중함을 알기에 최소한의 삭제를 원칙으로 합니다.', '우리는 최대한 오래 사용할 수 있는 보철을 위해서 본을 뜨는 작업부터 교차검사(더블 체크)를 시행하고 있습니다.'라는 등의 내용이 들어가는 것이 좋다.

이런 내용을 홈페이지 메인에 1~2개 정도 배치한다면 우리 병원을 선택해야만 하는 근거를 제시하면서 높은 신뢰를 줄 수 있을 것이다. 모든 진료 설명을 차별화하는 것이 어렵다면 가능한 부분만은 이렇게 강조하고 나머지는 간략하게 치료 종별로 묶어서 안내하도록 한다. 쓸데없이 많은 페이지를 소모하지 않도록 하는 것이 고객이 보기도 편하고 병원이 강조하고자 하는 내용은 더욱 눈에 띄도록 만들어 준다.

홈페이지 전략

만약 특정 진료를 집중적으로 강조하고자 하는 경우에는 랜딩 페이지를 추가로 만들어 일반 홈페이지와 랜딩페이지 두 가지를 따로 운영하는 방법도 유용하다. 랜딩 페이지는 여러 카테고리가 필요 없으며 스크롤 하나로 쭉 내려가면서 읽을 수 있기에 가독성이 좋고 하나의 주제를 강조하기에도 좋다. 키워드 마케팅을 하게 되면 내가 강조하고 싶은 특정 진료 키워드는 랜딩 페이지만 노출될 수 있도록 링크를 연결하고 나머지는 모두 기본 홈페이지로 링크를 연결해두면 된다.

관련 팁을 주자면, 랜딩 페이지에 들어가는 사진과 그래픽은 최대한 좋은 화질을 사용하고, 글자의 크기도 어느 정도 가독성이 좋은 크기로 선정한다. 하고 싶은 말이 많다고 너무 많은 텍스트를 사용하는 것은 오히려 스크롤을 빨리 내리게 하는 역효과가 날 수 있다. 인스턴트처럼 스크롤을 내려가면서 가볍게 볼 수 있는 페이지이지만, 사진과 슬로건 등이 한눈에 쉽게 들어와야 하고 전문성까지 보여주어야 하므로 더욱 신경을 써야 한다.

랜딩 페이지 하나 만드는데 제작비용도 저렴하여 전략적으로 운영하기에는 이만한 방법도 없다. 어떤 키워드는 연결 링크를 일반 홈페이지로, 어떤 키워드는 연결 링크를 랜딩 페이지로 따로 분류하여 진행하면 두 마리 토끼를 잡을 수 있다.

키워드 마케팅 A

키워드 마케팅은 비용이 가장 많이 소요되는 광고 중 하나이지만 가장 직관적인 마케팅이다.

우리나라에서 가장 검색량이 많은 플랫폼은 바로 '네이버'이다. 요즘은 구글의 검색량이 증가하고 있긴 하지만 상업적인 부분에서는 아직 네이버의 검색 콘텐츠를 따라잡지 못하고 있다. (다만, 네이버도 상업적인 광고에 대한 고객들의 불만을 인지하고 있기에 블로그의 로직 등 여러 가지 세부적인 부분에서 구글의 운영방식을 도입하고, 변화하고 있는 모습을 보이고 있다.) 따라서 가장 많이 쓰는 네이버를 중심으로 설명해 보겠다.

네이버 검색 결과 최상단의 위치는 네이버가 가장 밀고 있는 영역이며 이는 네이버 측에서도 돈이 되는 툴인 동시에 병원에서도 즉각적인 효과를 얻을 수 있는 방식이기도 하다.

예를 들어 고객이 검색창에 '분당 임플란트'라고 검색을 하면 정보가 노출되는 순서는 위에서부터 '파워링크 > View탭 > 지식in > 플레이스 > 이미지' 순이다. 이런 순서는 검색 키워드에 따라서 조금씩 상이하게 나타나지만 대부분은 파워링크부터 노출된다. (경쟁 키워드에 따라서 순서가 조금씩 다르게 노출되기도 한다.)

 고객이 가장 먼저 보게 되는 것이 파워링크이며, 점점 아래로 시선을 이동시킬수록 병원과의 비교가 시작된다. 결국 클릭 하나가 수많은 병원과의 비교를 통한 경쟁의 시작이라고도 볼 수 있다. 검색의 결과로 어떤 페이지가 나왔을 때 제일 위에서부터 최하단까지 모든 부분에 우리 병원이 노출되기란 쉽지 않을 뿐만 아니라 엄청난 비용을 들여서 할 필요도 없다. 무조건 가성비가 떨어지는 방법이기 때문이다. (단, 인기 없는 키워드, 검색량이 거의 없는 키워드는 가능하며 자세한 것은 뒤에서 설명하겠다.) 가장 상단에 위치한 부분이 가장 클릭률이 높다. 키워드 광고가 이제는 크게 효과가 없어서 할 필요가 없다고 말하는 사람도 있지만, 아직도 온라인 유입에서 가장 빠른 효과를 보이는 것은 바로 키워드 마케팅이다. 그래서 키워드 마케팅은 웬만하면 기본으로 설정하길 추천한다. 처음 접하게 되는 파워링크 영역에서 고객의 마음에 드는 이미지를 심어준다면 절반은 성공이다.

 앞서 말했듯이 고객은 페이지 하단으로 갈수록 오히려 혼란스러워하거나 생각하기를 귀찮아하기 때문에 부정적인 이미지만 보이지 않으면 상위 노출된 병원을 클릭해서 알아보는 것을 선호한다.

키워드 마케팅은 과거에 가장 효과가 좋은 마케팅 방식이었지만, CPC(Click Per Cost/클릭당 비용) 형태로 과금되기 때문에 경쟁이 심화되면서 과도한 단가로 인하여 부담을 느끼는 소비자가 늘어난 것도 사실이다. 고객들은 병원을 검색할 때 지역+진료과목으로 검색을 주로 하게 되는데 이 키워드도 경쟁이 심한 것은 클릭당 10만 원이 넘는 경우도 있기 때문에 무작정 상위에 많이 노출할 수도 없다. 병원에서 직접 마케팅 직원을 고용해서 운영하는 경우도 있지만 대부분 1차 의료기관에서는 대행업체에 위탁하여 운영 중인 경우가 많을 것이다. 노출을 적게 하면 비용을 줄일 수는 있겠지만 효과가 적을 것이고, 노출량을 높이다 보면 과도한 비용 발생으로 인해 부담이 될 것이므로 설불리 진행할 수도 없을 노릇이다. 비용을 아끼면서 광고를 하는 방법은 여러 가지가 있다. 다만 비용을 아끼는 것에 집중하다 보면 효과가 떨어지기 때문에 광고를 시작하는 단계와 어느 정도 자리를 잡은 이후의 단계와는 다른 방식으로 운영해야 한다.

초기에는 언제, 어떤 키워드에 반응이 올지 모르기 때문에 여러 가지 키워드를 조금은 높은 순위로 노출시켜야 한다. 이 과정을 한번 겪어봐야 데이터가 쌓이고, 그 쌓은 데이터를 기반으로 전략을 새롭게 수정할 수 있다. 단, 비용을 줄이는 방법은 과도한 비용이 소모되는 대표 키워드 (예시: 서울 치과/강남 안과)는 최대한 적게 노출시키는 것이다.

먼저 우리 병원이 있는 '동', '역'에 대한 키워드에 집중해야 한다. 예를 들어 '미아동 치과', '수유동 안과', '쌍문역 안과'등 병원과 가장 가까운 지역만을 한정적으로 노출시켜 비용을 줄이는 것이 좋다. (단, 이런 키워드도 경쟁이 치열한 지역은 높은 비용이 소요되므로 노출 개수를 한정하는 것이 좋다.)

파워링크가 가장 상단에 위치하고 효과도 좋지만 비용 때문에 비즈 사이트에 등록하려고 하는 경우도 있는데, 비즈 사이트는 가장 하단에 위치하기에 효과가 많이 떨어진다.

2차 의료기관뿐만 아니라 넓은 지역을 대상으로 하는 1차 의료기관까지도 모두 이런 전략을 사용하는 것은 무리가 있겠지만, 대부분의 1차 의료기관은 이런 방법들을 통해서 비용을 줄일 수 있다. 이렇게 진행을 할 때 한 가지 팁이 있다. 키워드 선정 시 검색량이 많은 키워드(메인 키워드)가 있고, 검색량이 적은 키워드가 있다. 검색량이 적어 CPC 비용이 낮은 키워드(최저 1클릭당 70원)는 최대한 1위로 입찰 받아야 한다. 왜냐하면 이런 세부적인 키워드는 검색량은 적지만 실제 환자로 연결될 확률 즉, 전환율이 상당히 높기 때문이다. 비용도 낮고 전환율이 높은 키워드는 최대한 많이 두는 것이 유리하다. 그런데 CPC 단가가 너무 높게 형성되어 있다면, 노출순위를 3위 정도로 조정하거나 노출 시간을 조절해서 비용을 낮추고, 아니면 모바일 검색만 노출시키는 방법도 있다.

또한 키워드 노출 순위 이외에도 내가 원하는 시간을 지정하여 노출할 수 있다. 하루 종일 노출시키지 않고 오전 11시~오후 2시, 오후 4시~ 10시 이런 식으로 노출시간을 설정하는 방법도 있다. 다만 이것은 광고 시작 초기에 하는 것이 아니라 어느 정도 데이터가 쌓인 이후에 주 유입 시간을 분석하여 설정하는 것을 추천한다.

단, 한 가지 명심해야 할 것은 너무 비용에만 치중하지 않는 것이 좋다는 것이다. 어느 정도 유연한 지출 전략을 펼쳐야 한다. 결국에는 환자의 내원으로 연결되어야 하기 때문에 적당한 지출을 긍정적인 투자로 생각하고 진행하자.

키워드 마케팅 B(문구)

병원에서 키워드 마케팅을 하려면 우선 의료 광고 심의를 받아야 한다. 의료심의는 너무나 까다로우며 사용할 수 있는 문구가 한정적이다. 그렇다고 진료과목, 출신학교 등의 단어만 단순 나열한다면 과연 고객들의 눈에 들어올까?

키워드 검색 후 마케팅은 1위~5위까지 살펴보면 대부분 어쩔 수 없이 진료과목과 출신학교 위주의 문구를 사용한다. (다만 PC와 모바일 등 어떤 매체냐에 따라 키워드가 무엇이냐에 따라 노출되는 것이 다를 수 있다)

조금이라도 눈에 띄는 문구를 창조하고 싶겠지만, 한정된 글자

수 내에서 강조하고 싶은 것들이 너무 많고, 의료 심의도 통과해야 하는 어려움에 봉착할 수 있다. 그렇지만 해야 한다. 수많은 광고들 사이에서 시선을 사로잡는 문구를 택하지 않으면 클릭률이 떨어질 수밖에 없다. 앞서 설명한 것처럼 고객이 검색했을 때 나오는 페이지에는 수많은 광고가 노출되는데 여기에서 선택을 받기 위해서는 설명 문구에서 차별성이 나타나야 한다.

네이버의 파워링크 구조를 살펴보자.

www.hkddentalclinic.com (예시)

병원 명칭 부분	홍길동치과의원
설명 문구 부분	00역1번출구, 통합치의학전문의, 임플란트, 치아교정, 충치치료, 사랑니발치

[병원 명칭 부분]

일반적으로 병원의 명칭만을 기입하지만, 여기에서도 눈에 띄게 만드는 방법이 있다.

예를 들어 '00역' 또는 '임플란트는' 같은 문구+병원 명칭을 넣을 수 있다. 의료심의 때문에 다양한 문구를 사용할 수 없지만 이 정도는 가능하다. 다만 주의할 부분은 '00역' 같이 지역적인 문구를 사용할 경우 다른 지역 키워드에서 노출되었을 때 오히려 거리가 멀다고 생각할 수도 있고, '임플란트'같이 특정 진료에 관련된 문구를 사용할 경우, 다른 진료를 검색했는데 상관없는 진료가 노출되어 있으면 클릭할 확률이 낮을 수 있다. 그래서 이런 경우에는 해당 문구에 어울리는 키워드 선정을 필수로 해야 한다.

[설명 문구 부분]

　병원 키워드 광고는 의료심의 때문에 원하는 문구를 모두 기재할 수 없지만 그런 와중에도 다른 병원들과는 차별화해야 한다. 이것은 키워드 광고에서 너무나도 중요한 것이다. 아무리 노출을 많이 하더라도 고객의 선택을 받는 것은 1~2개 이내이기에 눈에 띄는 문구로 클릭을 유도해야 한다. 필자는 순위가 낮더라노 문구만 잘 작성한다면 높은 순위의 효과와 맞먹을 수 있다고 생각한다. 많은 사람들이 중요하게 생각하는 것이 바로 가성비 아니겠는가? 가격 대비 효과를 높이려면 남들과는 다른 전략이 있어야 한다.

　검색창에 키워드를 입력한 후 결과가 나왔을 때 파워링크 영역에 나와있는 문구들을 보면서 고객의 시선으로 다시 한번 생각해 보아야 한다. 학력, 경력, 진료 과목들로 빼곡히 나열된 문구보다는 우리 병원만의 특징, 의사의 철학, 환자를 대하는 태도 같은 내용들이 있다면 오히려 더 눈에 띄지 않겠는가? 자세한 설명은 어차피 홈페이지에 들어가 보면 되는 것이니 전문(또는 세부) 진료 과목, 특수 진료 등을 제외한 나머지 정보는 강조하지 않는 것이 더 효과적이다.

가장 좋은 광고는 노출된 수많은 광고 중에 고객들이 궁금해서 클릭하게 만드는 것이다. 유튜브에서 조회수를 늘리기 위해 눈에 띄는 섬네일, 자극적인 문구들을 사용하는 이유를 생각해 보라. 광고 문구 하나에 나의 모든 것을 담을 수는 없지만 뭔가 다를 것 같다는 생각이 들도록 만들 수는 있다. 이슈를 위해 어그로(aggro)를 끌라는 뜻이 아니다. 남들이 천편일률적(千篇一律的)으로 적어둔 문구들 사이에서 의지를 보여주는 문구, 환자에게 감성적으로 다가서는 문구를 만들어낸다면 자연스럽게 눈에 띄고, 유니크(unique) 한 광고로 느껴지게 되어 광고 효율은 더욱 높아질 것이다.

온라인 마케팅 전략 2 (무료 또는 저비용 광고)

일반적으로 온라인 마케팅을 좀 한다는 의료기관을 보면 홈페이지 및 키워드 광고를 진행하면서 무료 광고도 동시에 같이 운영한다. 보통 무료 광고는 필수이고 유료 광고는 선택이라고 생각하지만, 앞서나가는 사람들은 이 두 가지를 혼용하였을 때 더 큰 시너지 효과가 있다는 것을 알기 때문이다.

하지만 홈페이지가 없거나 키워드 광고를 하지 않더라도 지역의 작은 로컬 병원일 경우 이번 전략을 잘 활용한다면 충분히 도움이 될 수 있다. 다만, 무료 및 저비용인 만큼 남들보다 더욱 세밀한 전략이 필요하며 지속적인 관리를 해야한다는 번거로움이 따라다닌다는 것을 항상 기억해야 한다. 또한 즉각적인 반응이 나오지 않고 신뢰도를 구축하는데 긴 시간이 요구되며, 관리를 소홀히 하는 순간부터 점차 하락 길을 맞이할 수도 있다는 것을 간과해서는 안 된다.

1. 네이버 스마트 플레이스

요즘 온라인 마케팅을 운영할 때 무조건 필수로 세팅하는 것이 네이버 '스마트 플레이스'이다. (이하 '플레이스'라고 설명하겠다) 플레이스는 무료이면서 다양한 정보를 제공하고, 네이버 측에서도 상위에 노출해 실제 유저들에게 유익한 정보를 제공하는 역할을 하고 있다. 또한 본인이 가입이나 운영을 하지 않아도 전화번호를 통해서 자동으로 노출이 되기도 한다. 비용도 들지 않고, 페이지 상단에도 노출되며, 많은 정보를 제공할 수 있고 고객들의 유입량도 높은 툴이기에 병원들끼리 치열한 경쟁 구도가 형성되었다. 그러다 보니 이 플레이스조차도 상위 노출되지 않으면 몇 페이지 뒤로 밀려나서 노출이 거의 되지 않게 되었다.

만약 비용이 들더라도 상위 노출을 하고 싶다면 플레이스도 광고를 할 수 있다. 플레이스 페이지 제일 상단에 2개의 자리가 있는데 이것은 CPC 광고이며, 낙찰가액이 높을수록 상위에 노출되는 시스템이다. 비용이 들지만 효과는 꽤 괜찮은 방법이기도 하다. 그런데 첫 페이지 1, 2위 정도면 비싸더라도 들어갈 만하지만 3페이지 정도에서 상위에 노출되는 것은 큰 의미가 없기 때문에 이왕 광고를 하려면 첫 페이지를 고수하는 것이 좋다. 그래서 광고를 할 때에도 원하는 키워드 2개 이내에서 투자하는 것이 쓸데없는 비용을 줄이는 방법이다.

플레이스를 광고가 아닌 일반적인 방법으로 고객들에게 높은 순위로, 남들과는 다르게 노출되고자 한다면 꼭 알아야 할 사항이 있다. 바로 네이버가 중요하게 생각하는 사항을 무시하고 본인이 하고 싶은 것들만 강조한다면 절대로 상위 노출될 수 없다는 것을 명심해야 한다.

[플레이스 제대로 세팅하기]

네이버는 성실한 정보제공, 고객의 입장에서 유리한 정보를 중요하게 생각한다. 네이버 플레이스의 핵심이다. 무슨 의미냐면 플레이스에는 여러 가지 정보를 기재하는 곳이 있는데, 이때 되도록 모든 곳에 빈칸이 없어야 하는 것은 당연하고 최대한 자세한 정보를 제공하는 것이 좋다. 그렇지 않으면 알고리즘이 성실하지 못한 것이라고 인지하기 때문에 모든 부분을 꼼꼼하게 작성해야 한다.

[오시는 길]

주소만 입력하는 것은 정말 빈칸만 채우는 것과 같다. 환자의 입장에서 최대한 쉽고 알아보기 편하도록 내용을 입력해야 한다.

예를 들어 대중교통 이용 시(버스, 지하철), 자가용 이용 시 등 세부적인 방법을 알려주어야 한다. 또한 주차장 위치와 요금 및 주차가 불가한 차종에 대한 대책까지 모두 안내가 되는 것이 좋다. 플레이스를 이용하여 오시는 길까지 본 고객이라면 대부분 우리 병원을 방문할 의향을 가지고 있기 때문에 고객의 입장에서도 성실함이 묻어 나오는 내용을 보게 된다면 더욱 확실하게 내원으로 이어지게 될 것이다. 그리고 위에서도 언급했듯이 고객의 입장에서 작성하는 것이 중요한데, 자가용 및 대중교통 이용 시 출발지를 중심으로 우리 병원의 위치를 설명해 주는 것이 좋다.

[홈페이지 주소 입력란]

대부분 홈페이지 주소를 입력하는 곳에는 메인으로 홈페이지 URL을 입력해둔다. 병원 홈페이지가 있는 경우에는 정확한 주소를 기입하고 추가로 블로그, 인스타그램 등의 주소를 기입하면 된다. 내가 운영하고 있는 모든 연결 주소를 등록해 두면 된다.

하지만 홈페이지가 없는 경우 그냥 블로그 주소만 올리는 경우가 있는데, 필자는 랜딩 페이지라도 하나 만들어서 채워주는 것을 추천한다. 단순히 빈 곳을 채우기 위함이 아니라 이번 기회에 랜딩

페이지를 만들어 보았으면 하는 것이다. 랜딩 페이지가 있고, 없고의 차이가 실제로 크기 때문이다. 만약 블로그만 운영한다면 블로그 내에 포스팅한 페이지를 랜딩 페이지처럼 등록시키는 방법도 있다. 하려는 의지만 있다면 방법은 얼마든지 만들어 낼 수 있다고 말해주고 싶다.

[태그 입력란]

태그 입력란에는 총 5개의 태그를 입력할 수 있다. 많은 사람들이 이 태그를 중요하게 생각하지 않아 본인이 원하는 키워드를 대충 넣는 경우가 많다. 일반적으로 '지역+업종' 태그를 많이 사용하는데 플레이스에서는 이미 주소가 등록되어 있기에 이런 태그는 큰 효과를 기대하기 어렵다.

태그를 잘 활용하는 방법은 스마트 플레이스에서 검색이 되는 단어 위주로 노출시키는 것이다. 그러기 위해서는 내가 원하는 키워드를 몇 개 선정하고 플레이스에 노출이 되는지를 직접 검색으로 먼저 확인해야 한다. 월간 검색량을 알려주는 여러 가지 사이트를 통하여 PC와 모바일 검색량을 확인하고 그중에서 노출되는 키워드를 추출한다. 또한 연관 검색어를 검색하여 다시 노출이 되는지를 확인하는 작업을 해야 한다.

여기에서 한 가지 팁은 예를 들어 치과에서 '뼈이식임플란트'라는 태그를 달고자 할 때 이 키워드가 통째로 들어가지 않아도 선택할 수 있는 5개의 키워드 중에서 '뼈이식' '임플란트'라는 단어만 포함되어 있다면 네이버가 단어 조합을 통하여 추출해 낼 수 있다. 따라서 각각의 조합이 잘 되도록 단어 선별을 한다면 훨씬 높은 효과를 기대할 수 있다. 그리고 키워드 월간 검색량을 확인해 볼때 PC와 모바일 따로 검색량이 표시되는데 플레이스의 고급 키워드 상당수는 모바일에서 확인이 되지 않는 경우가 많다. 그래서 검색량을 볼 때에는 PC 검색량을 위주로 보아야 한다.

[사진 입력란]

플레이스에 사진을 입력하는 곳이 있다. 기본 5장의 사진을 등록할 수 있는데 사진을 선택할 때에도 좋은 사진을 고르는 것이 아니라 고객 관점에서 신뢰가 갈만한 사진으로 등록하는 것이 필요하다. 많은 곳에서 병원 인테리어 사진과 의료진의 사진 위주로 등록을 한다. 그런데 고객들이 이 사진을 보고 병원을 신뢰할까라는 의문을 가져야 한다. 인테리어 사진과 의료진의 사진이 잘못되었다는 것이 아니다. 의료진 사진을 넣더라도 환자와 웃으며 대화하는 사진, 치료에 집중하는 사진 등 신뢰와 따뜻함이 묻어나는 사진을 선택하는 것이 좋다는 것이다. 또한 인테리어 사진도 예쁘고 화려한 것이 아닌 깨끗하게 정돈된 사진, 위생적으로 청결한 부분을 강조한 사진, 특수 진료만을 위한 전용 치료실을 강조한 사진 등이 더욱 좋다는 것이다. 예쁜 게 좋은 것이 아니라 환자에게 좋은 것을 예쁘게 표현하는 것이 더욱 중요하다.

[리뷰관리]

플레이스에서 리뷰 관리는 정말 중요하다. 우리가 온라인 쇼핑몰에서 물건을 하나 살 때에도 리뷰를 꼼꼼하게 살펴보듯이 미래의 환자들도 리뷰를 찾아보고 긍정적인 마음을 가질 수 있기 때문에 항상 리뷰를 신경 써야 한다. 맛있는 식당에 가면 "네이버 리뷰 참여시 음료수 1병을 무료로 드립니다"라는 문구를 보았을 것이다. 병원도 마찬가지로 리뷰 참여를 위해서 조그마한 혜택을 부여하는 것이 좋다. 참여도를 높일 수 있기 때문이다.

그런데 대다수의 병원에서 리뷰가 중요한지는 알지만 적극적으로 시행하는 병원이 적다. 대기실에 알림 자료만 떡하니 두고 직원 중 누구 하나 리뷰 혜택에 대한 언급이 없는 병원도 많다. 이렇게 해서는 좋은 리뷰가 쌓일 수 없다. 오리려 컴플레인 리뷰가 쌓이는 것을 방치하게 될 수도 있다.

우리 병원에 대한 좋은 리뷰를 쌓이게 하기 위해서는 직원들의 적극적인 멘트와 관리가 필요하다. 진료가 끝나고 병원 문을 나서기 전에 오늘 치료에 대해서 다시 한번 언급하고 다음 예약 일정과 관리에 대해서 설명하면서 리뷰를 부탁해야 한다. 젊은 사람들은 리뷰에 익숙해서 쉽게 등록할 수 있지만 연세가 있는 어르신들과 스마트 기기에 익숙하지 않은 사람들은 리뷰를 하는 방법조차 잘 모르기 때문에 직접 안내해 주는 직원들의 노력으로 좋은 리뷰가 많이 쌓일 수 있도록 해야 한다. 그리고 안내문을 만들 때에도 리뷰를 써달라는 문구만 적지 말고 QR코드를 만들어 쉽게 등록이 가능하도록 해 두는 것이 좋다. 또 한 가지 팁으로는 병원에서 운영하고 있는 블로그의 글을 작성할 때 지도를 같이 올리게 되면 플레이스 리뷰에도 등록이 되기 때문에 지도 등록을 꼭 잊지 말자.

만약 부정적인 리뷰가 등록되었을 경우 우선 그 환자를 확인하여 글의 삭제를 요청하고, 확인이 되지 않는 경우에는 빨리 추가적인 리뷰를 많이 등록할 수 있도록 하여 글이 하단으로 내려가게 만드는 노력도 필요하다. 간혹 우리 병원의 환자가 아닌 것 같은데 악의적인 글을 올리는 경우가 있는데, 이런 때에는 네이버에 신고를 하면 해당사항을 확인 후 삭제 조치해주기도 한다.

이처럼 리뷰 하나를 받기 위해서도 섬세한 전략이 필요하다. 남들이 한다고 무턱대고 시행한다면 효과가 없거나 오히려 좋지 못한 리뷰를 받을 수 있기에 적극적인 관리를 해야 한다. 처음에는 이런 것 자체가 귀찮고 어려울 수 있지만 한 번만 세팅해 두면 효자 같은 마케팅 툴이 될 수 있으니 꼭 진행하였으면 한다.

2. 블로그

온라인 마케팅을 하고 있다면 대부분의 병원들이 블로그를 기본적으로 운영한다. 무료이면서 고객들이 검색도 많이 하는 툴이라서 효율이 좋다. 그러나 이런 블로그 마케팅은 단기적인 환자 유치에는 맞지 않다는 것을 우선적으로 알아야 한다. 최소 몇 개월간 정성스럽게 포스팅하고, 서로이웃을 맺는 등의 관리가 따라줘야 노출, 방문 수 증가 효과가 나타나는 특징을 가진다.

  시간이 걸리고 많은 노력이 들어가는 작업이지만 필자는 되도록 블로그를 운영하는 것을 추천한다. 왜냐하면 블로그는 기존 환자들과의 소통의 장소이자 병원의 인간적인 면, 추구하는 철학과 진심을 표현하기 좋은 수단이기 때문이다. 고객이 파워링크나 배너 광고 같은 것을 보면 당연히 상업적 광고라는 생각을 가지고 이성적인 판단을 내리려고 한다. 하지만 블로그를 잘 활용하면 이성이 아닌 감성의 영역을 터치해 주는 역할을 할 것이다.

  "치료비가 싸다", "전문의가 있다, 없다" 같은 소비자의 생각이 블로그에서는 "양심적이네", "정성 어린 진료로 믿음이 가네"등의 감정으로 바뀔 수 있다. 아직 치료를 받지 않았지만 좋은 이미지가 머릿속에 맴도는 현상이 나타날 수 있다.

  좀 더 현실적인 이야기를 해보자. 블로그는 지수라는 것이 있다. 네이버에서는 공식적으로 어떤 단계라고 규정하고 있지 않지만 어느 정도의 단계가 존재한다는 것은 마케팅을 좀 아는 사람들은 누구나 인지하고 있다. 일반적으로 최적화라는 단어를 사용하는데 블로그 지수를 확인하는 프로그램을 보면 일반 단계에서 준 최적화 단계, 최적화 단계 정도로 분류된다. 최적화에 포함된다는 것은 남들보다 노출량이 많고, 높은 순위로 올라갈 확률이 높아진다는 것이다. 경쟁이 치열한 키워드일수록 최적화된 블로그가 노출되는 것이다.

블로그를 최적화시키기 위해서는 우선 네이버 블로그의 SEO(Search Engine Optimization)를 지켜야 한다. SEO는 네이버가 원하는 좋은 품질의 기준을 말한다. SEO에 적합한 요소를 잘 지키면 알고리즘이 좋은 글로 인식해서 상위 노출이 잘 된다.

SEO를 만족시키기 위한 요소는 여러 가지가 있다.

1. 블로그 제목

2. 댓글, 공감, 공유의 정도

3. 이미지, 동영상

4. 체류 시간 및 페이지 뷰

5. 글의 길이 및 제목과 어울리는 내용

6. 카테고리 및 운영 기간

7. 적절한 해시태그

이 밖에도 여러 가지가 있다. 결국 SEO에 영향을 미치는 것은 양질의 콘텐츠를 위한 모든 요소라고 할 수 있다. 맛집 평가를 위해서 메뉴판, 인테리어, 간판, 서비스, 가격, 맛, 양, 리뷰 등 많은 것을 알려줘야 하는 것과 마찬가지이다. 예전에는 블로그를 상위 노출하기 위해서 여러 가지 편법들이 가능했지만 요즘 네이버 알고리즘은 구글처럼 보다 양질의 정보, 경험 위주의 좋은 글들을 상위 노출하도록 변화하고 있다. 그래서 단순히 순위를 올리기 위해서 대량의 허위 컨텐츠를 작성하거나 과도한 트래픽을 유도하는 등의 행위를 하면 네이버 알고리즘에 의해 어뷰징(Abusing)으로 판단되어 노출이 제한되거나 블로그가 폐쇄되는 결과를 초래할 수 있다.

그럼 어떻게 운영해야 블로그를 활성화시키고 환자 유입까지 이뤄낼 수 있을까?

[포스팅 내용이 중요하다]

처음에도 설명했듯이 블로그는 고객의 감성을 터치하는 수단으로 사용해야 한다. 단순히 정보 전달의 수단으로 사용하지 말고 좀 더 인간적인 냄새가 나는 포스팅을 하자. 병원에서 운영하는 블로그는 여러 가지 질환과 증상 및 관리에 대한 의학정보가 바탕이 되어야 하지만 그 내용을 작성할 때 의사의 철학과 환자에 대한 배려, 인간적인 면이 묻어나도록 해야 한다.

예를 들어 "A라는 환자가 병원을 방문하여 OO질환을 치료했는데

이 질환의 원인은 B이며 A 환자의 경우 어떠한 식습관 때문에 질환이 생기게 되었다. 여러 가지 치료 방법이 있지만 A 환자는 C라는 치료 방법으로 치료하기로 하였다. C라는 치료 방법을 선택한 이유는 의학적으로 검증되어 있고, 경험이 풍부해 무엇보다도 나의 가족에게 추천할 만한 치료이기 때문이다. 또한 꾸준한 관리와 정기적인 병원 검진을 할 것이라고 나와 약속을 하였기 때문이다. 얼마 뒤 병원을 재 방문하였을 때 환자는 많이 좋아져서 일상생활에도 크게 불편함이 없다고 감사의 인사를 하셨다. 환자의 예후가 좋을 때는 의사로서 도움을 줄 수 있어 보람을 느낀다." 이런 예시처럼 환자와의 교감을 보여주거나 감성을 자극하는 느낌으로 글을 작성하는 것이 좋다.

이런 내용은 질병에 대한 정보, 치료에 대한 정보뿐만 아니라, 의사가 환자를 생각하는 마음, 좋은 치료 결과에 대한 모든 것을 담고 있기 때문이다. 환자가 의식적으로 원하는 것은 좋은 치료 결과와 의사 실력이 될 수 있지만 무의식적으로는 자신을 자상하게 챙겨주는 따뜻한 마음에 믿음과 신뢰를 줄 수 있다.

[일관성과 전문성을 갖춰야 한다]
병원에서 운영하는 블로그에서 맛집이나, 개인이 좋아하는 취미를 알려주는 콘텐츠가 많아지면 알고리즘은 일관성이 부족하다는 판단한다. (예전에는 질보다 양이 중요하였고, 다른 내용의 콘텐츠

를 통하여 유입시키는 것이 도움이 되었지만 지금은 그렇지 않다.)
그래서 병원에 관련된 정보 즉, 질병과 치료, 환자에 관련된 내용들이 중심이 되어야 한다. 또한 소개 글, 제목, 이미지, 카테고리, 내용, 해시태그가 모두 일관성을 유지해야 한다.

예를 들어 김치찌개를 소개하는 포스팅이 있다면 네이버에서는 술집에서 안주로 나오는 김치찌개보다 김치찌개 전문점에서 소개하는 김치찌개를 상위 노출시켜준다. 전문성이 있는 블로그가 상위 노출되는 것은 이와 같은 원리이다.

[신경 안 쓸 것 같은 작은 부분에도 정성을 담아야 한다]

소개 글, 글의 길이, 이미지, 제목 등 작은 부분에도 세심한 관심이 필요하다. 검색 후 노출된 포스팅에 좋은 이미지를 가져 어떤 사람이 쓴 글인지를 확인하려면 소개 글을 본다. 소개 글에서 양심적인 태도와 전문성을 보게 된다면 분명 우리 병원을 방문할 의지가 높아진다고 볼 수 있다. 구석구석 사장님의 손길이 닿아 있지만 보이지 않았던 곳이 고객에게 감동으로 다가가는 것과 같다.

그리고 블로그의 체류시간을 고려하여 글의 길이를 조절해야 한다. 너무 짧으면 네이버가 내용이 부실하다고 판단하거나 전문적이지 않은 정보라고 인식하고, 너무 길 경우 보는 사람들이 인스턴트에 길들여져 있어 내용이 아무리 좋아도 쉽게 질려서 다 읽지 않고 나가버린다. 이미지를 선정할 때에도 본문의 내용과 일치하여야 한다. 사람들은 글을 읽다가 사진이 있으면 사진에서 직관적인 정보를 얻으려고 한다. 그런데 글의 내용과 상관없는 사진이 있거나 광고성이 짙은 사진으로 표현되면 큰 실망감을 느끼게 된다.

간혹 병원에서 블로그에 글을 쓸 때, 글 보다 사진이나 그림이 더 눈에 띄고 보기도 편하다고 포토샵 등을 통하여 글 자체를 이미지화해서 삽입하는 경우가 있다. 주의해야 할 것은 네이버와 같은 검색 엔진은 기본이 텍스트로 된 정보를 분석하는 시스템이기 때문에 고객의 검색에 대한 반응은 사진보다 텍스트에서 추출된다는 점이다. 또한 진짜 우리 병원을 방문할 사람들은 자세하고 정성 어린, 그리고 전문적인, 양심 있는 의사가 있을 것 같은 병원을 선택할 것이기에 그 내용을 글로써 표현을 해주는 것이 좋다. 시각적인 부분에 너무 집중하다 보면 부실한 내용으로 채워지기 쉽다.

3. 카페 마케팅

내 병원을 알리기 위해서는 사람을 모아야 한다. 온라인에서 사람을 모으기 위해서는 내가 가진 콘텐츠를 좋아하거나 좋은 정보를 얻고 싶어 하는 사람들을 위한 장소를 만드는 것인데, 그것이 바로 카페이다.

병원에서 온라인 카페를 만들어 사람들을 모으는 것은 정말 좋은 방법이지만 요즘은 이런 카페를 성공시키기가 너무 어렵다고 사람들이 입 모아 말한다. 특정 질병에 대한 커뮤니티 공간으로 사람들을 모을 수만 있다면 병원 입장에서는 너무나 좋은 것이지만 현재를 기점으로 새롭게 카페를 만들고 오랫동안 꾸준히 이어 나가는 것은 정말 힘이 들기 때문에 차라리 다른 방향을 찾는 것이 좋다.

예를 들어 우리 병원 타깃 환자층이 많이 모여 있는 카페에 가입하여 일정 비용을 지불하고 카테고리를 하나 얻는 것이다. 일종의 협력업체와 같은 개념으로 등록하는 것이다. 이런 카테고리를 하나 얻으면 광고나 이벤트를 마음껏 할 수 있지만, 회원들 사이에서는 너무 상업적인 모습이 보이면 오히려 역효과가 나는 경우가 많다. 그래서 정말 병원답게 의료지식을 알려주는 정보망 또는 궁금한 부분에 대한 답변을 하는 커뮤니티의 장으로 만드는 것이 좋다. 만약 카페에서 상담 후 병원을 방문한 경우에는 적극적으로 좋은 리뷰를 부탁하는 것이 좋다.

다수의 병원에서 카페를 통해 환자가 유입되면 진상을 부리거나 까다로운 사람이 많이 온다고 생각해서 꺼려진다고 하는데 물론 그런 사람이 없다고 할 수는 없지만 대다수가 그렇다고 하는 건 인정하기 어렵다. 그러나 카페 활동을 그저 광고의 장으로써 사용하였을 때는 특히 그런 경우가 많을 수 있다. 온라인 공간에서 광고를 우선에 두지 않고 상담이 친절하고 지식이 풍부한 그런 병원의 이미지를 쌓는다면 다른 어떤 병원보다 양심적이고 정직하며, 전문적인 느낌의 병원이 될 것이다.

4. SNS 마케팅

요즘 온라인 광고에서 SNS는 빼놓고는 말할 수 없을 만큼 중요하고 사용자가 많은 마케팅으로 통한다. SNS의 종류는 인스타그램, 페이스북, 트위터, 틱톡 등 여러 가지가 있다. 특히 인스타그램은 인스턴트+텔레그램이라는 뜻으로 사진이나 동영상을 쉽게 공유할 수 있는 소셜미디어 플랫폼으로 온라인 광고 수단으로 많이 이용된다. 대부분의 SNS 사용자는 20~30대가 가장 많기 때문에 그들의 니즈가 있는 콘텐츠를 제작해서 노출해야 하며 텍스트 형태가 아닌 직관적인 시각 위주로 구성해야만 한다. 그래서 SNS 마케팅은 피부, 미용, 성형과 관련된 병원에서 주로 활용하고 있고, 그 효과도 충분히 매력적인 것이 사실이다.

요즘 소통과 재미를 넘어 정보 전달의 가치까지 높아지고 있는 인스타그램을 예를 들어 설명해 보겠다.

인스타그램 마케팅을 하는 방법에는 2가지가 있다. 하나는 인스타그램 피드 광고로 활용하는 방법이 있고 다른 하나는 릴스 등 직접 계정으로 운영하는 방법이 있다.

우선 인스타그램 피드 광고의 가장 큰 특징은 타깃팅이 가능하다는 것이다. 내가 원하는 지역을 넓히거나 좁힐 수 있고 광고를 노출할 때 성별, 연령까지 세세한 타깃이 가능하다. 또한 우리 광고를 한 번이라도 클릭한 사람들에게 리 타깃팅(Re-targeting)이 가능하기에 전략만 잘 세워서 운영한다면 충분히 좋은 방법이 될 수 있다. 다만 피드 광고를 할 때에는 궁금증을 유발하는 제목과 신뢰가는 사진, 영상이 중요하다.

예를 들어 치과에서 인스타그램에 광고를 한다면 '내 치아와 보철을 구별할 수 있어?" 등과 같은 제목에 자연 치아와 보철 치아를 이리저리 보여주는 영상을 사용한다면 충분히 궁금증을 유발할 수 있고 이로 인해 클릭할 확률이 높아진다. 짧지만 강한 그렇지만 궁금증을 유발하는 광고를 해야 한다. 그리고 직접 인스타그램을 운영하는 병원에서는 몇 가지 잘 되는 원칙이 존재한다는 것을 알아야 한다. 인스타그램은 상당히 인스턴트적인 플랫폼이기에 사용하는 모든 단어는 쉽고 직관적인 것을 사용해야 한다. 한번에 이해하기 어렵거나 고민해야 하는 추상적인 단어를 사용한다면 선택받기 어렵다. 처음 광고를 하거나 이미 진행하고 있는데 효과가 없다면 조회수가 높은 영상을 레퍼런스(Reference)로 체크하는 것이 좋다. 높은 조회수의 영상을 자세히 보다 보면 요즘 사람들이 관심있어 하는 형태의 단어, 색감, 영상 및 표현 방식에 대한 영감을 얻을 수 있다. (똑같이 카피해서 사용해서는 안 된다.)

예를 들어 '평범한 30대를 성공으로 이끈 책 5권' 같은 제목에 어떻게 스토리를 이어 나가는지, 배경에는 어떤 영상을 쓰는지 등을 파악하는 것이다. 병원과는 전혀 상관없이 보이는 내용도 형식만 유사하게 맞춘다면 충분히 효과를 볼 수 있다. 스토리에 대한 것도 환자들의 치료 스토리, 의사의 치료 스토리 등을 활용한다면 좀 더 인간적인 느낌을 전달할 수 있다. 이런 릴스를 제작하면 신뢰가 높아지고 나중에 병원 내 안내 영상을 제작할 때에도 충분히 활용할 수 있다.

마지막으로 인스타그램이나 페이스북에서 여러 병원들이 광고를 어떻게 하는지 쉽게 알아보는 방법이 있다. 검색창에 '메타 광고 라이브러리'를 검색하면 현재 여러 업체에서 운영 중인 광고를 모두 볼 수 있다. 이 사이트에서 어떻게 제목을 뽑는지, 어떤 형태로 운영을 하는지 한눈에 볼 수 있어서 좀 더 쉽게 레퍼런스를 찾을 수 있다. 이런 자료를 볼 때 그냥 보지 말고 분석적인 시각으로 판단해야 한다.

[그림 2] 메타 광고 라이브러리의 예

이 사이트는 해당 병원의 광고를 하는 곳이 인스타그램인지 페이스북인지 알 수 있고, 다른 병원들의 문구나 해시태그, 행동 유도

버튼을 어떻게 사용했는지 알 수 있다. 이 방법은 단순히 남들이 하고 있는 광고를 따라 하자는 것이 아니다. 고객이 여러 가지 광고를 보았을 때 어떤 것을 신뢰하고, 궁금해하고, 선택하는지 객관적인 시각으로 비교한 후 차별성을 만들기 위한 전략을 짜기 위해서 사용해야 한다. 단순히 '업체에 맡기면 알아서 해주겠지'라는 안일한 생각에서 벗어나야 한다. 내가 아는 만큼만 업체도 움직이기 때문이다.

네이버의 로직 변화(생성형 AI)에 따른 대응 전략

필자가 집필하고 있는 현시점에도 온라인 트렌드는 많은 변화가 일어나고 있다. ChatGPT가 나온 이후로 많은 플랫폼들이 생성형 AI의 기술을 개발 또는 적용하고 있다. 네이버도 시대의 흐름을 따라가기 위해 'Cue:'라는 생성형 AI 검색서비스를 적용하기로 했다.

'Cue:'는 언어 모델에 추론(reasoning), 검색 계획(planning), 도구 사용(tool usage), 검색 기반 생성(retrieval-augmented generation) 기술을 녹여내어 네이버 검색과 결합한 AI 생성형 검색 서비스로써 네이버 버티컬의 정보를 요약하여 효과적인 검색 결과를 문장형으로 제공하며, 새로운 인터페이스를 통해 한층 더 확장된 검색 경험을 제공한다고 한다.

현시점 온라인 공간에서는 많은 사람들이 "이제 기존의 블로그들은 다 죽는다"라고 두려움을 표출하고 있다. 기존의 온라인 마케팅 방식은 이제 AI라는 새로운 무기 앞에서 더 이상 쓸모없는 방식, 구시대의 방식이 되어 버린다는 것이다. 하지만 필자는 절대 그렇지 않을 것이라고 생각한다. 왜냐하면 지금까지 변화된 로직을 살펴보면 변형이 되었을 뿐 그 존재와 역할은 아직까지 굳건히 유지하고 있으며, 생성형 AI라는 것을 자세히 살펴보면 새로운 것을 창조하는 것이 아니라 결국 기존에 노출된 자료를 바탕으로 조금 더 빠르고 현명하게 수집, 정리하여 유저의 의도에 가깝게 표현해 주는 것일 뿐이기 때문이다.

[그림 3] 네이버의 AI 검색 서비스 'Cue:'의 일부

그렇다면 새롭게 변경될 '네이버 Cue:'에 어떻게 대비해야 하는가?

먼저 'Cue:'가 어떤 식으로 운영되는지를 살펴보아야 한다. 예를 들어 '강남에서 20대가 자주 찾는 맛집 3곳 알려줘'라고 검색을 하면 사람들이 많이 찾는 맛집 중에서 20대의 선호 비중이 높은 3곳을 정리하여 알려준다. 여기에 지도, 내부 사진, 후기 등의 정보도 한눈에 알기 쉽게 제공해 줄 것이다. 기존에는 '강남 맛집'을 검색해서 노출되는 블로그, 플레이스(지도), 파워링크에 있는 광고 등을 들어가서 일일이 후기와 사진을 보고 개인이 알아서 판단해야 했던 것에 비하면 정말 편리하게 변화하였다.

'Cue:'는 유저가 검색어를 입력하면 네이버의 서비스들을 툴로 사용하고 노출되는 모든 자료를 바탕으로 수집 및 정리를 하는데 사용되는 데이터는 블로그, 사진, 지도, 리뷰, 검색자의 연령 등 많은 것을 기반으로 한다. 그렇기에 현재 운영 중인 블로그 등을 그대로 유지하면 된다. 운영 중인 모든 플랫폼은 유저가 오래 머무르고 있어야 속해 있는 광고를 볼 확률이 높고 그로 인해 수익은 더 많이 발생하게 된다. 그래서 블로그를 운영할 때 최대한 오래 머무를 수 있는 즉, 체류 시간이 길수록 오래될수록 더 많은 점수를 받을 수 있고, 더 많은 점수를 받는다는 것은 'Cue:'가 데이터 수집에 이용할 확률이 높아진다는 것이므로 결국 대충 또는 예쁘기만 한 상업성 짙은 포스팅이 아니라 전문적이고 질 높은 포스팅을 해야 한다는 것이다. 지금도 마찬가지이지만 점점 더 본질에 가까워지고 있다. 다만 'Cue:'에서 데이터를 수집할 때 좀 더 높은 확률로 내 정보를 수집해 갈 수 있도록 대비하는 것이 필요하다.

'Cue:' 서비스를 이용하려면 검색창에 원하는 문구를 입력하게 된다. 검색이 진행되면서 연관검색어 몇 개가 나오게 된다. 여기에서 우리는 특정 단어가 포함된 연관 문구를 알게 될 것이다. 공통의 단어를 기반으로 파생되는 몇 개의 문구까지 포함해서 결과를 도출하게 된다. 그래서 글을 작성할 때 이런 연관 문구가 포함되도록 해야 한다.

또한 사람들이 어떤 단어나 문장을 검색할지를 예측해야 한다. 앞서 말했듯이 알고리즘은 하나의 단어, 하나의 문구를 기반으로 결과를 도출하지 않는다. 관련된 수많은 단어와 문장을 검색해서 결과로 나타내기 때문에 관련된 여러 가지 단어들을 예측하여 블로그 내용에 포함하여야 한다. 만약 치과를 검색한다고 가정했을 때 안 아프게 하는 곳, 저렴한 치료비, 당일 치료, 짧은 치료 기간 같은 여러 가지 수식어를 포함해서 검색하는 같이 쓸 확률이 높기 때문에 블로그의 내용에 이러한 예측 가능한 단어나 문구, 문장들을 같이 입력하는 것이 좋다.

결국 'Cue:'라는 AI 기반의 알고리즘은 새로운 것을 창조하는 것이 아니라 기존에 노출된 많은 데이터를 기반으로 하기 때문에 사람들이 궁금해하고 사람들이 원하는 답변의 형태 즉, 본질에 가까운 방식으로 글을 쓰고 양질의 정보를 제공하는 것에 집중한다면 변화하는 흐름 속에서도 뒤처지지 않을 것이다.

오프라인 마케팅 파헤쳐보기

요즘 오프라인 마케팅은 온라인 마케팅에 밀려 수요가 많이 감소한 것이 사실이다.

스마트폰 안에서 웬만한 것은 다 알아볼 수 있는 세상이니 당연한 흐름이라고 인정해야 한다. 하지만 이런 상황에서도 오프라인 마케팅만의 굳건한 영역이 존재한다. 비록 온라인의 힘을 빌리는 형태일 순 있지만 스마트폰 속의 글 한 줄 보다 종이에 인쇄된 글 한 줄이 더 사람의 마음을 흔들 수 있다는 사실을 말이다. 예전처럼 전단지를 돌리고 그걸 본 사람들이 찾아오길 바라는 것이 아니라 온라인과 오프라인의 투 트랙(2 track) 전략으로 좋은 홍보 효과를 얻은 병원들도 많이 있다.

지금부터 오프라인 마케팅의 본질과 활용 방법을 파헤쳐 보자.
오프라인 마케팅은 그 종류도 상당히 많다. 기존의 방법에 새로운 방법까지 더해져 그 수는 계속 늘어나고 있으며 점점 더 세분화되고 있다. 가장 대표적인 오프라인 마케팅은 다음과 같다.

간판, 전단지, 현수막, 지하철역 광고, 버스 및 지하철 외부 랩핑 광고, 지하철 음성 광고, 버스 음성 광고, 택시 네비게이션 광고, 기사(언론) 광고, 광고탑 광고, 아파트 표지판 및 엘리베이터 광고, B to B(제휴), 무료 강의, 출판 광고, 소식지 등

실제로 이렇게 많은 방법 중에서 어떤 것이 가장 효과가 좋을지 알 수 없지만, 앞서 나열된 모든 광고가 온라인 마케팅에 비해서 효율이 떨어진다는 편협적인 생각은 버려야 한다. 오프라인 마케팅이 예전보다 못한 것이 아니라 예전과 달라졌다고 인식해야 할 것이다.

앞서 말했듯이 요즘 오프라인 광고는 온라인을 배경에 두고 진행해야 효과가 나타난다. 현수막을 본 사람들이 바로 병원을 찾아오는가? 아니다. 현수막을 보고 병원을 인지한 후 스마트폰으로 병원에 대한 정보를 찾아보게 된다. 최소한 네이버 플레이스라도 검색해 본다. 또한 오프라인에서 반복적으로 본 병원 명칭이 사람들의 머릿속에 각인되면 나 또는 지인이 치료가 필요한 순간 그 명칭이 떠올라 우선하여 검색해 보기도 한다.

이런 흐름을 감안하여 오프라인 마케팅을 알아보도록 하자.

1. 제휴마케팅(B to B, B to C)

　오프라인 마케팅 중 가장 적극적인 마케팅이자 즉각적인 효과를 볼 수 있는 툴이다.

　제휴마케팅은 서로 간의 협의에 따라 Win-Win 전략을 목적으로 한다. 기업에서는 이런 마케팅을 B to B (Business to Business) 또는 B to C (Business to Consumer)라고 한다. (병원 마케팅에서는 통상적으로 비투비 혹은, 제휴마케팅이라고 말하기에 이후부터는 제휴마케팅으로 통칭해서 설명하겠다.)

　이 제휴마케팅을 잘 활용하면 신환이 꾸준하게 유입되기도 하고, 병원의 이미지도 개선되므로 특히 대형 병원에서는 당연히 진행하는 마케팅 중 하나이다. 우선 제휴마케팅을 병원의 입장과 소비자의 입장으로 나눠서 생각해 봐야 한다. 대부분의 대표 원장들은 제휴마케팅을 진행할 때 얻을 수 있는 장점을 자신의 입장에서만 생각을 하는데, 반대로 제휴업체의 입장에서도 생각해 봐야 한다.

　예를 들어 A라는 회사와 제휴(업무 협약)를 맺었다면 A 회사는 무슨 이득이 있겠는가? 바로 직원의 복지다. 대부분의 큰 기업들은 직원 복지의 일환으로 제휴업체를 많이 만들어 직원들이 좋은 제품 및 서비스를 할인받을 수 있도록 노력한다. 그렇지만 중소 업체의 직원들은 그러한 서비스를 받지 못하는 경우가 대부분이다. 이런 입장 차이를 고려하고 제휴업체를 선정해야 한다.

그럼 제휴마케팅은 어떤 단체와 어떻게 진행해야 할까?

특히 1차 의료기관은 누구와 제휴를 해야 할지부터가 막막할 것이다. 우선 업체 및 단체를 선정할 때 필자의 간단한 기준이 있다.

- 우리 병원과 10km 이내 또는 지하철 이용 시 30분 이내 거리이며 직원이 10명 이상인 회사

    (도시 지역 기준이며, 소도시나 지방 변두리의 경우 다르게 선정해야 함)

- 우리 병원과 가까운 거리의 아파트 단지들

    (도보 가능 또는 차로 10분 이내)

- 고가 진료 (수술 등) 위주일 경우 거리의 제한을 최소한으로 함.

- 단체의 경우 인원이 20명 이상이며 정치 및 종교, 금전 관계가 엮이지 않아야 함.

- 기타 주변 상가 업체

이런 기준을 고려하면 좀 더 수월하게 업체 또는 단체를 선정할 수 있다.

업무 협약을 맺을 때 꼭 명심할 부분이 있다. 바로 제휴했다는 것

을 공식적으로 알려야 하는 것이다. 예를 들어 A라는 회사와 제휴 업무를 진행한다고 했을 때 할인 적용된 안내문 하나만 달랑 전달하는 경우와 회사와 병원 간 직원 복지 향상을 위하여 서로 업무 협약서를 교환하는 경우가 있다고 하자. 전자는 A 회사 직원의 입장에서 단순히 병원의 광고라고 생각을 할 수 있지만, 후자는 A 회사가 직원 복지를 위해서 노력한다는 느낌을 줄 확률이 높다. 이미 신뢰성에서 높은 점수를 받고 시작하는 것과 마찬가지이다. 그래서 필자는 어느 업체와 제휴 협약을 하더라도 정확한 근거와 형식을 갖추려고 한다. 이럴 때 사용하는 문서는 다음과 같다.

회사 또는 아파트 단지와 제휴 시에 사용하는 문서

1. 업무 제휴 공문 및 제안서
   (할인 등 직원, 입주자 입장에서 유리한 내용으로 작성)

2. 승인에 사용할 정식 업무 협약 문서

3. 직원 및 입주민들 공지에 활용할 수 있는 안내문

이렇게만 하더라도 뭔가 갖춰진 협약이라는 느낌을 전달할 수 있다.

여기까지 진행했다면 상당히 성공적인 시작을 위한 발판을 갖추었다고 볼 수 있다. 하지만 이 제휴마케팅의 꽃은 사후관리에서 나온다. 대부분 이런 마케팅이 잘 안되는 이유 중 하나가 관리를 하지 않고 환자를 기다리기만 하는 것에서 시작된다. 회사 또는 아파트 관리자들은 복지의 일환으로 이런 제휴를 하는 것이고, 긍정적인 피드백이 나와야 여러모로 이득인 것인데, 병원에서 제대로 관리가 되지 않으면 좋은 결과는 나올 수 없다.

그래서 업체 담당자에게는 적어도 분기에 한 번씩은 진행사항을 알려주고, 혹시 우리 병원에서 부족함이 없는지 피드백을 받는 노력도 해야 한다. 만약 부족한 부분이 있다면 회의를 거쳐서 개선을 하고, 개선이 완료된 사항을 다시 한번 제휴 업체에 공지를 하여 (안내문을 다시 만들어서) 지속적으로 소통하고 관심을 기울이고 있다는 것을 알려야 하다. (그러면서 한 번 더 광고가 된다.)

이렇게 하나 둘 제휴 업체가 늘어나게 되면, 신환의 유입은 물론이고 소개 환자까지 증가하는 효과를 보게 된다. 단, 이런 결과는 제휴 업체와의 끊임없는 소통과 환자가 왔을 때 마치 소개로 내원했을 때처럼 감사함을 멘트로 전달하는 모습, 마무리까지도 소홀해지지 않도록 노력하는 모습을 보여야 가능한 것임을 잊지 말아야 한다.

※브로커 방식의 제휴마케팅은 조심해야 한다. 기본적인 할인에 수수료까지 브로커에게 지불하고 나면 남는 것이 거의 없고, 제휴

업체와의 관계도 오래 지속될 수 없다. 동시에 환자 유인행위로 형사처벌을 받을 수도 있다.

2. 현수막

현수막 광고는 아주 오래전부터 사용해 온 마케팅 툴이다. 요즘 시대에는 맞지 않는 광고인 것 같지만 정치권에서도 오프라인 마케팅 중에서 가장 주요한 마케팅 방법으로 사용하고 있다. 가독성이 좋기 때문이다.

한정적이긴 하지만 현수막 광고를 메인으로 광고하는 병원도 있다. 한 비뇨기과에서는 '남성수술'이라는 글귀 하나로 주변 지역 전체(광범위하게)에 광고를 하고 있으며 현수막을 보고 온 사람들로 병원은 항상 북적인다. 물론 그 병원을 검색해서 보면 많은 광고가 노출되어 있긴 하지만 현수막을 통해 병원 홈페이지로 유입된다는 점을 주목해야 한다. 자세한 내용은 홈페이지에서 다 찾아볼 수 있으므로 현수막에서 미리 알려줄 필요가 없다.

그럼 특정 병원이 아닌 일반적인 1차 의료기관은 현수막을 어떻게 활용해야 할까? 첫 번째 추천 용도는 개원 시에 적극적으로 활용하라는 것이다. 온라인 마케팅은 자신이 원하는 것을 검색해서 찾는 것이 대부분이지만 오프라인은 원하지 않아도 보게 되는 것이다. 특히 자신이 거주하고 있거나 주로 움직이는 동선에서 노출되는 현수막은 확실하고 빠르게 기억될 수 있다.

개원시에는 현수막을 주변에 최대한 많이 게재하는 것이 좋다. 한마디로 물량 공세를 하는 것이다. 물론 현수막 게시대도 사전 추첨제이기에 내가 원하는 곳에 원하는 만큼 걸 수 없다. 그래서 미리 현수막 업체에 이야기하여 최대한 많은 곳에 1~2달 정도 노출될 수 있도록 부탁하면 최선을 다해서 해준다. 이 정도 물량 공세를 펼치면 그 주변 동네는 자연스럽게 개원했다는 사실을 알게 된다.

두 번째 용도는 이슈(issue)를 알리기 위한 용도이다. 예를 들어 새로운 원장을 영입하였다든지, 새로운 장비가 도입되었다든지 하는 내용을 알리기 위해서 사용하는 것이다. 이런 이유에서 현수막을 사용하는 것은 내용을 통해 정보를 주는 것보다는 우리 병원의 존재를 한 번 더 알리는 것이다. 이런 이슈 현수막은 너무 넓은 지역보다는 우리 병원과 가장 가까운 몇 개의 위치만 노출시키는 것이 비용을 절약하는 방법이다. 적어도 병원과 가까운 현수막 게시대 4~5개 정도를 지목하여 꾸준하게 변화를 알리는 용도로 사용하면 좋다.

현수막에서 용도 이외에 가장 중요한 것 한 가지가 더 있다. 바로 디자인이다. 필자가 말하는 디자인은 예쁘고 멋있는 것이 아닌 '눈에 띄는' 것이다. 게시대를 보면 여러 개의 현수막이 걸려있다. 이런 상황에서 내가 아무리 예쁘게 한들 제대로 눈에 들어오지 않을 것이다. 그래서 가장 심플하면서도 눈에 띄는 디자인으로 제작해야 한다. 먼저 현재 병원 앞 현수막 게시대를 사진으로 찍어서 내가 만든 시안을 합성해 보면 어떻게 개선해야 할지 간단하게 알 수 있다. 남들이 많은 텍스트와 디자인으로 화려하게 했다면 나는 가장 심플하게 하는 방향으로 디자인해야 하고, 색상 또한 가장 눈에 띌 수 있는 것으로 해야 한다. 눈에 띄려고 하면 강렬한 색상이 도움이 될 수 있지만 하얀색에 작은 텍스트가 있다면 오히려 시선이 집중될 수도 있다.

이처럼 현수막 광고 하나에도 많은 고민과 전략이 필요하다. 누구나 하는 현수막일 수 있지만 현수막 하나만 잘해도 누군가에게는 좋은 홍보 도구가 되기도 한다.

3. 음성광고

버스 또는 지하철의 정거장 안내 방송 앞, 뒤로 병원 광고를 할 수 있다. 이 광고는 즉각적인 광고 효과가 나오는 것은 아니지만, 전략을 잘 짜면 꽤 괜찮은 이미지 광고를 할 수 있다. 일반적으로 주요 지하철역에 대한 음성 광고는 생각보다 많은 비용이 소요된다. 지하철 역사에 디자인 광고를 하는 것과 맞먹는다.

하지만 항상 같은 역사에서 내리는 사람은 무조건 듣게 되는 광고이다 보니 병원을 무의식 속에 각인시키는 방법으로는 이만한 것이 또 없다. 다만 이 음성 광고는 다른 광고와의 협력이 꼭 필요하다. 예를 들어 정류장에 도착하기 전 병원 광고를 들은 사람들이 내려서 걸어가는 도중에 옥외간판을 볼 수 있게 되거나 다른 광고판을 보게 되도록 추가로 눈에 띄는 광고를 하나 더 노출시키는 것이 좋다. 귀로 듣고 눈으로 한 번 더 보게 만들면 더욱 기억 속에 남길 수 있기 때문이다.

그런데 비용이 많이 부담된다면 지하철 음성 광고는 진행하기 어려울 수 있다. 그래도 음성 광고를 하고 싶다면 대도시의 경우 마을버스 등을 활용하는 방법도 있다. 마을버스 음성 광고는 기타 광고보다 비용은 저렴하지만 효과는 꽤 좋다. 대부분이 그 지역에 거주하는 사람들이기 때문에 우리 병원에 방문할 확률이 높다.

음성 광고를 진행할 때 병원 근처 정류장에 정차하는 버스, 반대편에 정차하는 버스의 노선을 확인하고 진행한다. 이때 버스 내부 시트커버 뒤쪽에 광고 이미지와 함께 진행한다면 더욱 효과적이다. (모든 마을버스가 시트 광고를 하는 것은 아니므로 일반 내부 광고판도 괜찮다.) 귀로 듣고 눈으로 볼 수 있기 때문이다. 이 광고는 단기적인 마케팅이 아니라 병원 주변 지역민들에게 오랫동안 각인될 수 있는 이미지 광고이기에 최소 1년 이상 진행해야 한다.

4. 기사광고(언론 광고)

내 병원이 기사로 알려진다? 생각만 해도 기분이 좋고 유명해진 것 같은 느낌이 들것이다. 하지만 예전과는 다르게 여러 매체에서 병원이나 질병에 관한 정보들이 넘쳐나기에 특별한 방식의 치료 방법이 아니라면 기사 하나로 큰 효과를 보기는 힘들다. 특히 언론 노출은 그 지역에서 셀프 브랜딩이 되어 있어야 효과가 좋은 것이지 기사 하나만으로 큰 영향력을 행사할 수는 없다.

기사광고는 인지도를 쌓기 위한 과정 중의 한 가지 방법으로 병원 내부에서 또는 상담 시에 활용하는 물적 증거 정도로 사용할 수 있다. 특히 병원 검색 시 View 영역 이외에 기사 영역 부분에서 추가로 키워드가 잡힌다면 온라인에서 신뢰도를 높일 수 있는 툴이 된다. 환자의 입장에서 생각해 보면 혼란스러운 병원 광고 사이에서 뉴스 창에 노출된 병원을 보았을 때 타 병원과는 다른 느낌을 받지 않겠는가?

다만 기사 광고를 진행할 때에는 두 가지에 신경을 써야 한다. 첫 번째는 기사의 내용이다. 질병의 원인과 치료법을 알려주는 것은 모두 비슷하나 다른 마케팅 수단에서와 마찬가지로 그것을 치료하는 의사의 마음이나 철학이 드러나도록 해야 한다. 이것은 취재하는 기자에게 그 뜻을 피력하면 되도록 그런 뉘앙스로 작성해 준다. 이런 기사 광고는 질병의 특별한 치료법이나 처음 발견된 원인 등에 대한 내용이 아니라면 치료하는 의사의 따뜻한 속마음이 드러나야 사람들의 마음을 흔들 수 있다. 그래서 가장 중요한 것은 내용에 있다는 것을 명심해야 한다.

두 번째는 키워드이다. 이것도 기자에게 전달해야 한다. 아무리 좋은 기사라도 내 병원을 검색했을 때 확인되지 않는다면 도움이 되지 못한다. 그저 병원 내에서만 쓰는 자료가 될 뿐이다. 처음 언론과 이야기를 할 때 되도록 우리 병원이 밀고 있는 키워드 또는 지역 키워드에 노출될 수 있도록 전달하는 것이 좋다. 어떤 채널에 어떤 계약인지에 따라 다르지만 1개~2개 정도의 키워드에 힘을 실어줄 수 있다.

이런 언론과의 계약은 사실 큰 비용이 들지 않는다. 다만 'ㅇㅇ어워즈' 같이 큰 수상을 하는 것으로 광고가 나가는 것은 협찬비 등의 명목으로 많은 비용이 들 수 있으니 신중하게 선택해야 한다.

필자는 대형 병원이 아니라면 큰 수상보다는 기사광고를 분기에 1번씩 정도 노출시키는 것이 유리하다고 생각한다. 기사광고를 하고자 할 때 꼭 기억할 것은 기존에 운영하고 있는 홈페이지, 플레이스, 블로그, 유튜브 등 여러 채널에서 우리 병원을 적극적으로 알리고 있어야 함이 우선이 되어야 한다. 또한 병원 내 영상이나 알림판을 붙여하여 기사가 나간 것에 대해서 지속적으로 홍보를 해야 한다. 환자들은 아직 기사 형식의 광고를 많이 신뢰하기 때문이다.

5. 출판 광고

책을 집필한다는 것은 상당히 의미 있는 일이다. 특히 셀프 브랜딩을 위해서라면 유튜브 이외에 이보다 더 좋은 방법은 없다. 책의 저자라고 하면 누구보다 높은 신뢰성을 가지게 된다. 출판한다는 것이 아주 거창해 보이고 어려울 것만 같다고 생각하지만 막상 시작하고 나면 그리 어려운 일만은 아니라는 것을 알게 될 것이다. 다른 주제로 책을 쓰라고 하면 당연히 막막하겠지만 본인이 하고 있는 일과 관련된 내용은 누구든 충분히 쓸 수 있다.

출판사와 미팅을 해보면 알 수 있지만 기존 작가 수준으로 잘 쓰지 못하더라도 어느 정도의 내용만 있다면 출판은 가능하다. 출판사가 교정은 기본이고 편집과 대필까지 대신해 주기 때문에 마음만 있다면 얼마든지 출판할 수 있다. (맡기는 업무에 따라 비용이 추가되기는 한다.)

책을 통하여 광고를 한다는 것은 나를 셀프 브랜딩 하는 것이며, 내가 유명해지면 당연히 나의 병원도 유명해지게 되어있다. 그리고 책의 저자라는 타이틀을 가지고 여러 가지 강연을 다닐 수도 있으며 TV나 유튜브 방송에 출연할 수도 있다. 또한 병원 내에 책의 저자라는 것을 홍보할 수 있으며, 이는 내원하는 환자들에게 신뢰도를 높일 수 있기에 확실한 홍보 수단이 될 수 있다.

다만, 책을 쓰는 것에 있어서도 전략이 필요하다. 책을 쓴다고 무조건 유명해지는 것은 아니며 부단한 노력과 목적이 확실하게 갖추어져 있어야 실패하지 않는다. 책을 읽을 타깃이 누구인지 정하고 그 타깃은 우리 병원의 타깃과 일치하는가를 고민해야 한다. 또한 책에서 말하는 내용을 나의 진료와 어떻게 연관 지을 수 있을 것인가에 대한 전략도 준비해야 한다. 책의 목적이 셀프 브랜딩을 통해 궁극적으로 병원이 잘 되게 하는 것이라면 무조건 위의 전략을 세우고 실행해야 한다. 그저 내 인생에 책 한 권 출판?이라는 것이 아니라면 말이다.

내 병원을 마케팅하는 방법은 수도 없이 많지만 내가 쓴 책을 활용한 방법은 단순한 마케팅을 넘어 내 인생에 보람되고 뜻깊은 업적이 될 수 있다. 그 자체로 충분히 가치 있는 일이 될 것이다.

6. 아파트 광고

대도시의 시내 한복판에 위치한 병원들을 제외하고 대부분의 1차 의료기관들은 주거지와 밀접한 연관이 있다. 그중에서 아파트는 누구라도 내 병원의 단골이 많은 곳으로 만들고 싶은 욕심이 나는 곳이다. 병원을 선택할 때 거리가 가깝다는 것은 쉽게 환자를 유입시킬 수 있는 첫 번째 조건이 된다.

의외로 로컬 병원들은 병원 주변 아파트 주민을 대상으로 마케팅하는 방법에 대해서 적극적인 모습을 보이지 않고 있다. '가까우니까 당연히 우리 병원으로 오겠지…'라는 안일한 생각이 많은 것 같다. 물론 주변에 동일 진료과목 병원이 없는 경우는 그럴 수 있겠지만 하나라도 더 있으면 이야기가 달라진다.

내 병원과 가까운 아파트 주민들에게 우리 병원을 알리는 방법은 무엇이 있을까?

앞서 설명한 제휴마케팅이 있다. 아파트와 진료협약을 맺고 단지 입주민을 대상으로 홍보하는 방식이 있는데 효과가 좋아 많이 사용된다. 제휴마케팅을 할 수 없더라도 다른 방법들이 있다. 바로 엘리베이터 광고이다. 보통 엘리베이터 내 양측면에는 거울이 달려있는데 그 하단에 광고를 할 수 있다. 보통 6개월~1년 단위로 계약을 하며 엘리베이터 개수에 따라 비용이 정해진다. 요즘은 엘리베이터 내에 디지털 보드(DID) 형식으로 많이 변경되고 있는 추세라서 더욱 수준 높은 퀄리티의 디자인도 가능하다.

  필자가 엘리베이터 내 광고를 언급한 이유는 바로 사전 의료광고 심의 필수 대상이 아닌 몇 안 되는 홍보 수단이기 때문이다. (물론 의료광고 심의 수준을 준수해야 뒤탈이 없다.) 디지털 보드 광고도 최소 월 단위 계약이 많으며, 엘리베이터 1대당 약 1만 원 정도의 수준이기에 부담이 적은 것이 장점이다. 그리고 엘리베이터 광고를 진행할 때 아파트마다 다른 내용을 기재해 주는 것이 좋다. 디자인 하나로 모든 아파트에 광고하는 것보다 그 아파트와 친근한 느낌을 주는 단어를 사용한다든지 하는 노력이 더욱 높은 효과를 낼 수 있다는 점을 기억해야 한다.

  다음으로 아파트 게시판 광고이다. 각 아파트 1층 엘리베이터 앞에는 아파트별 공지사항이 붙어있는 경우가 많다. 입주민 회의 결과 및 중요 사항들이 게재되는 곳이어서 다른 곳보다 눈길이 많이 간다. 이 게시판은 관리 사무실에 문의를 하면 1주일에 몇 만원 정도의 비용으로 홍보 전단지를 부착할 수 있다. (각 아파트별로 책정된 비용이 다르다) 개원을 했을 때, 특별한 이벤트가 있을 때, 홍보 내용이 있을 때 등 최소 병원의 타깃 아파트만이라도 한 번씩 활용한다면 효과적인 마케팅이 될 수 있다.

마지막으로 조금 더 적극적인 방법을 더한다면 앞서 설명한 마케팅을 진행하면서 아파트 입주자 대표회를 통해 아파트 경로당에서 또는 회의 시에 간단하게 무료 건강강좌를 개최하는 것도 좋은 방법이다. 매우 효과적인 방법이지만 대부분의 병원에서는 거의 하지 않는 방법이다. 귀찮기도 하고 모이는 사람도 별로 없을 수 있는 상황이지만 사실 대표회의나 경로당 같은 경우 바이럴이 많이 일어나는 곳이기에 조금만 친절하고 관심 있는 모습을 보인다면 동네에서 좋은 이미지의 의사가 될 수 있다.

필자가 아파트 광고를 따로 설명하는 이유는 동네 병원에게 가장 주된 신환의 원천인데 생각보다 적극적인 활동을 하지 않을뿐더러 소중함을 잘 모르는 것 같아서이다. 그리고 처음 개원을 했거나 병원의 환자가 감소하고 있는 병원일 경우 가장 손쉽게 할 수 있는 오프라인 마케팅이기 때문이다. 지금 당장 우리 병원의 환자 분포를 파악하여 주변 아파트에서 얼마나 내원하는지, 내원하지 않는다면 왜 그런 것인지 등을 알아보고 병원 내부적인 문제인지 마케팅의 문제인지 점검해 보자.

내가 하지 않는 이 순간 누군가는 그것을 분석하고 개선해 나가면서 미래의 환자들을 뺏어가고 있다는 것을 기억해야 한다.

7. 마트광고, 광고탑

마트 광고 또는 광고탑 광고는 흔히 접하는 고전 마케팅 방법이다. 이 두 가지 툴을 묶어서 설명하는 이유는 오프라인 마케팅을 많이 하지 않는 병원에서 버스와 택시 외부 광고 이외에 이 광고에 대해서 관심이 많기 때문이다.

이 방법의 결론을 먼저 이야기하자면 1차 의료기관 즉 동네 로컬 병원에서는 신중한 판단을 해야 한다는 것이다. 마트 광고하면 가장 먼저 생각나는 것이 카트 앞에 설치되는 소형 광고판이다. 이 광고는 비용도 저렴하지 않고 작은 로컬 병원의 입장에서는 큰 효과를 보기에 무리가 있다. 보통 카트 100대를 최소 기준으로 계약을 진행하고 초기 제작비만 70만 원 이상이 소요된다. 필자는 마트의 카트 광고와 광고탑 광고는 2차 병원 또는 입원실을 갖춘 일정 규모 이상의 병원, 마트 근처 신규 개원 병원 등이 이미지 광고를 위한 목적을 가질 때에만 하라고 조언한다. 혹은 치료 비용이 저렴한 저수가 병원에서 가격으로 승부를 볼 때에는 충분히 효과가 있다.

그래도 마트에 광고를 하고 싶다면 무빙워크에 랩핑형 광고 또는 무빙워크 위에 디지털 DID 광고가 가성비가 좋다. 이 광고의 특징은 아주 크고 긴 공간을 사용하므로 사람들의 시선을 많이 끌 수 있다는 것이다. 그리고 장기간 계약하지 않아도 되는 특징이 있어서 기획만 잘 한다면 다수의 사람들에게 단기간에 이미지를 각인시킬 수 있다. (계약기간은 업체마다 조건이 상이할 수 있다.)

누구나 한다고 무조건 효과가 좋은 광고는 아니며 내 병원에 적합한 방법이 어떤 것인지 판단하고 그 매체에 알맞은 기획까지 있어야 효과가 배가된다는 점을 기억해야 한다.

마케팅 파트를 마치며…

이제는 마케터보다 디자이너와 기획자가 마케팅을 잘하는 시대이다.

일본의 야마구치 슈(일본의 저명한 경영전략 컨설턴트)는 이러한 현상을 "문명에서 문화로 바뀌었다"라고 표현했다. 의미에 대한 이야기를 하는 브랜드가 살아남을 수밖에 없는 시대가 되었다. 지금에 와서 이런 트렌드가 생긴 것은 아니다. 이미 20년 전에도 의미와 정신 또는 신념에 대해서 이야기하는 브랜드가 초거대 기업으로 성장하였다. 따라서 요즘은 산업의 최강자가 되든, 자신만의 의미를 제시하든 둘 중에서 하나의 노선을 선택하고 매진해야 한다. 넓이보다는 깊이가 더 중요한 시대가 되었다. 나만의 색깔을 갖춘 병원을 절대 따라갈 수 없다.

마케팅 툴은 얼마든지 많다. 특정 매체가 반응이 좋다는 것에 매몰되지 않아야 한다. 중요한 것은 사람의 마음을 흔들 수 있는 내용에 있다. 스토리가 있고, 병원만의 철학과 색깔이 듬뿍 묻어난 내용이야말로 마케팅의 본질을 제대로 활용한 것이라고 할 수 있다. 많이 하는 것보다 제대로 하는 것이 더 중요하다는 것을 잊지 않고 마케팅 기획을 한다면 분명히 성공할 것이다.

지금 당장 적용하는 1차 의료기관의 마케팅 전략

온라인, 오프라인 마케팅의 세부 툴을 확인하였다면 이제는 전략을 세워야 한다.

현재 아무런 마케팅을 하지 않고 있는 병원부터 여러 가지 마케팅을 이미 진행하고 있는 병원까지 새로운 전략을 가지고 움직여야 한다. 아무리 좋은 마케팅이라도 동시에 모든 방식을 진행할 수 없고, 한꺼번에 시작할 수도 없는 노릇이다. 이미 마케팅을 어느 정도 진행하고 있는 병원도 마찬가지로 효과 좋다는 모든 마케팅을 선뜻 다 진행하기는 어렵다. 그래서 차근차근, 가능한 것부터 디테일을 살려 진행하는 방법을 알아야 한다.

우선 제시된 프로세스는 예를 들어서 설명한 것이다.

① 마케팅을 처음 시작하는 병원 ② 지금 어느 정도 진행하고 있는 병원, ③ 다양한 마케팅을 열심히 하고 있지만 효과가 잘 안 나오는 병원이 있을 것이다. 모두 다른 환경과 다른 상황에서 진행되

기 때문에 개인별 맞춤 처방을 하지 않는 이상 정답은 없으므로 참고 정도로 사용하길 바란다.

단, 왜 이런 프로세스를 추천하는지에 대한 의미를 대해 곱씹어 보고 자신의 병원에 알맞은 방법이 무엇인지 판단하여 도입해 보기를 바란다.

1. 처음 마케팅을 시작하는 병원의 마케팅 추천 프로세스

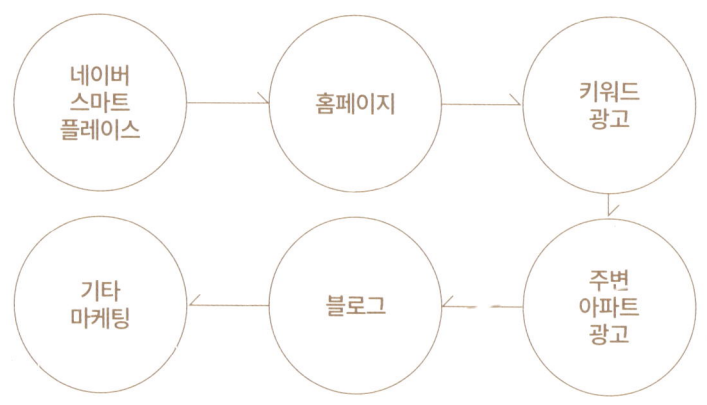

[그림 4] 병원마케팅 시작 단계의 추천 프로세스

네이버 스마트 플레이스

첫 순서로 스마트 플레이스를 선택한 것은 무료 온라인 마케팅의 기본이며 내 병원의 간판이 될 수 있는 플랫폼이기도 하기 때문이다. 또한 플레이스만 잘 기획해 놓아도 온라인을 통한 최소한의 신환 유입을 이끌어 낼 수 있다. (네이버 플레이스도 광고를 활용하면 상위에 노출시킬 수 있다.)

홈페이지

온라인 유입의 최종 정착지는 홈페이지이다. 비용이 많이 드는 홈페이지만 있는 것은 아니라 100만 원에서 300만 원 이내에도 꽤 괜찮은 반응형 홈페이지를 제작할 수 있으니 두려워하지 말고 꼭 제작하는 것을 추천한다.

키워드광고

처음 시작할 때는 비용이 적게 드는 키워드부터 섭렵하라. 하루 금액 리밋을 정해두면 더 이상 노출되지 않기 때문에 부담도 줄일 수 있다. 내가 하고 싶은 키워드가 아닌 내가 속한 지역에서 환자들이 어떤 키워드를 선택하는지 더 중요하다. 연관 검색어를 활용하면 조금 더 쉽게 키워드를 찾을 수 있다. 이렇게 효과가 조금씩 나타나면 그때부터 더 큰 투자를 해도 좋다.

주변 아파트 광고

우리 병원과 가장 가까운 아파트부터 공략한다는 생각으로 오프라인 광고를 진행하라. 온라인 준비가 어느 정도 되어 있다면 충분히 어필할 수 있으며, 비용 또한 많이 들지 않는다.

블로그

블로그는 즉각적인 효과가 없는 툴이며, 정착하는데 다소 시간이

든다. 하지만 포스팅이 쌓이고 시간이 지날수록 그 효과는 배가된다. 마지막 순서로 표시해 두었지만, 능력껏 하나씩이라도 미리 포스팅해 놓으면 효자 노릇을 톡톡히 하는 툴이 될 것이다.

병원이 차가운 곳이 아닌 인간적이고, 따뜻한 곳임을 느끼게 해주는 소통의 수단으로 활용하라.

2. 키워드 광고, 블로그 정도는 운영하고 있는 병원의 마케팅 추천 프로세스

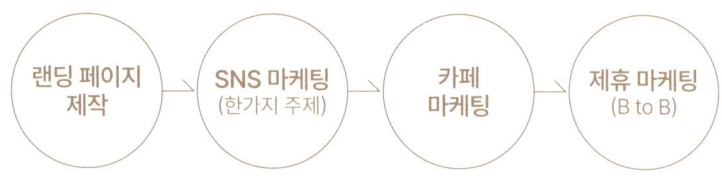

[그림 5] 일부 홍보매체를 활용중인 병원의 추천 프로세스

이렇게 구성한 이유는 (현재 진행하고 있는 광고의 효율이 높지 않다는 가정하에) 병원만의 전문적인 치료 영역이 불분명한 경우가 많은데 가장 잘하고 있거나, 잘할 수 있는 부분에 선택과 집중을 해야 하기 때문이다.

여기에서 전제 조건은 기존에 운영하고 있는 마케팅이 제대로 진행되고 있는지를 체크하는 것이다. 만약 그렇지 못하다면 키워드 노출, 연관 키워드 설정 등을 다시 파악하고 광고 문구가 신뢰할 만한 것인지 확인 후 수정해야만 한다. 블로그에서도 감성을 자극하는 내용인지 시각적으로 예쁘게만 되어 있는 것은 아닌지 등을 확인해 보자.

랜딩페이지

병원의 차별화를 위해서 랜딩 페이지를 따로 제작하여 마케팅을 하기 시작하면 병원의 정체성과 마케팅 방향의 기준이 잡힌다. 제작 단계에서부터 다양한 고민을 하게 되고 그로 인하여 어디에 힘을 줘야 하는지 명확 해지면서 환자들에게도 더 높은 신뢰를 얻을 수 있다.

SNS 마케팅

이후 SNS 마케팅을 추천하는 것은 마케팅 영역 확장의 기틀을 마련해 보라는 것이다. 성형외과, 피부과 등은 당연하고 치과, 한의원 등도 감성적인 '릴스'를 기획한다면 젊은 층의 환자를 유치할 수 있다. 단, 처음에는 명확한 한 가지 콘셉트를 정하고 한 우물만 파는 전략이 필요하다.

카페 마케팅

온라인 마케팅은 고객들과 소통이 가능한 툴이 많다. 하지만 많은 병원들이 지식과 정보를 일방적으로 전달하는 용도로만 사용하고 있다. 고객이 무엇을 기대하고, 무엇을 궁금해하는지 쉽게 알 수 있는 것이 바로 카페 마케팅인데, 앞서 설명했듯이 단순히 광고 수단으로 이용하는 것이 아니라 지식 전달과 함께 간단한 상담을 해주는 등 소통 창구로 활용한다면 우리 병원만의 팬이 생기고 이미지 상승의 기회가 될 수 있다.

제휴마케팅 (B to B)

제휴마케팅을 하고 있지 않다면 진행부터 해야 하고, 진행 중이라면 관리에 대한 전략을 수정해야 한다. 대부분 제휴를 맺고 나면 그냥 환자가 제 발로 오기를 기다리는 경우가 많다. 하지만 관리를 소홀히 하게 되면 대부분 큰 효과를 얻지 못하거나 시간이 지나면서 유명무실해지는 경우가 많다.

제휴 대상의 관리자들에게 정기적으로 연락하고 병원의 제휴 상황에 대해서 소통하며 감사의 인사를 전달해야 한다. 신경을 쓰는 곳과 그렇지 않은 곳은 효과가 하늘과 땅 차이로 나타난다. 병원이 제휴 업체 관리자들에게 하는 말 한마디, 행동 하나가 병원의 전체 이미지를 좌우하기도 한다. 잘 되는 병원은 보이지 않거나 사소한 것에서 분명한 차이를 보여준다.

3. 대부분의 광고를 이미 진행하고 있는 병원

지금 진행 중인 대부분의 마케팅이 효과가 있다면 아주 좋겠지만, 신환이 줄어들고 있거나 광고 효율이 예전만큼 좋지 않다면 모든 것을 다시 한번 점검해 봐야 한다.

다양한 마케팅을 능숙하게 진행하고 있는 병원은 분명 남들보다 기획 실력이 뛰어나다고 판단된다. 그러나 마케팅도 시대의 흐름이 있고, 유행이 존재한다. 필자가 말하는 것은 세부적인 항목에 대한 지적이 아니라 우리 병원의 메인 컨셉이 (진료과목, 수술, 철학 등) 시대의 흐름과 부합하는 것인지를 분석해 봐야 한다는 것이다.

그렇다면 "그럼 메인 진료의 종류를 바꾸라는 것인가?"라는 의문을 가질 수 있다. 당연히 아니다. 예를 들어 A라는 수술을 위주로 하는 병원에서 예전에는 그 수술에 관련하여 "장비도 좋고, 경험이 많아 결과가 좋다"라는 컨셉으로 광고를 했다면 이제는 "수술이 잘된 이후에 나타날 수 있는 부작용까지 고려한다. 수술 이후 더 건강하게 지낼 수 있는 재활까지 책임진다" 등과 같은 한발 더 앞을 내다보는 진료 컨셉으로 타 병원보다 발전된 시스템을 인식시킬 수 있다.

다른 병원을 폄하하는 내용은 전혀 없지만, 다른 병원보다 한 단계 더 발전된 진료를 하고 있다는 차별화된 이미지로 경쟁력을 가지게 된다.

쉬운 예로, 치킨 프랜차이즈 중에서 단기간 상당한 성장을 이룬 '60계 치킨'이 있다. 그들이 내세운 catchphrase는 '매일 새 기름으로 60마리만 조리한다'이다. 이를 본 소비자들은 다른 치킨집의 기름 사용 횟수에 대해서 의심을 하게 된다. 다른 치킨집이 새 기름으로 50마리를 조리하는지, 100마리 이상을 조리하는지에 대한 팩트는 중요하지 않게 되어버린 것이다. 60계 치킨의 전략은 정확하게 통했고, 이로 인하여 타 프랜차이즈와의 차별성이 확실하게 각인되었다.

 병원 마케팅도 비슷한 전략을 취할 수 있다. 물론 이것은 외부 마케팅뿐만 아니라 내부의 시스템의 변화도 필수적이다. 이렇듯 대부분의 광고를 진행하고 있는 병원이라면 기술적인 수정보다는 전체를 되돌아보고 큰 흐름에 대한 고민을 하는 것이 바람직하다.

Chapter 3

조직이
만드는 매출

대표는 간혹 직원들이 볼 때 불합리한 결정을 해야 할 때도 있고, 뚝심으로 밀고 나가야 하는 경우도 있다. 하지만 모든 결정을 본인 생각과 목표만을 위해서 하지 않아야 한다. 주위를 둘러보고 발걸음을 맞추는 노력이 필요하다.

조직을 탈출하려는 직원들(퇴사의 조건)

요즘 대부분의 병원들은 마케팅, 광고에 투자하는 것을 당연하게 생각한다. 주변 지인이나 소문에 의해 광고가 되는 일은 이미 예전에 있었던 일쯤으로 생각하고, 그런 시대를 그리워하지만 병원 수의 증가로 환자들에게 선택권이 주어지게 되면서 예전으로 돌아갈 수 없게 되었다. 여러 분야에서 마케팅은 필수적으로 행해야 할 부분이라는 것에는 이견이 없다. 그러나 의료계만큼 아직도 마케팅

혹자는 직원에 대해서 이야기한다는 것은 "정답 없는 문제를 푸는 것과 같다"라고 하였다. 그 뜻은 그만큼 직원을 상대하는 것이 어렵다는 것이다. 대표원장은 직원과 대동단결해서 좋은 병원, 발전하는 병원, 행복한 병원 만들기를 꿈꾸지만 그게 마음대로 안 되는 것이 현실이다.

필자가 어떤 노무법인의 대표 노무사와 이야기를 한 적이 있다. 새로운 정부 정책과 변경된 규약, 직원 수 증가에 대비하여 방향성을 어떻게 정해야 할지 의논하였는데 대화 도중 노무사가 한숨을 쉬면서 한마디 하였다.

"대표님, 직원들에게 너무 잘해주려고 애쓰지 마세요. 그 노력으로 법적으로 위반되는 사항을 하지 않는 것이 여러 면에서 더 좋은 결과를 나타낼 수 있으니까요." 허심탄회하게 말하는 자리에서 진심 어린 노무사의 말을 들으니 나에게는 꽤나 충격으로 다가왔다. 노무사 말의 의미를 충분히 알고 있었기 때문에 더욱 깊은 고민을 하게 되었다.

병원의 직원인 간호사, 치위생사를 구하기는 좀처럼 쉽지 않은 것이 현실이다. 그래서 기존의 직원들이 혹여나 퇴사할 것이 두려워 복지혜택을 늘리고, 조금이라도 월급을 올려주고, 눈치 보면서 급할 때 사정 다 봐줬는데 나갈 때는 불합리한 부분에 대하여 노동부에 고발하고, 남아있는 직원들에게 안 좋은 영향을 주고 나간다면 원장이 느낄 배신감은 이루 말할 수가 없을 것이다. 단순히 직원 퇴사의 문제가 아니라 인간에 대한 배신감 때문에 일이 손에 잡히지 않기도 한다. 이런 일을 한번 겪고 나면 직원들을 계속 의심하고 배신당할까 전전긍긍하며, 문제가 발생했을 때 소극적인 대처를 하게 되어 궁극적으로 병원의 분위기는 더 나빠지게 된다.

대표의 입장을 생각해 보았다면 반대로 직원의 입장을 살펴보자.

필자가 컨설팅을 나가면 가장 먼저 하는 것이 병원의 현주소를 구체적으로 체크하는 것이다. 매출, 환자수, 진료 과목, 진료 시스템, 환자 관리 시스템, 마케팅 현황, 인사 관련 자료 등을 모두 확인해 본다. 그런데 이 중 가장 중점적으로 보는 것이 바로 인사 관련 사항이다.

인사의 시작은 직책이 높은 직원부터 1:1 면담을 하는 것이다. 실제로 1:1면담을 하면 별의별 이야기를 다 듣게 된다. 먼저 직원의 업무가 무엇인지 세밀하게 파악하고, 본인의 생각을 주로 듣는데 대화의 말미에는 불만이나 고충을 털어놓게 한다. 흥미로운 것은 모든 상담을 마치고 나면 그 병원의 문제점과 해결 방안이 무엇인지 거의 알 수 있게 된다. 처음 본 나는 알겠는데 오랫동안 같이 근무한 의사들은 병원의 문제점을 정확하게 판단하지 못하는 경우가 있다.

이 사실이 무엇을 의미하는지 독자들은 깊이 있게 생각해 보길 바란다. 문제는 대표원장이 병원 전체를 객관적 대상으로 보지 않아서이다. 즉, 자신도 모르게 자신의 패러다임에 갇혀서 소통하지 못하고 본인만의 기준으로 직원들을 판단하게 되어 결국 혼자만 모르는 상황에 놓이게 되는 것이다. 병원에 근무하는 대부분의 직원들은 다 아는데 말이다.

필자도 대표원장의 입장을 이해하지 못하는 것은 아니다. 대표는 간혹 직원들이 볼 때 불합리한 결정을 해야 할 때도 있고, 뚝심으로 밀고 나가야 하는 경우도 있다. 하지만 모든 결정을 본인 생각과 목표만을 위해서 하지 않아야 한다. 주위를 둘러보고 발걸음을 맞추는 노력이 필요하다.

직원들이 원하는 모든 부분을 만족시킨다는 것은 현실적으로 불가능하지만 그것보다 큰 문제는 자신의 직원들이 왜 퇴사를 하는지 모르는 데 있다. 물론 직원들이 퇴사할 때 물어보기는 하지만 정확한 이유는 무시한 채 그저 "힘들어서… 지쳐서…"등의 말 만을 듣고 그대로 판단해 버리는 경우가 많다. 퇴사한 직원들의 속마음을 들어보면 대표나 관리자에게 대충 그럴싸한 이유를 대고 진실은 숨겼다고 한다. 나가는 마당에 굳이 화를 내거나 불편함을 표출하기보다는 그냥 대충 에둘러 이야기하고 마는 것이 좋다고 생각했다는 것이다.

현명한 대표라면 직원이 퇴사한다고 할 때 자리를 만들어서 그만둘 땐 그만두더라도 허심탄회하게 이야기를 나눠봐야 한다. 그래야 일어날 수 있는 불상사를 미리 예방할 수 있고, 나간 직원이 현재 근무 중인 직원에게 안 좋은 소문을 내지 않도록 할 수 있으며, 수긍할 만한 퇴사의 모습은 직원들에게도 좋은 이미지를 쌓을 수 있기 때문이다. 솔직히 힘들지 않은 직장이 어디 있겠는가? 하지만 힘들다는 것을 퇴사의 원인으로 단순하게 생각해서는 안되며, 진짜 원인을 파악할 수 있는 노력이 필요하다.

우선, 직원들이 퇴사하는 대표적인 원인을 알아보자.

- 너무 과중한 업무
- 급여 문제
- 발전 없는 병원
- 타 직원들의 텃새
- 배울 것이 없는 병원
- 소통이 안되는 병원
- 자신을 인정해 주지 않는 병원

업무량이 상대적으로 많아도 직원이 오래 근무하는 병원이 있고, 반대로 업무량이 적어도 직원이 수시로 입사, 퇴사를 반복하는 병원이 있다. 왜 그럴까? 사람은 일이 힘들다고, 월급이 적다고 무조건 직장을 그만두지는 않는다. 다 그만한 이유가 있어서이다. 지난 십수 년간 필자가 겪어본 사례를 바탕으로 이야기해 보겠다.

업무의 강도가 높은 병원에서 사표를 내는 직원은 정말로 힘들어서 못 다니는 이유도 있지만 실상은 힘든 일이 있을 때 위로해 주는 사람이 없어서인 경우가 많다. 힘들 때일수록 서로에게 의지가 되는 사람, 적어도 내가 힘들다는 것을 알아주고 보듬어 줄 수 있는 사람이 없다는 것은 너무나 극복하기 어려운 현실임을 기억해야 한다. 대표가 모든 직원을 일일이 면담하기 어렵다면, 적어도 일상에서 스몰토크라도 하면서 힘들고 어려운 점을 알아주고 들어줄 수 있어야 한다. 작은 관심이지만 직원의 입장에서는 아주 큰 위로가 되고 힘이 된다.

또 하나, 대표와 직원들 사이에서 완충 역할을 해 줄 직원이 있으면 좋다. 흔히 말하는 큰언니 역할을 할 직원이다. 어떤 일이 일어나더라도 감정에 휘둘리지 않고 엄마 품 같은 포근한 직원이 있다면 다른 직원들에게 큰 위로와 안정감을 줄 것이다. 나이 많은 직원을 연차가 높아 급여가 많다고 부담스러워하는 경우가 있는데 '직원들의 가교 역할을 할 수 있는 능력자'라는 시각으로 바라본다면 마음가짐이 달라질 것이다. 여러 가지 의미에서 대표에게는 큰 아군이 될 것이다.

일이 힘들어도 배울 것이 있다면 의외로 견디는 직원들이 많다. 하지만 스스로 발전하는 느낌이 없이 기계처럼 일만 하고 있다는 생각이 들면 그만둔다. 그래서 직원 교육을 할 때에도 기본적으로 자기 발전을 위한 것임을 배경에 깔고 지식, 업무와 관련된 내용을 전달해야 한다.

예를 들어 치과에서 임플란트 수술 후 설명하는 주의사항에 대해 배운다고 가정해 보자. 안내문에 적혀 있는 것을 그냥 읽어주기만 할 것이라면 치과에 근무하는 직원 누구나 할 수 있다. 하지만 주의사항에 대한 단순 안내라도 의학적 지식이 없으면 제대로 할 수 없기 때문에 직원 교육이 필요하고 직원들은 그러한 전문지식을 습득함으로써 성장하고 발전한다는 것을 깨닫게 될 것이다.

직원들이 퇴사를 하는 이유 중 아주 큰 이유가 하나 더 있다. 바로 자신을 인정해 주지 않는다는 느낌을 받았을 때이다. 이런 영문을 대부분의 원장들은 잘 모르는 경향이 있는데, 필자가 겪은 많은 일화를 회상하며 이에 대해서 이야기하려고 한다.

'우는 아이 젖 준다'라는 말을 들어본 적이 있을 것이다. 어떤 조직이든 주장이 강한 사람은 있기 마련이다. 보통 자신이 원하거나, 원하지 않는 일에 대해서 자기보다 높은 직위의 사람에게 거리낌 없이 말을 하는 사람에게는 100%는 아니더라도 어느 정도 맞춰 주게 마련이다. 만약 그 직원에게 어떤 업무를 맡기려고 하는데 그 업무가 쉽지만 귀찮은 일이라면 하기 싫다고 적극적으로 거절할 것이고 현재 자신이 맡고 있는 일이 많아서 곤란하다고 에둘러 말할 것이다.

연봉협상 때도 마찬가지이다. 자신의 주장이 강한 사람들은 더 많은 연봉 인상을 요구하며 때때로 조건이 안 맞으면 퇴사할 수도 있다는 뉘앙스를 풍기기도 한다. 그때는 어쩔 수 없이 어느 정도의 선에서 그 직원의 요구를 받아주는 경우가 많다. 특히 규모가 작은 1차 의료기관일 경우는 더욱 그렇다.

그런데 여기에 한 가지 간과하지 말아야 할 사실이 있다. 이렇게 자기주장이 강한 사람이 있는 반면에 대부분의 업무를 군말 없이 하는 직원도 있다. 이런 직원은 병원에 꼭 필요한 존재이며, 병원의 발전, 안정을 위해서 절대로 놓쳐서는 안되는 사람인데 의외로 원장은 중요한 직원인지 알아채지 못하는 실수를 범한다. 이런 성실한 직원이 퇴사하고 나면 그 빈자리가 얼마나 큰지 뒤늦게 알게 되는 경우가 많다. 평소에 눈에 잘 띄지도 않고 그저 말 잘 듣는 순한 직원이라고 생각만 했을 뿐이다.

필자는 이런 경우 대표원장에게 "우는 아이 젖 준다고 울지 않는 아이는 굶어 죽는지 모르셨네요"라고 말한다. 묵묵하게 자신의 역할에 최선을 다하는 직원도 모두 돈, 성공, 명예, 인정받고 싶다는 욕심이 있다. 다만 자신의 성실한 행동이 당연한 것이기에 드러내며 다니고 싶지 않을 뿐이고, 언젠가 원장님이 알아줄 것이라는 믿음을 가지고 있는 것인데 이런 사실을 모르는 대표원장들이 많다는 것이 문제다. 이런 직원은 시간이 지나서 자신과 다른 직원들 간의 대우가 현실적으로 비교되는 순간 퇴사를 하게 된다. 그때는 아무리 좋은 조건을 제시한다고 해도 이미 마음이 돌아선 상태이기 때문에 잡기가 쉽지 않다.

이 책을 읽고 있는 당신이 원장이라면 자신의 직원들 하나하나 유심히 살펴보고 혹시나 울지 않는 아이가 굶어가고 있지는 않은지 확인해 보고, 열심히 해줘서 감사하다는 진심 어린 말 한마디 라도 꼭 해 주길 바란다. 또한 높은 직급의 직원이라면 저 연차 직원 중에서 묵묵히 자신의 역할을 하는 직원을 찾아 힘든 것이 있으면 도와주고 성과를 낸 부분은 인정하는 노력을 해주시길 바란다.

조직이 건강하면 퇴사율이 낮아질 뿐만 아니라 궁극적으로 병원의 매출도 오른다. 원장과 직원, 즉 사람의 움직임에 의해서 완성되는 것이다. 사람이 움직이기 위해서는 동기가 있어야 하고 그 동기를 유발하는 것은 결국 대표의 의지와 행동이다. 잊지 말아야 할 것은 병원이라는 조직은 대표원장이 근원이며, 직원들의 마음가짐과 업무에 임하는 모습이 거울에 비친 자신의 '상(像)'이라는 것이다. 결국 사람이 전부라는 생각을 깨닫길 바란다. 힘들 때 나를 버티게 해주고 용기를 주는 것이 가족만이 아니라 직원들이 될 수도 있다.

팀장의 역할이 매출을 증가시킨다

일반적인 병원의 조직체계를 살펴보면 저연차 - 고연차 - 중간 관리자 - 총책임자 - 대표 순으로 이루어져 있다. 직원이 적은 소규모의 병원은 이런 체계가 없는 듯하지만 실제로 업무의 내용은 병원의 규모와 상관없이 동일하기 때문에 1명이 2~3명의 업무를 겸하게 되므로 큰 맥락에서 살펴보면 모두가 비슷한 환경이라고 할 수 있다.

팀장은 고연차 또는 중간관리자 정도의 위치라고 생각하면 좋다. 물론 실장 또는 과장이라고 부를 수도 있지만 말이다. 만약 병원이 팀장이라는 직함이 없는 소규모라 할지라도 팀장의 역할에 대해 꼭 알아야 한다. 현재와 똑같은 병원의 규모로 안주하고자 하지 않는다면 말이다.

팀장은 진료부 입장에서 보면 대부분의 진료 보조를 능숙히 해내고 저연차 직원들의 길잡이가 되는 직원을 말한다. 한마디로 맡은 분야를 통솔하고 책임을 지는 역할이다. 필자가 겪어본 병원 중 많은 병원에서 능숙한 직원이 있으면 그저 '일 잘하는 직원' 또는 '없어서는 안되는 식원' 정도로만 생각하고 있었다. 틀린 말은 아니지만 팀장의 역할은 어떤 것이며, 조직 내에서 주어진 지위나 직무의 범위를 어떻게 운용하는 것이 좋을지를 깊이 생각하는 병원은 드물었다. 모든 직원들이 소중하고, 각자가 맡은 일이 중요하지만 팀장이라는 직책은 병원의 매출과도 상당히 큰 연관이 있기 때문에 실력을 양성해야 하는 것은 물론, 팀장 스스로도 자신의 역할에 대한 정확한 인식을 해야 한다.

그렇다면 왜 병원의 매출이 팀장의 역할과 밀접한 관계가 있는지를 설명하겠다.

(1. 팀장이 아래 연차의 직원들을 관리하는 부분을 제외한다. 중간관리자의 입장에서 바라보아야 하기 때문이다.)

(2. 아래의 상황은 예약제로 운영하는 병원과 직원들의 역할이 많은 과를 위주로 설명한다.)

팀장의 역할을 두 가지 파트로 나누어 생각해 보자. 병원은 크게 진료 보조를 담당하는 파트와 접수, 수납, 예약, 상담을 담당하는 매니저 파트로 나눌 수 있다. 먼저 진료실 팀장의 가장 중요한 업무 중 하나는 연차별 직원들의 환자 배분 문제이다. 예를 들어 2시간 동안 10명의 환자를 본다고 가정하자. 직원이 진료 보조를 할 때 난이도 및 업무에 대한 어시스트 참여 비중이 모두 다른 것이다. 어떤 직원은 손이 빠르고, 어떤 직원은 설명을 잘하고, 어떤 직원은 원장과 손이 잘 맞기도 한다. 그런데 아주 효율적으로 돌아가는 진료실은 정해진 시간 동안 더 많은 환자를 볼 수 있지만 그렇지 못한 경우 정해진 예약 시간 내에 환자를 다 보지 못하거나 예약 시간에 맞춰 온 환자를 제시간에 보지 못하는 경우도 발생할 수 있다.

뛰어난 팀장은 미리 그날 예약된 환자 차트를 보고 어떤 환자에게 어떤 직원을 배치하는 것이 효율성이 높은지 체크하여 분배한다. 그러면 같은 시간에 더 많은 환자를 볼 수 있다. 1시간에 1명의 환자를 더 볼 수 있다고 가정하여 하루에 8시간 기준으로 객단가를 곱하면 매월 나타나는 결과는 큰 매출 상승과 연결될 것이다. 투입되는 인력과 비용은 그대로이지만 효율이 높아짐에 따라 수익이 증가하는 시스템이다. 실제로 현장에서 원장은 근무 시간 동안 자신의 업무를 잘 보고 있는데, 직원들의 시스템이 체계가 잡혀 있지 않아 원활한 운영이 되지 못하는 경우가 많다. 컴플레인이 없고, 신경 쓸 큰 문제가 없으면 잘 되고 있다고 생각하기 때문에 원장은 잘 모르는 경우가 대부분이다.

물론 이런 시스템으로 운영할 수 있는 병원(ex. 치과)이 있고 그렇지 못한 병원도 있다. 또한 진료하는 원장이 모든 업무를 다 확인하고 지시, 운영하면 상관없지만 시간이 지날수록 의사 본인의 업무 이외에는 소홀해지는 경우가 많기에 관심을 가져야 한다는 의미에서 언급한 것이다. (의사 권한에 대한 위임과는 전혀 다른 '시스템'적인 부분임을 인지하길 바란다.) 그리고 팀장은 진료실 내에서 발생하는 각종 문제에 대해서 실질적인 해결사 역할을 해야 한다.

만약 컴플레인을 하는 환자가 있을 경우 저 연차 직원은 경험이나 권한의 한계로 인하여 상황을 해결하기 어려울 수 있다. 하지만 팀장은 그 상황의 원인(병원/환자)을 파악할 수 있는 경험이 있으며 자신이 해결할 수 있다면 즉각 조치를 취할 것이고, 원장이 개입해야 할 문제라면 빠른 판단으로 전달할 수 있을 것이다. 이 단계는 병원의 진료가 컴플레인으로 인해 원활하게 돌아가지 않는 시간을 단축시키며 직원 및 원장이 겪는 심리적 압박감을 빨리 벗어날 수 있기에 너무나 중요한 것이다.

그리고 매출과 관련된 또 다른 한 가지는 재료 및 장비 관리에 있다. 일반적으로 원장들은 매달 발생하는 재료비가 큰 증감이 없다면 당연히 지불해야 하는 비용이기에 신경 쓰지 않고 넘어간다. 하지만 현장에서는 재고가 눈에 보이지 않게 상당히 많이 쌓여 있는 경우가 많다. 직원들은 재고 파악은 하지 않고 눈앞에 보이지 않으면 부족하다고 생각하여 바로 주문하는 경우도 있다. 팀장이 아닌 재료 담당 직원은 체계화된 매뉴얼이나 꼼꼼한 관리자가 없으면 귀찮아하는 경우가 많기 때문이다. 또한 미리 챙기지 못한 재료의 재고 문제로 급하게 더 비싼 배송비를 지불하고 주문하는 경우도 있다. 이런 문제는 1차 의료기관 중에서 큰 병원이라고 하는 곳도 마찬가지로 발생한다. 오히려 규모가 클수록 이런 문제를 원장은 잘 모르는 경우가 더 많다. 이런 단순하지만 디테일한 오류를 확인하고 관리해 줄 수 있는 직원이 바로 팀장이다. 보이지 않게 새어 나가는 비용을 연간으로 계산해 보면 절대로 무시할만한 사항이 아니다.

다음으로 매니저 파트 팀장에 대하여 이야기해 보자.
진료실 파트 팀장과는 다르게 매니저 팀장은 환자와의 직접적인 문제, 병원의 예약과 상담을 맡고 있는 만큼 더욱 깊게 생각해야 한다. 예약 시스템을 운영하는 병원에서 병원의 매출은 많은 환자를 보고, 그 환자들의 객단가까지 높다면 분명 매출이 높게 나타난다. 그러기 위해서는 최대한 많은 예약이 있어야 하고, 정해진 시간 내에 많은 예약을 받을 수 있는 시스템이 갖춰져야 한다.

그렇다면 예약을 많이 받기 위해서는 어떻게 해야 할까? 병원의 모든 진료에 대해서 각각 소요되는 시간을 파악하고 있어야 하고 그러기 위해서는 팀장의 역할이 무엇보다 중요하다. 어느 병원이든지 진료 예약을 하는 직원은 있지만 모든 데스크 직원이 진료 자체에 대해서 세밀하게 알고 있지는 않기 때문이다.

보통의 병원은 예약관리 프로그램에 빈칸이 있으면 어떤 치료는 대략 몇 분 정도 걸리니 이 칸에 예약하면 되겠다고 생각하여 약속을 잡는데, 의사의 치료 시간 이외에 직원들이 정리하고 마무리하는 시간, 환자와 나누는 대화, 설명에 소요되는 시간 또는 진료 준비에 소요되는 시간까지 고려하여 예약을 하는 경우는 드물다. 의사도 자신의 업무만을 제시간에 마치고 나가면 그 뒤에 직원들이 필요로 하는 시간에 대해서 크게 고민하지 않기도 한다. (본인은 바쁘고, 직원들이 뛰어다니면 열심히 잘하고 있다고 오해하곤 한다.)

진료실 내에서 부득이하게 발생하는 오버타임에 대한 것은 진료실 팀장의 역할이 중요하지만 전반적으로 예약 체계를 잡을 수 있는 사람인 팀장급 매니저의 역할이 더욱 중요하다. 또한 어느 병원이든지 환자들이 몰리는 시간대가 있는데, 이런 시간을 예상하고 환자들을 다른 시간대로 융통성 있게 분배시키는 것을 팀장급 매니저가 책임지고 해줘야 한다.

또 이런 경우도 있다. 특히 규모가 작은 1차 의료기관에서 많이 나오는 현상인데, 점심시간이나 진료 종료 1시간 전부터 예약을 느슨하게 잡는 것이다. 직원들이 빨리 쉬고 싶고, 빨리 퇴근하고 싶은 마음은 이해하나 너무나 안일하게 대처하는 상황들이 꽤 있었다. 이럴 때 매니저 팀장과 대화를 통하여 최대한 오버타임이 되지 않도록 하되 너무 일찍 마감하려는 것을 방지해야 한다.

예를 들어, 접수 마감 시간을 정하고 마지막 타임에는 어떤 치료, 어떤 환자들까지는 받고 나머지는 다음날로 예약하는 등의 구체적인 논의가 필요하다. 대표원장이 이런 문제를 중요하게 생각하지 않으면 매출에 타격을 줄 수도 있고, 마지막 타임에 진료받는 환자는 자신이 직원들의 퇴근을 방해하는 것 같은 느낌을 받으며 미안해할 수도 있다. 지나친 곳은 환자가 있는데 청소를 시작하기도 한다. 이것은 매출의 문제이기도, 병원 이미지의 문제이기도, 인사관리의 문제이기도 하다. 항상 신경 써야 하는 작지만 중요한 문제이다.

필자가 이렇게 예약과 시간에 대하여 많이 강조하는 이유는 그만큼 매출과 직결되어 있기 때문이다. 앞서 설명했듯이 시간당 1명의 예약을 더 잡을 수 있다면 객단가에 따라 더 큰 매출을 올릴 수 있다 대표원장은 모두 알고 있는 것 같지만 실제로 상세하게 들어가면 현재 병원 예약 시스템의 효율성에 대해서 잘 모르는 경우가 상당히 많다.

일례로 규모가 꽤 큰 치과였는데 예약 상황을 디테일하게 살펴보니 효율성 없이 프로그램상 빈칸에 끼워 넣기 하는 식이었다. 그래서 매니저 경력 15년 이상 된 직원을 투입해 예약 시스템을 3개월에 걸쳐 개선해 놓았더니 바로 매출의 20%가 상승한 결과를 보였다. 물론 처음에는 원장과 직원들의 반발도 있었지만 나중에는 본인들도 당연한 듯이 해 나가는 모습에 스스로가 놀라기도 했다. 이처럼 예약 하나만으로 병원의 매출이 달라지는 것은 어쩌면 당연한 것이기에 팀장급 매니저의 역할은 너무나 중요하다.

다음으로 팀장급 매니저의 역할이 빛을 발하는 것이 바로 환자의 응대 부분이다. 대부분의 병원은 온라인 마케팅을 운영하고 있으며, 전화 또는 온라인 상담 등을 통하여 신환이 내원한다. 그런데 병원의 운영에 소극적이거나, 연차가 낮은 일부 직원들은 환자 1명의 가치에 대해서 제대로 알지 못하여 미흡하게 대하는 경우가 있다.

신환 1명은 단순히 객단가로만 판단하면 가치가 크지 않을 수 있지만, 재방문 그리고 그로 인하여 발생하는 잠재적 소개 환자의 수까지 고려한다면 절대로 놓치면 안 되는데 실제로 성의 없이 통화하거나 제대로 된 응대가 이루어지지 않아 방문을 하지 않는 사람들도 있다. 이런 문제는 직원 전체의 문제가 아닌가?라고 생각할 수 있지만 필자는 팀장급 매니저가 문의 환자 한 명 한 명을 대하는 자세, 사용하는 말투 등이 친절하면 다른 직원들의 분위기도 거기에 맞춰질 것이다. 윗사람의 태도에 따라서 정말 180도 다른 결과가 나온다.

병원에서 일어나는 모든 문제를 팀장의 책임으로 돌릴 수도 없고, 모든 업무를 팀장에게만 전가해서도 안된다. 적어도 대표원장은 본인과 직원들 사이의 매개 역할을 하는 팀장에게 많은 관심을 가져야 한다. 잘 키운 팀장 한 명은 병원의 매출을 증가시키고 분위기까지 변화시킨다. 따라서 팀장의 선발은 신중히 해야 하며, 팀장의 교육은 더욱더 중요하다는 것을 기억해야 한다.

직원을 있는 그대로 인정해야 한다

사업체를 운영하면서 인사 문제는 어렵고도 풀리지 않는 숙제라고 생각하는 사람들이 많다. 직원을 고용해 보면 착실하게 일을 잘하는 직원도 있고, 그렇지 못한 직원도 있다. 원장은 모든 직원이 내 생각대로 잘 따라주면 좋겠다고 생각하지만 대부분 그렇지 않은 경우가 많다. 왜 항상 이런 결과가 나타나는 걸까? 필자도 이 생각을 오랫동안 해왔고, 개선하기 위해서 많은 노력을 기울여왔다.

우선 열심히 하지 않는 원인에 대해서 생각해 보자. 정말 많은 원인이 있을 수 있지만 몇 가지로 압축해 보면 다음과 같다. (퇴사의 원인과도 유사할 수 있다.)

- 낮은 급여
- 명확한 비전이나 목표의 부재
- 인정이나 피드백의 부재
- 제한된 성장 기회
- 열악한 근무환경과 문화

이 5가지 원인을 살펴보면 모두 그럴만하다고 고개를 끄덕일 것이다. 하지만 막상 현실에 적용해서 보면 대표는 앞에 열거한 이유를 이해하기보다는 '내가 이만큼 해줬는데~'라는 생각이 우선하는 경우가 많다. 필자가 대표에게 가장 많이 들어본 말 중에 '적어도 내가 이 정도 해줬으면 직원들이 이 정도는 해줘야 하지 않는가?'라는 것도 있다. 필자도 대표원장들의 생각에 충분히 공감한다. 실제로 직원들의 업무태도는 이것이 팩트다. 일을 진행하면서 너무 답답한 상황을 많이 만나보았다.

그러나 이렇게 생각하는 것은 문제를 해결하기보다는 그저 직원 탓, 환경 탓 아니면 자기 합리화에 얽매인 나를 인정하는 것일 뿐이라고 깨달았다.

우선 위에 나열된 원인들에 대해서 곰곰이 생각해 보자. 필자가 업무 도중 누구를 만나든 항상 강조하는 것이 있다. "사람이 직장생활을 한다는 것은 기본적으로 급여를 받기 때문에 노동을 제공하는 것이다. 하지만 오래도록 그 직장을 다니는 것은 급여만이 전부가 아니기에 항상 인간의 본능을 이해하려는 노력을 해야 한다"라고 말한다. 앞서 언급한 '퇴사의 조건' 파트에서도 말했듯이 퇴사를 하거나 열심히 하지 않는 원인을 반대로 해석하면 직원들이 머무를 수 있는 이유와 가치가 충분해야 한다는 것이다. 열심히 일할 수 있으려면 동기와 비전이 있어야 하고 그 과정에서 대표원장이 직원들을 어떻게 대해주었나가 정말 중요하다.

그저 급여를 조금 더 주거나 직원이 개인적으로 사정이 있을 때 편의를 조금 봐줬다는 것은 직원에게 잘해줬다는 말로 대체될 수 없다. 직원의 입장은 다르다는 것이다. 크게 보면 대표의 이런 호의는 보너스의 일부분일 뿐 그 이상은 아니라는 것이다. 제시한 5가지 원인들을 이해하고 최선을 다했는지 먼저 검토해 보아야 한다. 부족한 부분이 있으면 구체적인 방법을 찾아보고 주변 지인들이나 뛰어난 사람을 찾아서 조언을 구하는 노력도 해야 한다.

이런 노력을 했는데도 불구하고 직원들이 잘 따라주지 않았을 때 그 해결 방법을 알려주기 위해 이렇게 장황하게 도입부를 썼다. 왜냐하면 인사의 문제는 참으로 복잡하고 어려우며 미묘한 것이기에 항상 자기 자신을 먼저 돌아보고 난 이후에 상대편의 입장을 살펴야 생각 차이를 줄일 수 있기 때문이다.

세상을 바라보는 시각에 따라 사람은 크게 3가지의 성향으로 나뉜다. 각각은 낙관적인 사람, 긍정적인 사람, 부정적인 사람이다. 부정적인 사람은 매사에 부정적인 관점으로 바라보기 때문에 잘 되는 일이 없고, 당연히 올바른 태도가 아니다. 반대로 낙관적인 사람이 좋을 것이라고 생각할 수도 있는데 필자는 위험한 관점이라고 생각한다. 왜냐하면 낙관적인 관점을 가진다는 것은 표면적으로 좋아 보일 수 있지만 현실적으로 불가능하거나 분명 잘못된 상황인데 그저 좋게만 본다는 것은 잘못된 문제를 수정하지 못하거나 개선의 여지없이 잘 될 것이라는 환상에 사로잡힐 위험이 뒤따르기 때문이다. 개선보다는 암묵적 무시를 택하는 상황을 초래할 수도 있다.

만약 본인이 사 놓은 주식이 계속 떨어지고 있는데, 원인과 대처 방법을 찾아보지 않고 '주식은 장기투자로 가는 것이기에 언젠가는 오를 것이야'라고 맹목적으로 생각한다면 상장폐지될 수도 있는 미래를 부정하는 이치와 같다. 손절을 해야 할지 말지의 고민조차 하지 않는 상황이 될 수 있다는 말이다.

그렇다면 긍정적인 관점을 가진 사람은 어떤가? 긍정적이라는 의미의 본질은 현재 자신이 처한 상황을 인정하는 것에서 출발한다. 낙관적인 것처럼 무조건 좋은 면 만을 바라보는 것이 아니라 현재를 온전히 인정한 상황에서 이것을 발판 삼아 새로운 상황으로 전환해 나가는 것으로 생각한다는 것이다.

직원을 관리하는 문제도 마찬가지로 긍정적인 관점으로 고민해야 한다. 대표원장이 생각하는 가치가 직원들이 생각하는 가치와 결은 같을 수 있지만, 결코 동일한 가치 일 수는 없다는 것을 인정해야 한다. 이후에 많은 것들이 보일 것이다.

우선 이렇게 직원의 입장을 인정하면 마음이 편해질 것이다. 내가 하고자 하는 바를 직원들이 따르지 않는다면 겉으로는 나타내지 않더라도 내 마음 깊은 곳에서는 화가 쌓이기 시작하고 잘못된 행동으로 표현될 확률이 높아지며 나의 에너지가 급격히 소모되는 결과를 마주하게 될 것이다. 그럴 때 '인정'하면 적어도 더 이상의 화가 날 근본적인 이유가 없어진다. 내가 잘 해준 기억이 있더라도 그 부분을 마음에 담아두지 말자. 결을 같이 할 순 있어도 똑같을 순 없다. 직원은 대표가 아니기에 둘 사이의 갭은 어쩔 수 없이 존재한다는 것을 명심해야 한다.

그럼 어떻게 인정해야 할까? 우선 5가지 원인에 대한 기본적인 직원관리를 해야 한다. 이후에 직원 각자의 능력을 파악하고 내 기준에 미흡하더라도 맡은 일에 최선을 다하고 있는지 확인하는 작업을 해야 한다.

예를 들어 어떤 직원이 진료실에서 진료보조와 관련된 일은 잘 하지만 환자를 상대하는 상담 등에 대해서는 부족하다고 할 때 대표원장의 입장에서는 착하고 일도 잘해서 더 키우고, 급여도 올려줄 생각으로 추가적인 권한과 책임을 주고 싶어 한다. 하지만 그 직원의 입장에서는 자신의 한계를 넘어선 상황일 수도 있다. 대표원장이 제시하는 일이 좋은 건 알지만 자신의 영역을 넘어서는 역할에 부담을 느끼는 순간부터 모든 것들이 어긋나기 시작한다. 이럴 때 대표원장은 그 사람의 수준과 마음을 인정하고 본인의 자리에서 최선을 다해줄 것을 요청해야 한다. 그럼 서로가 편해진다. 물론 이럴 경우 최선을 다해달라는 요청의 범위를 자신에 한정하지 않고 나머지 직원들에게도 알려 달라고 전달한다면 더 효과적일 것이다.

또 다른 경우를 살펴보자. 아주 현실적인 문제인데, 직원의 부족으로 사람을 쉽게 정리할 수 없는 상황에서 한 직원이 일을 열심히 하지 않는다고 가정해 보자. 원장 입장에서는 정말 답답할 것이다. 하지만 현실을 바라보면 당장 해고할 수도 없다. 이런 경우 그 직원을 있는 그대로 인정하라. 대신 본인에게 주어진 일을 분명히 인지시키고 더 이상의 다른 일은 시키지 않는 용기가 필요하다. 그래야 마음이 덜 불편 해진다. 물론 계속 그렇게 하라는 것은 아니다. 자연스럽게 경쟁 상대가 될 직원을 뽑든, 다른 직원이 그 사람의 일을 대신할 수 있는 여건을 만들든 후속 조치를 생각해야 한다.

　여기에서 핵심은 직원의 행동을 바꾸려고 애쓰라는 것이 아니라 직원의 능력, 한계치 등을 있는 그대로 인정하라는 것이다. 의사 생활을 최소 10년 이상 할 생각이라면 정신건강을 위해서라도 꼭 필요하다. 말처럼 쉽지 않다는 것도 충분히 알고 있지만, 도저히 내 마음대로 안 되는 일도 얼마든지 생기기 마련이다. 가끔은 마음을 비우고 직원들 자체를 인정하고 받아들이는 여유가 필요하다.

　중국 정사인 남제서(南齊書)에 "단공(檀公: 단도제)의 서른여섯 가지 계책 가운데 달아나는 것이 제일이다."라는 말도 있지 않는가? 병원을 성공시켜야 하는 대업을 맡고 있는 대표원장이 마음에 들지 않는 직원 한두 명에 정신적으로 많은 에너지를 소모하는 것은 말이 되지 않는다. 이럴 땐 내 마음에서 잠시 도망치는 방법도 필요하다는 의미이다. 그런데 의외로 이런 마음을 먹는 순간 보이지 않는 것들이 보이며 병원 분위기가 조금씩 좋아지는 경우를 많이 보았다. 긍정적으로 생각하라는 흔한 명언이 직원 관리에 있어서도 유용하게 적용된다는 점을 기억하길 바란다.

누구나 꿈꾸는 직원 교육시스템

　'직원 교육'이라는 글자만 봐도 어렵고, 귀찮고, 꼭 필요하다는 것은 아는데 회피하고 싶은 기분을 느끼는 사람들이 많을 것이다. 규모가 큰 조직일수록 교육 시스템이 활성화되어있고 교육의 중요성을 인지하고 있지만 작은 조직은 현실에서 당장 해야 할 업무에 밀려나는 경우가 많다.

사실 직원 교육이 얼마나 중요한지는 인터넷이든 책이든 모두가 입을 모아 말한다. 기업이 발전하기 위해서는 꼭 필요한 것 중 하나이기 때문이다. 하지만 실행하지 못하는 것은 제대로 된 방법을 몰라서 몇 번 해보고 효과가 별로 없다는 생각을 하였거나 실제 효과를 보지 못했기 때문이기도 하다. 직원 교육의 중요성에 관한 이론적 설명은 쉽게 찾아볼 수 있지만 실질적으로 '어떻게' 해야 하는지 구체적인 방법에 대해서 알려주는 내용을 찾기는 어렵기 때문에 막막한 것이 현실이다. 지금부터 각 병원에 도움이 되고 하루라도 빨리 시작을 했으면 좋겠다는 마음으로 실질적인 방법을 설명하겠다.

필자가 여러 가지 이유로 병원을 방문했을 때 잘 되는 병원과 그렇지 않은 병원을 간단하게 확인해 볼 수 있는 방법이 있다. 잘 되는 병원은 병원 내의 아무 직원에게 질문을 하였을 때 답변을 친절하게 해준다는 것이다. 그것이 정답이든 조금은 부족한 답이든 말이다. 물론 자신의 담당 분야가 아닌 질문을 받았을 때에는 대답하기가 쉽지 않으나 일단 답변을 해주고자 하는 의지가 물씬 느껴지며, 질문한 사람이 답을 찾을 수 있도록 담당자를 찾아주는 등의 노력을 기울인다.

반대로 잘 안되는 병원은 직원들에게 어떤 질문을 하였을 때 가장 많이 듣는 대답은 '담당자가 아니라서 잘 모른다'이다. 정말로 담당자가 아니면 모를 수 있다. 하지만 그 회피성 말투를 들어보면 그 이유를 단번에 가늠할 수 있다.

왜 이렇게 답변이 다르게 나올까? 그것은 환자를 대하는 마음과 지식수준이 다르기 때문이다. 이런 직원들의 마인드는 바로 대표원장이 생각하는 목표와 방향성, 환자를 생각하는 마음에서 시작된다. 환자를 생각하는 마음이 깊다면 환자에게 조금이라도 더 훌륭한 치료를 하기 위해서 노력할 것이고, 노력을 한다는 것은 의료에 대한 지식수준을 높이는 것은 기본이고 환자와의 모든 대화에서 진정성 있는 말투로 말할 것이다.

이런 대표원장과 같이 일하는 직원들은 대부분 자연스럽게 환자를 대하는 태도(Attitude)를 배우게 되고 동기화된다. 또한 대표는 자신이 가지고 있는 지식과 환자를 대하는 방식을 직원들에게도 전달하려고 노력한다.

너무 고지식한 개념으로 설명했다고 생각하는가? 그렇다면 경제적인 논리로 생각해 보자.

신규 환자 1명을 유치하기 위해서 많은 마케팅 비용이 발생한다. 비용과 노력을 통해서 1명의 신환이 방문했는데 원장 또는 직원이 소홀하게 환자를 대했다면 그 사람이 치료 결정을 하지 않고 다른 병원으로 갈 수 있다. 신환을 통한 추가적인 소개환자 발생 기회를 놓치게 되고 심지어 나쁜 소문까지 나게 된다면 환자 1명의 객단가는 떨어지고, 상황이 지속되면 결국 전체 매출까지도 감소하게 된다. 환자 1명을 얼마나 애지중지 생각해야 하는지 알겠는가? 그래서 교육이 여러 가지 의미에서 너무나 중요하다고 할 수 있다.

그렇다면 교육은 어떻게 진행하는 것이 좋을까?
모든 교육에는 체계가 있다. 아무리 좋은 지식이나 임상, 서비스 교육도 목적이 모호하거나 어떤 가치를 전달할 것인지 방향성이 없다면 직원들은 그저 지루한 시간을 보내는 하나의 일로 생각하게 된다. 내가 좋아서 교육받는 것도 아닌데, 공감하기 어려운 주입식 교육을 진행하는 것은 '좋은 지식을 전달하기 위해서 열심히 노력했다.'라고 대표만 만족하는 교육으로 끝나게 된다. 필자는 지금까지 병원 직원 교육을 진행할 때 수많은 성공과 실패를 경험했는데, 돌이켜보면 실패한 경험은 환경의 문제도 있었지만 대부분 체계적이지 못했거나 주최자가 깊은 생각 없이 좋은 것만 주입하려고 한 잘못된 생각에서 비롯되었던 것 같다. 이제 직원 교육의 노하우를 세분화시켜 알아보자.

교육 목적
체계화된 시스템으로 대표원장이 없어도 병원이 잘 운영되도록 함.

교육 목표
직원의 의료지식 향상, 직원들 스스로의 성장 (직업의식 향상)

교육 파트
마인드 세팅, 전반적인 의료지식 및 서비스 교육, 파트별 업무 교육

교육 목적

체계화된 시스템은 대표가 없더라도 어느 정도 일정한 퀄리티가 유지되는 정도의 수준을 말하는 것이다. 병원 규모가 커지더라도 단순히 인원만 늘어난 것이지 시스템의 뼈대는 변하지 않아야 한다. 시스템을 한번 정착시켜 놓으면 대표원장은 더 큰 목표를 위해 항해하는 선장이며, 직원들의 길잡이가 된다. 작은 로컬 병원의 의사들이 생각하는 '내가 없어도 잘 돌아가는 병원'의 시스템은 이런 것을 의미하는 것이다. 다만, 여기에서 조심해야 하는 착각은 '내가 없다'는 말의 진정한 의미를 제대로 파악하지 못하고, 그저 모든 것이 자동으로 돌아가게 만드는 시스템이라고 생각하는 것이다. "원장인 내가 없어도…"라고 생각하지 마라. 분명 망할 것이다. 알아서 잘 돌아가게 만든다는 것은 내가 창의적이고 건설적인 일을 위

해 투자해야 할 시간을 노동력과 시스템을 이용하여 확보하는 것이라고 생각해야 한다.

교육 목표

특히 1차 의료기관에서 목표를 이루기 위해서는 꼭 지켜야 하는 조건이 있다. 대표원장이 전문적인 지식이 풍부하고, 넓은 사고를 하며 업무의 세밀한 부분까지 파악할 수 있어야 한다. 대표의 지식이 부족하다면 직원의 지식이 한없이 얕아지는 것은 당연한 이치이다. 지식의 전달도 올바른 방식이어야 한다.

예를 들어 진료에 대한 의학적 지식을 전해줄 때에도 "내가 이렇게 10년을 해봤는데 아무런 문제가 없었다."라는 식이면 곤란하다. 너무 주관적인 기준으로 설명하는 것에는 한계가 따르기 마련이며, 정확한 지식이 아닐 수 있다. 필자는 자신의 실력을 과대평가하는 경우를 수없이 많이 보았다. 평소 대표원장을 진심으로 존경하는 직원들이라면 어떻게 말하든 인정하겠지만, 그렇지 못한 경우에는 신뢰하지 못하는 결과를 초래하게 된다. 교육을 할 때에는 "ㅇㅇ논문에 의하면…."라는 식으로 풀어가면서 의학적 근거를 바탕으로 치료의 본질을 설명하여야 한다. 그래야 지식을 제대로 전달할 수 있으며 그런 모습에서 직원들의 신뢰를 이끌어낼 수 있다.

간호사든 치위생사든 학교에서 배우기는 하였으나 모든 것을 기억할 수 있는 사람은 없다. 때로는 '이런 것까지 해야 하나?'라는 생각이 들어도 해야 한다. 생각보다 아주 기초적인 부분에 대해서 알지 못하는 경우도 많기 때문이다. 단지 치료에 사용되는 준비물, 술식 과정, 환자에게 해야 하는 멘트 등 병원의 선배들이 알려주는 것에 몰두하는 경우가 많기 때문에 잊어버리는 것이 어쩌면 당연한 결과일 수 있다. 또한 지식을 전달할 때에는 의료 지식이 없는 환자에게 가르치는 수준으로 해야 한다. 왜냐하면 환자들이 간호사나 치위생사에게 질문을 했을 때 알아듣기 쉽게 설명하기 위해서는 배울 때부터 쉽고 자세해야 하기 때문이다.

교육 파트

[마인드 세팅]

아무리 훌륭한 교육이라도 받아들일 자세가 되어있지 않다면 효과가 없다. 모든 교육에 앞서 자신이 하는 일에 대한 자부심을 가지는 것은 무엇보다 중요하다. 자신이 하는 일에 가치를 부여하지 못하면 지속하기 힘들어지는 요인이 됨과 동시에 환자들에게도 좋지 못한 영향을 미치기 때문이다. 이 교육을 하기 위해서는 우선 가르치는 사람의 마인드부터 달라야 한다. 필자는 직원들에게 마인드 세팅에 관한 여러 강의를 하였지만 항상 본인의 가치에 대한 부분을 알려 주는 것으로 시작한다.

실제로 강의 프로젝트를 시행하기 전에 직원들 앞에서 다음과 같이 인트로를 연다.

여러분은 대부분 더 나은 삶과 행복한 미래를 위해서
열심히 직장을 다니고 있습니다.
그러나 직장이라는 곳이
누구에게는 억지로 가야 하는 곳이기도 하고
누구에게는 더 나은 삶을 위해서 꼭 필요한 곳이기도 하며,
누구에게는 미래를 꿈꾸는 곳이기도 합니다.

제가 여러 교육에 앞서 이런 말씀을 드리는 이유가 있습니다.
여러분의 하루 중 잠을 자는 시간을 제외하고
가장 많은 시간을 보내는 곳이 바로 이 병원입니다.
그리고 가장 많이 만나는 사람들이 우리 병원을 찾는 환자와
같이 일하는 동료분들입니다.

환자들은 대부분 아프거나 불편해서 오시는 분들이다 보니
질문이 많을 수도 있고, 짜증이 섞여 있는 말투로 말하기도 하고,
어려운 의학용어가 낯설다 보니 이해를 잘 못할 수도 있습니다.
그리고 병원 내에서 일을 하다 보면
고맙다는 감사 인사를 하는 분도 계시지만,
불편하고, 불친절하다고 불만을 표시하는 분도 계십니다.

저는 이렇게 생각합니다.
우리가 돈을 벌기 위해 직장을 다니고 있지만,

하루 종일 고생해서 일을 하는데
어떤 직원은 항상 환자들에게 칭찬을 듣고,
어떤 직원은 환자들에게 불만 섞인 말을 들으며 일합니다.
똑같이 고생하고 있는데도 말입니다.
하루하루가 힘들어도
"아이고~고맙습니다. 덕분에 치료 잘 받았습니다."라는 말을 듣는다면
하루의 피곤함이 눈 녹듯이 사라지고 나의 자존감은 올라가며
뿌듯한 성취감을 가지고 퇴근하지 않겠습니까?
저는 여러분들의 하루하루를 이런 좋은 기분,
나의 가치를 알아주는 사람들 속에서 근무할 수 있도록
꼭 필요한 조력자가 되고자 노력하려고 합니다.

환자를 대하는 방법에 관해서 내가 조금 더 알게 된다면
분명 뜻깊은 일을 하고 있구나라는 생각이 들 것이라 확신합니다.
그래서 환자들이 하는 방식, 느끼는 감정, 원하는 것에 대해서
쉽고 자세하게 알려드리려고 합니다.

지식을 기반으로 자신의 포지션에서
최고의 퍼포먼스를 낼 수 있는 방법 등
다양한 기술에 대해 알려주는 시간을 가지려고 하니
저의 이러한 진심이 전달될 수 있도록
여러분도 마음의 문을 열어 주실 것을 부탁드립니다.

똑같은 강의라고 할지라도 이런 설명을 한 후에 시작하면 효과는 훨씬 강하게 나타난다. 지금까지 들어온 주입식 교육이 아니라 자신의 행복을 위해서 스스로 일에 대한 보람을 느끼게 되는 경험을 하게 된다면 더욱 적극적인 자세로 근무에 임하게 될 것이다.

마인드 교육은 '잘해라'라는 메시지가 들어가면 안 된다. '내가 가족보다 오랜 시간 함께하는 이곳에서 성장하고 행복한 시간을 보내려면 노력해야겠구나~ 그러면 좀 더 적극적으로 배워야겠네!'라는 생각이 들도록 만드는 것이 목표이다. 직원들의 마음이 움직이면 이미 절반의 성공은 이룬 셈이다. 시간이 오래 걸릴 수도, 결국 바뀌지 않는 사람이 있을 수도 있지만 단 몇 명이라도 바뀐다면 그 병원의 미래는 밝을 것이다.

마인드 교육을 대표가 하지 못할 경우 외부 강사를 초빙하는 방법도 좋다. 그것도 힘들다면 유튜브 동기부여 영상 중 자신의 가치를 올리는 마인드 세팅 방법에 관한 영상을 찾아서 1주일에 하나씩이라도 같이 보고 토론하는 것도 좋은 방법이 된다.

마인드 세팅은 필자가 가장 중요하게 생각하는 교육 중 하나이다. 영상으로 교육 시 최소 10번 이상 하는 것을 추천한다. 사람의 마음은 쉽게 불타오르지만 현실을 돌아보면 금방 식어버리기 때문에 마인드 교육만큼은 지속적인 반복이 중요하다. 한두 번 만에 사람은 절대 바뀌지 않기 때문이다. 그리고 영상을 한번 보고 나면 그 내용에 대해서 최소 10분간은 서로의 감정을 공유하는 시간을 가져보자. 이 시간이 문화가 되면 분위기 전환에 엄청난 도움이 된다.

[전반적인 의료지식]

너무나 잘 알 것 같지만 너무나 모르는 것이 바로 직원들의 의료지식이다. 병원에 근무하고 국가고시를 합격했는데 도대체 무슨 말인가? 하는 의문이 들 것이다. 당연히 직원들은 환자들에 비해서는 대단히 많은 지식을 가지고 있다. 하지만 조금만 깊이 물어보면 생각보다 지식이 부족한 경우를 많이 보았다. 지식의 깊이가 인터넷 검색만 하면 충분히 알 수 있을 정도로 얕다. 이렇게 해서는 차별성을 강조하지도 못한다.

치과에서 컨설팅 의뢰가 들어와서 일을 하던 중 상담하는 직원과 이야기를 나눈 적이 있다.

임플란트에 대해서 환자들에게 어떻게 설명하는지를 물어보았다. 그 직원의 대답은 "자연치아를 상실한 자리에 인공치아를 심는 것이며, 뼈가 튼튼하지 못하면 수술이 어렵기 때문에 추가로 뼈이식이 필요할 수도 있습니다"라고 말했다. "그러면 어떤 임플란트가 좋아요?"라고 물으니 "아무래도 가격이 고가라도 수입 임플란트가 좋습니다."라고 말했다. "그래서 왜 수입 임플란트가 좋나요?"라고 물으니 "수입 임플란트는 오랜 임상 데이터가 있고, 표면에 코팅도 잘 되어 있어서요…"라고 했다. "그러면 국산하고 수입하고 코팅이 어떤 차이가 나는가요?"라고 물으니 "칼슘이….''라고 하면서 말을 얼버무렸다.

이 대화를 들어보니 어떤가? 충분한 의료지식이 있다고 보이는가? 이 직원에 대한 평가를 하자면 먼저, 환자가 궁금해하는 부분에 명쾌한 답을 하지 못했고, 인터넷만 검색하면 누구나 알 수 있는 지식수준에서 벗어나지 않는다. 또한 환자에게 설명할 때 다른 병원과의 차별성을 강조하는 멘트가 하나도 없고 무엇보다도 임플란트에서 가장 중요한 것이 무엇인지 알지 못하는 것 같다. 의사가 알고 있는 의료지식수준이 아무리 높다고 할지라도 직원들이 전달하지 못하면 그 병원은 그 수준으로 이미지가 굳혀지게 된다.

직원들이 최소 임플란트에 대해서 환자들에게 설명할 수 있으려면, 임플란트의 구조, 임플란트의 표면처리 종류, 임플란트 세부적인 식립 방법, 뼈와 임플란트가 결합하는 원리, 임플란트의 발전 과정(과거부터), 식립 후 주의사항을 지켜야 하는 이유, 교합에 따른 식립 방법 등 임플란트에 대해서 이 정도의 지식을 의사가 먼저 직원들에게 쉽고 자세하게 알려주어야 한다. 또한 그 근거는 임상자료나 논문 등이 기초가 되어야 한다. 꼭 상담직원만이 아니라 대부분의 직원이 알고 있어야 한다. 심지어 행정업무, 마케팅 업무를 하는 직원들도 알고 있어야 다른 병원과 차별되는 점을 온·오프라인에서 자신 있게 내세울 수 있다.

의료지식은 최소 3개월 정도 질환, 진단, 치료별로 기본 교육을 거쳐야 하며 매달 1회 이상 지속적으로 후속되어야 한다. 이렇게 상세하고 체계적인 교육은 직원들 스스로 발전하고 있다는 생각을 하게 되며 환자들에게도 병원의 우수성, 의사의 뛰어남을 간접적으로 전달하는 것이 된다.

처음에는 직원들이 힘들어하고 듣고 싶어 하지 않을 수 있지만 교육 내용이 좋다면 결국 귀담아듣게 된다. 퇴사하기 전 직원들을 대상으로 여러 번 대화를 해보면 더 이상 배울 것이 없고, 여기에서는 발전할 수 없을 것 같다고 느끼는 순간 나갈 준비를 하는 경우가 생각보다 많았다. 그래서 의사가 항상 의료지식과 기술을 업그레이드하는 모범적인 태도를 보일 때 비로소 존경과 믿음이 따라오게 된다. 말을 잘하고 못하고는 별로 중요하지 않다는 것을 명심하라.

[파트별 업무 교육]

진료실에서 치료를 받고 나온 환자가 매니저와 이야기를 하면서 "네? 진료해 주시는 분은 그렇게 말 안 하던데요?"라는 말을 한다면 환자는 어떤 생각을 하고 있을까? 아니면 진료실 직원이 나와서 매니저에게 "지금 진료실이 너무 바쁜데 무조건 예약을 더 잡으면 어떡해요!"라고 말하면 서로 어떤 감정이 생길까?

직원들은 각자 자기가 맡은 파트에서 열심히 하지만, 다른 사람의 업무를 이해하지 못하면 그 사이에서 트러블이나 오해가 생기는 경우가 종종 있다. 직원들 간의 감정적인 문제가 발생하면 구성원들 모두가 상당히 곤란해지고 병원 분위기도 나빠지며 병원의 업무가 제대로 돌아가지 않기도 한다. 이런 문제를 대표가 직접 해결하려고 해도 그저 서로 이해하라는 말 밖에 할 말이 없다. 왜 그럴까? 업무를 지시하는 사람, 업무를 진행하는 사람 모두 자신의 일 이외에는 자세히 알지 못하기 때문이다.

원활한 업무를 위해서는 나의 파트는 물론이고 다른 파트의 일도 어느 정도 알고 있어야 한다. 이런 사소한 것까지 굳이 대표가 챙기고 가르쳐야 하는가?라고 말을 할 수도 있다. 종합병원, 대형병원이라면 중간 관리자만 모여서 이야기를 해도 정리가 가능하지만 상대적으로 규모가 작은 로컬 병원이라면 대표원장이 직접 나서야 하는 경우가 많다.

그러면 현실에서 바로 적용 가능한 방법을 소개해 보겠다.

먼저 진료실, 매니저, 리셉션, 검사실 등 각 파트별 장을 모아서 본인의 업무를 상세하게 적고, 그 파트 구성원들이 각자 어떤 일을 하며 어떤 보고 체계를 가지고 있는지 종이에 적어서 제출하라고 한다. 이 보고서를 자세히 들여다보면 분명 "어? 이걸 이렇게, 이 직원이 했어?"등의 새로운 사실을 발견할 수도 있다. 그리고 각 파트의 장들에게 신입교육 시 사용할 수 있는 매뉴얼을 제출하라고 한다. (만약 없으면 시간이 걸려도 만들어 놓으라고 한다.) 이후 각

파트의 장들이 모였을 때 제출된 자료를 바탕으로 파트 업무 프로세스를 발표한다. 그러면 서로의 정보를 공유하는 자리가 자연스럽게 만들어지게 된다.

마지막으로 타 업무 부분과 중첩되거나 원활하지 않은 업무가 있는지, 있다면 구체적인 예시를 들어 서로의 의견을 피력한다. 이 정도면 대부분의 상황을 파악할 수 있게 되고, 이제부터는 대표원장의 교통정리가 들어가야 한다.

대표원장이 세부 사항을 모르면 절대로 원활한 업무 조율을 기대할 수 없으며, 그저 직원들의 감정 섞인 불만을 듣기만 하는 상황이 되어 버린다. 이런 단계적인 교육 과정은 정말 많은 문제를 해결할 수 있으며, 대표원장 자신에게도 디테일한 업무 파악을 할 수 있는 기회가 된다. 이 과정에서 새로운 시스템을 고안할 수 있는 아이디어가 생길 수도 있다. 분명 어려운 과정이지만 이런 과정을 한번 겪고 나면 추후 병원의 규모가 커지거나, 직원이 늘어나더라도 큰 혼란 없이 시스템을 수정 및 보완할 수 있는 바탕이 된다.

환자가 만족하는 병원의 조건은 여러 가지가 있다. 그중 소개로 오는 환자가 많다는 것은 충분히 만족하였다는 것이고 또한 더욱 성장하는 병원으로 만들 수 있는 가능성이 높다는 의미도 된다. 또한 소개환자가 늘어나면 광고비를 줄일 수도 있고, 병원 시스템을 환자에게 굳이 설명하지 않아도 되며 환자들이 이미 긍정적인 마인드를 가지고 내원하기 때문에 치료 동의율도 높고 치료 결과에 대한 평가도 타 병원보다 좋을 수 있기에 더욱 성장하는 병원을 만들 수 있다.

소개환자를 높이기 위해서는 직원들이 환자를 적극적으로 대하는 마인드와 행동이 필수적이며 환자들이 궁금해하는 것, 원장이 하는 치료 행위가 얼마나 신뢰할만한지 대답할 수 있는 뛰어난 의료지식 또한 당연하다. 원활한 환자의 치료와 동선을 위해서 각 파트별 업무의 체계적 정립 및 이해가 있어야 하므로 이에 따른 매뉴얼과 교육도 필요하다. 단순히 친절한 직원을 만드는 것이 목표가 되어서는 안 된다. 오너는 이 부분을 다시 한번 깊이 생각하고 하나하나 작은 것부터 만들어 가야 한다.

'인사가 만사다'라는 이야기를 우리는 귀에 못이 박히도록 많이 들어왔었다. 하지만 사람을 어떻게 관리하고 교육하는지에 대해서 제대로 된 지식을 쌓을 기회가 없었기 때문에 많은 어려움을 겪었다. 어차피 병원에 근무하는 모든 사람들은 이해관계에 얽혀 일을 하지만 그 속에서도 서로 간의 마음을 이해하고 배우는 공간이라는 생각을 절대로 잊지 않도록 대표원장 또는 책임자들이 노력해야 한다. 결국 교육 시스템은 인재를 양성할 뿐만 아니라 병원을 바로 세우는 힘이 되고 뛰어난 병원으로 가는 최고의 방법이 될 수 있다.

나만의 호위무사를 조직하라

성공한 기업인 중에서 혼자만의 힘으로 큰 성공을 이루어 낸 이는 거의 없다. 똑똑한 머리나 부단한 노력으로 어느 정도의 성과를 이루어 낼 수 있지만, 큰 성공을 이룬 기업가들은 그저 운이 좋아서 성공했다고 말하며 항상 공을 남에게 돌리는 모습을 보인다. 반대로 독선적인 모습을 가진 사람도 성공하는 경우가 있으나 결국 끝이 좋은 못한 경우가 대다수다.

미국 할리우드 배우 중에 우리에게 너무나도 익숙한 '아놀드 슈워제네거(Arnold Schwarzenegger)'가 한 대학교 졸업식에서 이런 말을 했다.

"저는 빈털터리로 미국에 왔습니다. 20달러와 냄새나는 옷가지가 전 재산이었습니다. 저는 한 작은 아파트에 살고 있었는데, 제가 다니던 헬스장 보디빌더들이 추수감사절에 찾아와 이불, 접시, 수저 등 저에게 없던 것들을 주었습니다. 누구도 스스로 성공할 수 없습니다. 세계 최고의 보디빌더인 저조차도 말입니다. 저는 사람들이 저를 무엇으로 불러도 상관없습니다. 하지만 제가 자수성가했다고는 하지 마시기 바랍니다. 이는 우리가 스스로 성공할 수 있다는 오해를 줍니다. 누구도 그럴 수는 없습니다. 자수성가한 사람이란 이야기는 착각입니다. 저는 다른 사람의 도움 없이는 성공하지 못했을 것이고, 그래서 저는 자수성가를 믿지 않습니다. 제가 이런 이야기를 하는 이유는 여러분들이 남의 도움을 받아 이곳에 있음을 깨닫게 된다면 지금이 바로 남을 도울 적기임을 알게 되기 때문입니다."

병원을 운영하다 보면 직원을 비롯하여 업무 관련 재료 업체, 제약회사, 장비 업체, AS 업체 심지어 정수기 관리원까지 수많은 사람과 비즈니스 관계로 연결되며, 함께하게 된다.

오랜 기간 다양한 병원의 대표원장과 만나고 이야기를 해보았지만 이런 업체와의 관계에 대해서 생각하는 경우를 거의 들어보지 못했다. 대부분의 원장은 업체와의 관계를 당연히 '갑', '을' 관계로 규정지어 버리기 때문이다. 본인이 무의식적으로 행동했다 해도 말이다. 갑, 을의 관계에 대해서는 당연히 비즈니스기에 그렇게 생각할 수 있다. 하지만 중요한 것은 어떤 태도와 말투로 업체 사람들을 대하는지에 대해서 다시 한번 생각해 보아야 한다는 것이다. 사실 물건을 공급해 주는 업체는 내가 필요한 것을 공급해 주고 대가를 받아 가는 것일 뿐 내가 억지로 그 업체를 도와주는 것이 아니라는 점을 기억해야 한다.

병원을 운영하다 보면 생각지도 못한 일을 겪거나, 내가 선뜻 나서기 곤란한 경우가 종종 있다. 필자는 그럴 때 병원과 거래하는 업체 사장님들께 연락해서 부탁하면 깜짝 놀랄 만큼 쉽게 해결하는 경우를 여러 번 겪어 보았다.

업체 대표님들께 필자가 한 것은 그저 병원에 방문했을 때 "수고하십니다, 요즘 힘들거나 의논할 부분은 없으신가요?" 등의 말과 함께 흔한 커피믹스 한잔 대접해 드리는 것이 전부였다. 그분들은 모두 나에게 소중하며, 없어서는 안되는 분들이고 그분들도 나의 그런 마음을 알기에 서로에게 감사한 마음으로 지내고 있다.

많은 의사들이 업체에 대해서 너무 당연하게 갑, 을이라고 생각하는 문화가 있는 것 같다. 업체 사장님도 하는 업무가 다른 것이지 한 회사의 대표이다. 직원분이 오시더라도 경력 많고 중요한 직책을 맡고 있는 경우도 많다. 절대로 함부로 대하지 말아야 한다. 알다시피 의료업계는 상당히 좁은 곳이다. 한 다리만 건너면 대부분 알 수 있지 않은가? 그분들은 막대한 정보를 가지고 있어서 병원의 동향, 업계의 이슈, 흐름 등을 우리와 다른 시각에서 접하는 경우가 많다. 그리고 업체 사장님들의 입김은 보이지 않는 곳에서 큰 힘을 발휘하기도 한다. 불편한 감정을 느낀다면 절대로 득이 될 것이 없으며, 관계가 잘 형성되었을 때는 정말 많은 도움이 되기도 한다. 병원 방문 시 그분들에게 인사와 따뜻한 말 한마디로 얼굴을 마주 하라. 내가 주는 마음보다 더 많은 것을 받을 것이다.

그리고 업체뿐만 아니라 보건소 공무원과도 좋은 관계를 유지해야 한다. 보건소는 의료기관을 관리하는 정부기관이며, 우리 입장에서는 현실적으로 '갑'의 위치에 있다. 예를 들어 광고를 하기 전, 법적인 문제가 있는지 사전에 점검 차원에서 보건소에 직접 물어보는 경우는 참 드물다. 하지만 가장 정확하게 아는 곳이 보건소 의약계 담당자이기에 평소 인맥관리를 잘해 둔다면 여러 가지 도움을 받을 수 있다. 이는 청탁이 아니라 민원인에 대한 안내사항이라서 당연한 답변을 받는 것이지만 대다수의 병원들은 스스로 '을'의 입장이라고 생각하여 껄끄러워하기 때문에 질문할 생각조차 하지 않는다.

필자는 개인적으로 내가 속해 있는 지역의 보건소 공무원과 되도록 친하게 지내려고 노력한다. 여러 번 덕을 본 경우도 있다. 그런데 보건소에서도 이런 관계를 생각보다 싫어하지 않는다. 오히려 반기는 경우가 많다. 문제 될 것 같은 일이 있으면 사전에 자신들이 바른 방향으로 안내해 줘서 사고를 미리 예방할 수 있게 되고 결국 자신의 일이 줄어드는 것이 현실이기 때문이다.

이처럼 세상은 혼자의 힘으로 살아갈 수 없다. 나와 비즈니스 관계로 만났지만 한 분 한 분 소홀하지 않은 모습을 보여준다면 주는 것보다 훨씬 많은 것을 얻게 될 것이다. 큰 성공을 한 사람들은 모두 사소한 인연에 소홀하지 않았다. 반대로 '갑', '을'의 마음을 가지면 언젠가 혼자 외로운 시간을 보낼 수도 있다.

당신이 힘들 때 따뜻한 말 한마디로 위로가 되는 사람을 주변에 두기 위해서는 '동행'의 관계로 행동하면 되고, 힘들 때 외면하는 사람을 늘리기 위해서는 '갑'의 관계로 대하면 된다. 누구에게든, 어떤 병원이든 호위무사가 존재한다. 다만 그 존재를 어떻게 대하느냐에 따라서 보일 수도, 보이지 않을 수도 있다.

지금부터 나만의 호위무사를 조직하라. 생각지도 못한 곳에서 생각지도 못한 도움을 받을 수 있을 것이다.

급여에 대한 가치 인식

일반적인 기업은 수익 창출이 첫 번째 목표이다. 지출의 감소도 수익 증가로 연결되는데 그중 가장 많은 지출을 차지하는 것이 직원의 급여이다. 따라서 직원이 일을 잘한다고 하더라도 한없이 급여를 올려줄 수 있는 것이 아니다. 다만 생각보다 많은 병원에서 타 병원보다 조금이라도 적게 주거나 지급하는 급여가 지역 평균 급여수준을 넘지 않도록 애를 쓰는 경우도 있다. 직원의 입장에서 보면 열심히 일 할 의지가 없어지는 셈이다. 의료계는 의사보다 직원이 귀하다는 사실을 직원들도 너무나 잘 안다. 각종 관련 홈페이지나 소속 커뮤니티를 보면 서로 급여를 공유하기도 한다.

그렇다면 병원은 급여에 대해서 어떤 관점으로 바라보고, 어떻게 책정하고, 지급 방식은 어떻게 하는 게 좋을지에 대해서 알아보자.

급여를 바라보는 관점

경쟁이 치열한 비즈니스 환경에서 병원이 할 수 있는 가장 중요한 투자 중 하나는 인력에 대한 것이다. 병원은 의료 행위를 하는 곳이면서 의료 서비스를 제공하는 곳으로 분류된다. 결과적으로 모든 수익의 창출은 사람으로부터 시작하여 사람으로 마무리된다는 것이다. 병원에 방문하는 환자들에 의하면 병원 선택 기준은 실력, 의료환경, 친절도 순으로 높은 순위를 차지한다. 의사와 직원들 모두 실력을 키우기 위해서는 무엇이 우선되어야 하겠는가? 바로 의지, 욕구이다. 아무리 주변 환경이 좋다고 할지라도 자기 스스로 발전하고 싶은 의지와 욕구가 없다면 실력을 키우려는 노력조차 하지 않을 것이다. 현실적으로 그 의지와 욕구는 만족스러운 급여가 뒷받침되어야 한다. 다만, 지금 당장에 급여가 적더라도 미래에 보상이 따를 것이라는 믿음이 있다면 지금의 어려움과 고생은 충분히 감수할 수 있다고 생각한다. 그 보상에도 여러 가지가 있지만 결국에 '돈'이라는 것이 팩트이다.

실제로 연차가 낮은 직원의 입장에서 높은 연차의 급여가 얼마인가는 정말 중요한 문제이다. 직위가 높아지면 높은 급여를 받는 것을 알고 있지만 그 차이가 크지 않으면 그곳에서 오래 있고 싶다는 생각을 하는 사람은 거의 없다. 대부분 몸값을 높이는 과정쯤으로 지금의 병원에 머무르는 것이다.

그럼 반대로 대표원장의 입장에서 이런 현실을 바라보자. 직원들이 이런 생각을 한다는 것을 알고 있는가? 그렇지 않다면 이제라도 급여를 바라보는 관점을 매출로 연결시키는 방법에 대해 생각해야 한다.

사람은 누구나 풍족한 돈을 원한다. 풍족하다는 기준은 저마다 다르겠지만 내가 업계에서 받을 수 있는 평균 급여보다 10% 정도만 높아도 퇴사할 확률은 50% 감소한다. 그런데 문제는 여기에서 시작한다. 대표원장이 급여는 올려주고 제대로 활용하지 못하는 경우가 많다. 급여를 올려줄 때도 "지금까지 고생했고 앞으로도 열심히 일해달라"라는 당부 외에는 요구하는 것이 없다. 개인사업자가 업계 평균보다 10% 높은 급여를 측정하였다면 그 이상의 이익을 기대해야 한다. 그것이 매출의 상승이든 고용의 안정이든 말이다.

앞서 언급했듯이 병원 업무는 사람이 하는 일이 대부분이며 그에 따라 인력 관리는 굉장히 중요한 업무 중 하나이다. 아니 병원의 승패가 달렸다고 해도 무방하다. 의료인의 실력 발휘를 위해서 어떤 환경을 만들어야 할까? 환자를 친절하게 응대하기 위해 어떤 교육이 필요하며 분위기를 어떻게 조성해야 할까? 이런 시스템적인 계획과 방향이 만들어진 이후에 급여를 결정해야 한다. 급여를 높게 측정하는 만큼 업무의 무게도 같이 높아져야만 하기 때문이다.

대기업에 다니는 사람들은 중소기업에 근무하는 사람들에 비해서 상대적으로 높은 급여와 복지혜택을 받는다. 그러나 그만큼 업무 스트레스가 높은 편이다. 1차 의료기관을 대기업에 비유할 수는 없지만 급여를 결정, 운영하는 과정에서는 유사한 성질을 가진다.

대표원장이 큰 결심을 하여 업계보다 조금 높은 급여를 지급하겠다고 마음을 먹었다면 직원들의 실력과 서비스 수준도 확 끌어올려야 한다. 직원들의 실력을 위해서는 이론 교육과 실기 교육을 동시에 실시하여야 한다. 진료하고 있는 모든 치료와 관련하여 인터넷에 떠도는 수준을 넘어서는 교육이 필요하다. 또한 실기 교육은 MOT를 통하여 서로가 지켜보는 가운데 연습해야 한다. 이 모든 과정에서 의사의 개입이 반드시 필요하다.

환자들에게 편안함을 주고 눈높이를 맞추어 다가가는 것은 어쩌면 실력보다 더 효과적인 방법이 될 수 있기에 급여를 높게 주는 만큼 환자 응대에 대한 태도 개선을 더 중요하게 생각한다고 전달해야 한다. 이러한 과정을 통해 직원 동기 부여, 생산성 향상, 병원의 성공 측면에서 긍정적인 결과를 얻을 수 있다.

급여를 현명하게 지급하라

급여의 크기를 결정했다면 이제는 지급 방법을 고민해야 한다. 단순히 날짜와 금액을 정하는 것이 아니라 급여체계를 말하는 것이다. 수십 개의 병원을 관리해 보니 각 병원마다 급여를 지급하는 기준이 달랐다.

먼저 연차에 따른 직원들의 급여체계에 대해서 생각해 보자. 병원마다 서로 다른 기준이 있지만 크게 2가지가 있다. ①입사 시 신입의 연봉이 높은 병원 ②신입의 연봉은 업계 평균 수준이지만 시간이 지날수록 급여의 인상률이 높은 병원이 있다. 우선 신입의 연봉이 높은 병원은 대부분 성장을 추구하는 병원이 많다. 첫 입사를 해야 하는 간호사, 치위생사에게는 급여 5만 원, 10만 원은 상당히 큰 영향을 준다. 성장에 포커스를 맞추는 병원에서는 우선 많은 직원을 선발하기 위해 상대적으로 높은 연봉을 제시하기도 하는데, 이는 충분히 메리트가 있다. 하지만 해가 지나고 연봉 협상 시기가 오면 얼마만큼 인상해야 할지 고민이 된다. 첫 연봉도 높은데 인상률도 높으면 나중에 감당해야 할 인건비가 더 높아지기 때문이다. 반대로 첫 연봉은 평균적이지만 연봉 인상률이 높은 병원이 있다. 이런 병원은 성장률도 고려하지만 안정적인 인사관리를 위해 결정을 한 경우가 많다. 초보 직원들이 많은 곳과 능숙한 직원들이 많은 곳은 분명히 차이가 있다.

다만 경력이 높은 직원들이 많아지면 당연히 급여의 비중도 늘어나기 때문에 대비책을 생각해야 한다.

예를 들어 어느 정도 연차가 쌓이면 급여의 리밋(Limit)을 공지하는 것이다. 최대 급여를 미리 설정해 두면 더 이상의 논쟁은 별로 없다. 그러면 직원이 불평하며 바로 나갈까? 아니다. 사람은 새로운 환경에 노출되는 것을 꺼리는 경향이 강하기 때문에 큰 문제가 없거나 신상에 큰 변화가 없다면 쉽게 일을 그만두지 않는다. 어차피 다른 병원에서 처음부터 다시 적응하는 것을 더 두려워한다.

또한 리밋까지 가지 전에는 직책수당을 강화하는 것도 좋다. 규모가 작은 1차 의료기관에서는 연차에 따른 급여 인상에 비해 직책수당은 적게 책정하는 경우가 많다. 필자는 직책수당은 좀 더 과감하게 줄 필요가 있다고 본다. 직책을 맡게 되었을 때 그에 따른 책임감과 의무를 구체적으로 명시해야 함은 당연하다. 절대로 더 열심히 해라는 모호한 말은 하지 말아야 한다.

한 가지 다른 비유를 하자면 군대에서 장군이 되면 100가지가 달라진다고 한다. 계급장부터 모자, 신발, 자동차, 전속부관, 운전병, 참석 회의 등 눈에 보이는 것부터 보이지 않는 것까지 많은 것이 바뀐다. 이러한 변화는 사람을 더 돋보이게 하는 매력적인 요소로 작용하며 진급에 대한 갈망을 극도로 높여준다. 병원은 이와 같은 변화를 모두 수용하기는 현실적으로 힘들지만 직책이 생겼을 때 직책을 더욱 매력적으로 느끼게 하거나 또는 급여의 상한선에 부딪힌 직원을 대상으로 소외감을 느끼지 않도록 시스템을 만드는데 영감을 줄 수 있다.

소개환자에 대한 인센티브를 지급하는 방법

직원에게 인센티브를 지급하는 병원이 많다. 반대로 인센티브를 지급하지 않는 병원도 많다. 정말 인센티브를 지급하면 효과가 있을까? 인센티브 제도를 긍정적으로 보면 직원들의 업무 만족도를 높이고 이직률을 낮추며 병원의 매출을 상승시키는 효과가 있다.

그렇지만 인센티브 제도에는 부작용이 뒤따르는데 필자가 겪어 본 어떤 병원은 월말이 다가오면 직원 모두 계산기를 두드리고 있었다. 자신의 소개로 온 환자가 몇 명인지 치료비 결제는 얼마를 했는지에 따라 정해진 인센티브를 계산하기 위해서이다. 매출을 늘리고 직원들의 동기부여를 하고자 시행한 제도가 환자를 돈으로 생각하는 문화로 변질되어 버린 것이다.

그렇다면 인센티브 제도를 시행하는 것이 좋을까? 안 하는 것이 좋을까? 이에 대한 답은 정해줄 수 없다. 다만 시행 여부와 상관없이 어떠한 식으로라도 직원들에게 보상이라는 것은 따라야 한다. 환자를 소개해 준 직원에게는 고마움을 표현하는 것이 좋다. 분기별 또는 반기별로 소개환자를 만들어준 직원에게 10만 원 내외의 상품권을 전달하고 특별 휴가 등을 제공하며 많은 직원들이 보는 앞에서 진심으로 감사함을 표현하는 것이다. 핵심은 대표원장이 소개환자를 신경 쓰고 있다는 사실을 알리고 진심으로 감사하게 생각한다는 마음을 전달하는 것이다.

그러면 인센티브 제도를 시행하는 경우에는 어떻게 운영을 하는 것이 좋을까?

가장 위험한 것은 '환자=인센티브'라는 공식이 새겨지는 것이다. 그래서 환자의 치료비 결제 금액에 따른 인센티브 지급은 지양해야 한다. 대신 소개환자 수를 지표로 삼는 것을 추천한다. (물론 치료 비용이 얼마나 되는지 대표원장은 알고 있어야 한다. 수치 경영을 위해서는 꼭 필요한 자료이다.)

환자 수를 기준으로 하기 때문에 아주 공평하고 합리적인 인센티브를 지급할 수 있다. 그리고 개인으로 선정해도 되고, 팀 단위로 나누어 경쟁하도록 해도 된다.

인센티브의 지급은 월 단위가 아닌 연 단위를 추천한다. 매달 조금씩 주는 것보다 1년에 한번 통 크게 모든 직원 앞에서 감사의 마음을 전달하는 것이 임팩트(Impact)가 크며 다른 직원들이 소개환자에 신경 쓰도록 하는 효과까지 가져올 수 있다. 보통 연말 송년회 때 하면 효과가 좋다.

통 크게라는 말의 기준은 병원의 규모, 직원 소개환자로 인한 매출에 따라 다르겠지만 1등을 한 직원에게는 최소 100~200만 원 정도는 해야 뭔가 큰 선물을 받은 느낌이 난다. (개인별, 상황별로 모두 다를 수 있으니 기준은 각자가 정해야 하지만 매출액을 보면 아마 이 정도는 충분히 가능할 것이다.) 1등을 못한 직원에게도 상품권 등을 지급하는 성의를 보이는 것이 좋다.

그리고 돈으로 지급하는 인센티브가 싫다면 휴가를 활용하는 방법도 있다. 가장 많은 환자를 소개한 직원에게는 연차와는 별도로 1주일 정도의 유급휴가를 지급할 수 있고, 순차적으로 1일~3일 정도 특별 휴가를 주는 것도 좋다.

세상은 절대로 혼자 살아가며 성공을 이룰 수 없다. 조직이 커질수록 더욱 그렇다. 대표원장의 노력과 정성이 기본이 되어야 하고 그에 못지않게 같이 일하는 직원들에 대한 고마움도 기억해야 한다. 돈 때문에 현실적으로 부딪히는 경우도 많겠지만 내가 쓰는 것에 일부만 나눠줘도 최소 배 이상은 더 벌 수 있다.

세계 최고의 부자 워런 버핏(Warren Edward Buffett)의 60년 친구이자, 동료이자, 선배였던 투자 철학의 현인 찰리 멍거(Charles Thomas Munger)가 항상 추구하는 철학이 있다. 그는 "이윤을 추구함에 있어 혼자 모든 걸 독식하려고 해서는 결코 안된다"라며 "단기적인 수익은 올라갈지 몰라도 결국은 스스로를 고립시키는 바보 같은 행위이기 때문이다"라고 말했다. 지금 당장 1%의 수익을 내려놓아 그만큼의 금액이 상대방의 주머니에 들어가더라도 결코 손해가 아니며 상대와의 관계를 통해 결국 그보다 큰 이익을 얻을 수 있게 된다는 의미이다.

찰리 멍거가 워런 버핏과 60년간 파트너이자, 친구로 잘 지낼 수 있었던 것도 바로 이런 베푸는 마음, 상대의 입장을 이해해 주는 넓은 마음이 있어서 그랬던 것은 아닐까?

병원을 운영하는 모든 대표원장도 직원과 함께 가야 멀리 가고 크게 갈 수 있다는 마음으로 현명하게 베풀 수 있는 삶을 살았으면 한다.

MOT 교육을 활용하라

MOT. 즉, 'Moment of Truth'는 '결정적 순간'을 뜻한다. 스페인의 투우 경기에서 matador(투우사)가 투우와 한동안 밀고 당기는 싸움을 하다가 칼을 뽑아 소의 급소를 찌르는 순간을 가리켜 El momento de la verdad(the moment of truth)라고 한다. 대부분 소가 죽긴 하지만, 투우에서 소가 죽는지 사람이 죽는지 그 죽음의 진실이 가려지는 순간이라는 뜻에서 유래되었다.

현재 MOT는 주로 비즈니스와 고객 서비스 분야에서 사용되는 용어인데, MOT 교육은 실제 환자들의 동선에 따라 시뮬레이션 해 보면서 환자와의 접점이 되는 모든 순간에 어떻게 말을 해야 하고, 어떻게 행동해야 좋은지를 알 수 있는 상당히 좋은 교육 방법이다. 많은 기업은 예전부터 MOT 교육을 하였고, 2000년대에 들어와서는 MOT 교육을 시작하는 병원들도 늘어나기 시작했다.

예를 들어 환자가 처음 병원을 들어섰을 때 응대하는 방법, 진료실로 환자를 모시는 방법, 상담할 때 환자에게 신뢰를 전달하는 방법, 치료 종료 후 환자와의 관계를 좋은 방향으로 유지하는 방법 등 환자의 모든 동선에서 접점 되는 포인트마다 긍정적인 인상을 심어줄 수 있는 방법을 찾아내는 것이다.

일반적인 병원에서는 MOT 분석만 잘해도 정말 큰 효과를 얻을 수 있다. 병원 직원이나 원장이 교육을 주도하는 경우도 있고, 외부 강사를 통하여 교육을 받는 경우도 있다. 어떤 것을 선택할지는 상황과 목표에 따라 다르겠지만 MOT 교육을 정기적으로 하는 것 자체만으로 가치가 있다. 왜냐하면 병원의 대표원장 및 직원은 병원의 일에 대해서 대부분 잘 알고 있다는 착각을 하기 때문이다. '등잔 밑이 어둡다'라는 말처럼 실제로 자신의 업무 이외에는 다른 사람이 어떻게 일을 하는지 잘 모르는 경우가 대부분이다. 이럴 때 MOT 교육은 다른 사람의 업무를 간접 경험할 수 있는 중요한 순간이 된다.

조직의 갈등이 생기거나 손발이 안 맞아 일을 그르치는 이유는 대부분 자신의 업무 이외에는 잘 모르기 때문에 발생하는 경우가 많다. 이런 문제는 직원과 직원 간, 의사와 직원 간에도 마찬가지이다. 의사는 분명히 지시를 했는데 직원들이 융통성이 없어서 잘

못한다고 생각하는 경우도 있다.

의료계의 조직체계는 수평적인 관계가 아니라 대부분 수직관계이기 때문에 업무를 수행할 때 수동적으로 움직이는 경우가 많다. 그래서 제대로 된 매뉴얼이나, 보고 체계가 있어야 이런 문제를 예방할 수 있다. 제대로 된 매뉴얼을 만들기 위해서는 MOT 교육은 필수이다. MOT 교육을 진행해 보면 생각보다 많은 문제들에 직면하게 되며, 서로의 업무와 시스템의 흐름을 파악할 수 있다.

실제 MOT 교육을 진행해 보면 원장부터 직원까지 매우 어색해 한다. 모든 사람들이 보는 앞에서 연기를 해야 한다는 것이 쑥스럽기 때문이다. 하지만 시간이 지나면 그런 느낌은 사라지고 오히려 더 밝은 분위기가 이어지게 된다.

MOT 교육을 진행하는 방법은 우선 사회자와 환자 역할을 선정하고 실제 환자처럼 이동하면서 사회자가 순간순간마다 멘트와 시스템을 체크한다. 그리고 과연 이 시점에서 이런 말이 맞을까? 더 좋은 방법이 없는지 모두에게 의견을 물어본다. 만약 뾰족한 답이 나오지 않는다면 메모해 두었다가 회의 때 아이디어를 내어달라고 말해야 한다. 직접 이동하면서 하나하나 체크해 가다 보면 시간이 꽤 소요되므로 데스크, 초진, 진료, 관리 등으로 나누어서 진행하는 것이 좋다. 여기에서 조금만 생각의 방향을 틀어보면 더욱 큰 교육의 효과를 얻을 수 있다. MOT 교육을 할 때 조금 다른 목표를 두고 접근하는 것이 좋다. 일반적인 MOT 교육은 다른 파트를 알 수 있게 되고 문제점을 개선할 수 있는 방법을 의논하는 장이 될 수 있다. 교육을 함으로써 추가로 기대할 수 있는 것은 병원의 새로운 시스템을 창조하기 위한 아이디어 공유, 직원의 업무역량 강화, 적극적인 참여를 유도할 수 있는 환경 조성이다.

MOT 교육을 하면 "어떤 것을 고쳐보자, 각자 좋은 아이디어를 제시해달라" 등의 숙제를 내면서 마무리되는데 이렇게 하면 결국 교육으로만 끝나게 된다. 그렇기에 자신의 업무역량을 높일 수 있는 환경의 전환이 필요하다. 전체적인 동선을 먼저 그려보고 환자와의 수많은 접점 중에서 본인이 중요하다고 생각하는 접점에서 환자들에게 좋은 기분을 전달할 수 있는 응대 방법(행동, 멘트) 1가지씩 아이디어를 제출하라고 한다면 전체적인 시스템의 이해와 더불어 자신의 업무뿐만 아니라 업무에 대한 이해도가 높아질 것이다. 또한 고객의 마음을 얻는 서비스의 본질에 대해서 생각할 시간을 주게 된다.

MOT 교육이 필요한 이유, 얻어지는 효과를 5가지로 정리하면 다음과 같다.

의사소통 기술 향상

MOT 교육은 명확하고 간결한 정보 교환의 중요성을 강조함으로써 부서 간의 원활한 의사소통을 촉진한다. 이는 오해를 방지하고 오류를 줄이며 보다 순조로운 작업 흐름을 보장한다.

강화된 협업

교육을 통해 직원은 응집력 있는 팀으로 함께 일하는 것의 중요성을 배운다. 직원들은 자신의 역할이 병원의 전반적인 기능에 어떻게 기여하는지 이해하고 부서 간에 효과적으로 협력하기 위한 전략을 제시할 수 있다.

갈등 해결

교육을 통해 직원은 갈등 해결 기술을 습득하여 부서 간에 발생할 수 있는 문제를 신속하고 건설적으로 해결할 수 있다. 이를 통해 보다 조화로운 작업 환경이 조성되고 갈등이 확대되어 환자 치료에 영향을 미치는 것을 방지할 수 있다.

효율성 향상

MOT 교육은 의사소통과 협업을 최적화함으로써 병원 운영의 효율성을 높인다. 부서를 보다 효과적으로 조정하고, 프로세스를 간소화할 수 있다.

환자 관리 강화

궁극적으로 주요 목표는 환자 관리 능력을 향상시키는 것이다. 각 부서가 응집력 있게 일하고 효율적으로 소통할 때 환자는 체계적인 진료를 받을 수 있어 더 나은 치료 결과와 만족도를 얻을 수 있다.

MOT 교육을 이렇게 강조하는 것은 분명 효과가 있기 때문이다. 특히 저연차 직원에게 병원 전체 흐름과 부서 간 업무에 대한 이해도를 높일 수 있는 좋은 기회를 제공해 준다. 이런 교육은 결국 조직의 시스템을 업그레이드하고, 부서 간 협업을 통하여 환자들에게 최적의 동선을 제공하며, 행동, 멘트를 정비함으로써 환자의 만족감을 높여 병원의 발전에 큰 도움이 될 수 있다.

Chapter 4

전략과 분석 그리고 시스템으로 만드는 매출

막연하게 어렵거나 복잡하다고만 생각했던 것들이 아주 구체적으로 보이기 시작하고, 내가 무엇을 어떻게 수정하거나 보충해야 할지 힌트를 얻을 수 있게 될 것이다. 내 병원을 제대로 파악하기 위해서는 냉정하고 상세하게 체크해 봐야 한다는 것이다.

컨설팅 회사도 안 가르쳐주는 셀프 병원 분석법(인수분해)

병원을 운영하다 보면 잘 되는 시기도 있고, 그렇지 못한 시기도 있다. 최선을 다해 열심히 일을 하면 결과는 우상향 할 것 같지만 현실은 꼭 그렇지만은 않다. 현재 우상향 하고 있는 병원은 언제 경영 사정이 나빠질지 마음 한곳이 불안하고, 매출이 떨어지고 있는 병원은 두려움에 머리가 더 복잡할 것이다.

이럴 때 일반적인 병원 컨설팅 회사들은 어떻게 병원을 분석하고 해결책을 제시할까? 대부분 이 방법을 궁금해하지만 그 과정을 알려주는 곳은 거의 없다. 단지 부족한 부분과 수정해야 하는 부분에 대한 해결 방안 즉, 결론만을 제시해 준다. 그도 그럴 것이 컨설팅을 의뢰하는 원장은 대부분 현재 경영 상태가 좋지 않거나, 처음 병원을 시작하려고 하는 사람들인데 어디서부터 손을 써야 하는지 모르는 경우가 대부분이기에 답답한 것을 빨리 해결하는 것만 생각하지 그 이외에는 관심도 없고 알려고 하지도 않는다. (이런 마음을 컨설팅 회사는 누구보다 잘 안다.)

의뢰인의 입장에서 비용을 지불했으니 빨리 답을 알아내고 매출을 올리고 싶은 마음이 드는 것은 당연하다. 컨설팅 회사의 입장에선 어차피 분석부터 해결 과정까지 모든 것을 이해시키려면 너무나 많은 시간이 소비되고 그것을 이해하는 원장도 드물기 때문에 생략할 수밖에 없다. 하지만 현재 문제가 있는 부분, 수정해야 할 부분, 업그레이드해야 할 부분의 해결책이 영속적인 정답은 아니다. 시간이 지나고 환경이 바뀌면 그 당시의 정답이 항상 옳은 것만은 아니기에 답을 찾아가는 경영 분석 방법을 꼭 알아야 한다.

많은 병원에서 컨설팅을 의뢰하고 좋은 결과를 내는 경우에도 주변에 알리고 싶지 않은 사실이 있다. 필자에게 답답함을 호소한 한 대표원장은 이렇게 말했다.

"처음에 컨설팅 회사에서 병원의 부족한 부분, 수정해야 하는 부분에 대해서 알려주었습니다. 마케팅 부분이 너무 부족해서 여러 가지 툴(tool)을 사용하여 홍보를 해주었고, 병원 내 인테리어가 오래되어 추구하는 컨셉(Concept)에 맞지 않으니, 일부라도 공사를 진행하자고 했어요. 몇 개월 지나서 매출이 오르기 시작하더니 내 기분도 좋고 이젠 살았다는 안도감이 들었습니다. 그러다가 몇 개월이 지난 후 충분히 혼자 할 수 있을 것 같고 비용도 아껴보자는 생각에 계약을 종료하였습니다. 하지만 이후 조금씩 매출이 떨어졌고 결국에는 기존보다 조금 오른 상태에서 유지만 하는 정도로 지내고 있습니다. 돌이켜보니 컨설팅 회사에서 알려준 답만 믿고 자신감을 얻었지만 내가 스스로 만들어가는 방법은 하나도 모르겠더군요. 지금 무엇을 수정해야 하는지 어떻게 해야 하는지 말이죠... 마치 나무를 키우는 방법은 모르고 열매만을 얻은 것 같으며 처음으로 돌아간 기분입니다."

대부분은 이런 굴레에서 벗어나지 못하는 것이 현실이다. 지속적으로 컨설팅을 받기에는 비용이 부담스럽고, 안 하자니 불안한 마음이 든다. 그래서 최소한 자기 병원의 현재 포지션과 어떤 부분이 부족하고 어떤 부분을 더 강화해야 하는지 분석하는 방법을 알아야 한다. 그 방법을 알아두면 내가 필요할 때 언제든지 핵심 포인트를 찾아서 수정과 보완이 가능하다.

내 병원의 포지션은 어디인가?

모든 기업은 라이프 사이클이 존재한다. 도입기를 시작으로 성장기를 거쳐 성숙기에 도달하고 이후에 쇠퇴기를 맞이한다. 모든 사람과 기업은 두려운 마음을 가슴 깊이 묻어둔 채 우상향의 기대를 안고 도입기에 들어선다. 병원을 경영할 때도 일반 기업과 다름없이 이러한 라이프 사이클을 경험하게 된다. 지금 병원을 시작하려고 준비하는 개원 예정의와 이미 병원을 운영하고 있는 사람들 모두 이 기업 라이프 사이클의 존재를 인지해야 한다.

그렇다면 내 병원의 위치는 과연 어디쯤일까? 의외로 많은 사람들이 자신이 운영하고 있는 병원의 포지션이 정확하게 어딘지 알지 못한다. 자신이 처한 포지션에 따라서 전략이 다를 수 있기 때문에 최대한 객관적인 시각으로 판단해 봐야 한다. 감(感)적 포지션에 좌지우지되면 안 된다.

언제부터 인가 병원의 매출이 떨어지고 있다고 쇠퇴기라고 할 수 없다. 사실 성숙기를 거치지 않고 성장기에서 주춤하며 불안한 경영상태를 보여주는 병원도 많다. 이때 과거에 최고로 높았던 매출이 자신의 한계 매출이라는 착각을 하기도 한다. 그래서 병원의 포지션이 어디인지를 아는 것부터 상당히 어려운 문제일 수 있다.

이제 간략하게 병원의 포지션을 체크하는 기준을 살펴보자.

도입기

- 대표원장의 열정이 넘치는 시기
- 지출보다 매출의 문제에 민감한 시기

성장기

- 주변에 알려지기 시작하면서 신환이 늘고 구환이 조금씩 쌓이는 시기
- 안정적인 시스템이 요구되는 시기 (진료, 교육 등)
- 직원 구인, 퇴사 등의 인사 문제가 고민되는 시기
- 매출의 등락폭이 커지는 시기 (Bottom이 안정화되지 못함)
- 매출이 증가하기 시작하면서 세금에 대한 부분이 걱정되는 시기

성숙기

- 일 최고 매출, 역대 최고 매출, 최고 신환수를 기록하기도 하는 시기
- 직원들이 늘어남에 따른 인사 문제가 대두되는 시기
- 세금에 대한 부분이 무엇보다 신경 쓰이는 시기
- 병원 확장에 대한 고민과 매출 하락에 대한 불안감이 동시에 일어나는 시기
- 대표원장이 체력적 한계, 정신적 한계를 느끼며 현실에서 벗어나고 싶은 마음이 매우 크게 드는 시기

쇠퇴기

- 매출 감소가 체감되며 불안감이 최고조가 되는 시기
- 신환수, 매출이 일정하게 하향세를 보이는 시기
- 고정비를 줄이기 위한 노력을 하는 시기 (광고비, 인건비 등)
- 자기 합리화를 가장 많이 하는 시기
- 포기하고자 하는 마음이 앞서는 시기 (조기 은퇴 등을 고민)

기업의 라이프 사이클은 대부분 매출과 연관이 되지만 로컬 병원은 매출과 더불어 대표원장의 심리적 요인을 같이 보는 것이 더 정확하게 판단하는데 도움이 될 것이다.

이렇게 4단계의 포지션 중 어디에 위치해 있는지 체크하였다면 다음의 액션이 있어야 한다.

도입기에 있을 경우

성장기의 현실과 어려움을 미리 예습하는 차원에서 직원들의 교육에 신경 쓰고 진료 시스템에 대한 확고한 철학과 방향성을 가지고 묵묵히 밀고 나가야 한다. 확고한 방향성은 마케팅과 직원 교육에까지 녹아들게 해야 한다. 그 길을 집중해서 가다 보면 분명 빠른 성장을 할 수 있다.

성장기에 있을 경우

마찬가지로 성숙기를 미리 경험하는 지혜가 필요하다. 매출이 올라가고 수익도 증가하지만 인사 문제, 교육 문제, 대표원장 마인드 컨트롤, 병원의 확장성 등을 미리 대비해야 한다. 마케팅의 경우는 꾸준히 지속하되 블로그와 같이 쌓이면 큰 힘이 되는 것들을 강화해 나가고, 진료 부분에서는 신제품(제2의 치료 영역)을 발굴해 내는 대비도 필요하다. 또한 세금 문제와 관련해 세무사와 미리 의논하고 조율하는 노력도 해야 한다. 더불어 교육시스템을 절대적으로 강화해야 한다. 성숙기에 흔들림 없는 포지션을 확보하기 위해서는 직원 교육 체계를 완성하고 지속적으로 진행해야 한다.

성숙기에 있을 경우

영원한 성숙기가 없는 것이 현실이다. 하지만 쇠퇴기를 최대한 늦추어 완만한 곡선을 이루어 내기 위해서는 사고의 전환이 필요하다. 또한 변화할 수 있는 저력이 충분한 시기이기에 새로운 모델을 창조하는 기회이기도 하다. 이런 시기에는 내가 이루어 놓은 것에 취해 있지 않아야 한다. 대부분 마인드에서 무너지는 경우가 많기 때문이다. 새로운 목표가 없으면 현실에 안주할 가능성이 높고 그로 인하여 열정은 줄어들고, 나태함이 자리를 차지한다. 일반적으로 성숙기에 있는 시기가 오래될수록 변화에 둔감한 모습이 많이 나타난다. 그리고 매몰비용을 너무 아깝게 생각하지 말자. 왜냐하면 새로운 목표로 가는 길을 방해하는 가장 큰 원인 중에 하나이기 때문이다.

마케팅을 하더라도 기존의 툴을 강화하는 것과 새로운 콘텐츠를 찾아 나가는 것을 동시에 추진해야 한다. 이미 자리를 잡았다고 마케팅 비용을 많이 줄이면 경쟁업체에 그 자리를 내주는 꼴이 되며, 그렇다고 기하급수적으로 마케팅 비용을 높일 수 없으니 새로운 콘텐츠나 플랫폼을 찾아 미래의 안정화에 대비해야 한다. 마지막으로 성숙기에서 가장 중요한 것은 대표원장의 마인드 컨트롤이다. 대표원장과 함께하는 사람이 늘어났기에 때로는 기쁘고 때로는 버거움을 느껴 지칠 수 있다. 지금까지 열심히 살아온, 고생한 스스로를 다독이는 셀프 칭찬도 필요하지만 이 자리에 오기까지 함께 고생하고 응원해 준 가족, 직원, 환자들에 대해서 감사한 마음을 가져야 한다. 결국 돈이 아닌 보람을 찾아 다음 허들을 넘을 준비를 해야 한다.

쇠태기에 있을 경우

쇠태기에 있는 사람들이 가장 힘들어하는 것이 변화이다. 정신적 매몰비용, 경제적 매몰비용에 집착하는 경향이 있고 그로 인하여 나의 행동과 사고가 변화를 받아들이지 못하는 경우가 많다. 하지만 쇠태기에 있다고 너무 좌절할 필요가 없다. 성숙기를 거쳐서 쇠태기에 도달한 사람은 분명 저력이 있고, 니름의 노하우가 온몸에 새겨져 있다. 예전과 똑같은 규모, 똑같은 수익을 실현시키기 어려울 수는 있어도 사업의 방향만 살짝 바꿔준다면 오히려 더 보람되고, 즐거운 병원 운영도 가능하다.

물론 성숙기 없이 쇠태기를 맞이한 사람은 다시 성장기를 거쳐 성숙기까지도 갈 수 있다. 단지 디테일한 방법을 탐구하고 경영에 대한 사고를 더 키워내야 하는 노력이 필요하지만 말이다.

환자 유입 동선에 따른 동선적 분석법

환자 유입 동선 즉 환자가 우리 병원을 인지하는 순간부터 치료가 끝나고 나가는 순간까지 그 동선에 따라 하나하나 분석하는 기법으로 모든 분석의 기초가 되는 방법이다. 이 방법을 이해하게 되면 복잡하고 어려운 문제가 한눈에 그림처럼 펼쳐지며 내가 어디에서부터 어떻게, 무엇을 당장 해야 하는지 알 수 있게 된다. 지금부터 디테일한 분석을 같이 해보자.

병원 분석은 크게 4단계로 세분화할 수 있다.

[그림 6] 병원 운영 분석의 4단계

각 단계별로 일어날 수 있는 모든 접점을 나열하여 하나하나 따져보면서 진행해야 한다.

다음에 주어지는 질문을 바탕으로 모든 것을 나열하고 하나하나 따져가다 보면 내가 생각하지 못한 부분은 무엇이며, 무엇이 부족했는지, 무엇을 잘하고 있는지, 어떤 부분을 더욱 강화해야 하는지 등을 알 수 있다. 이 과정을 머릿속으로만 그려보면 효과가 떨어진다. 무조건 종이에 나열해서 질문과 답을 해야만 된다는 것을 기억하라.

Outside 체크하기

환자가 나의 병원을 알아보고 방문하기 직전까지의 단계이다. 일반적으로 병원을 인지하는 방법은 소개, 소문, 광고, 지리적 위치(가까워서) 등이다.

Q1   신환 중 소개환자가 많은가 적은가?

Q1-1   많은 원인은 무엇 때문이며 부족한 원인은 무엇인가?

> 소개환자는 환자 소개, 직원 소개로 나누어서 봐야 하며 각각의 많고 적은 원인을 따로 확인해야 한다.

Q2   소문으로 오는 환자가 많은가 적은가?

Q2-1   좋은 소문이 있다면 그 내용과 출처를 구체적으로 확인해 봤는가?

Q2-2   소문이 좋지 않다면 그 이유를 확인해 봤는가?

Q3   광고로 오는 환자가 많은가? 적은가?

> **온라인**
> 키워드 광고, 블로그, SNS, Youtube, 플레이스 광고, 기사 광고, 배너 광고, 카페 광고 등
>
> **오프라인**
> 버스, 택시, 지하철, 전광판, 간판(광고용), B to B, 출판, 강의, TV 출연 등

> 여러 마케팅 툴 중에서 우리 병원이 진행하고 있는 것을 나열하고 진행 중이라면 매출로 연결되고 있는지를 객관

적으로 확인해 봐야 한다.

진행하고 있는데도 효과가 없다면 혹시 내용에 임팩트가 없는지, 우리 병원과 맞는 광고인지, 내가 선택한 마케팅 툴 자체가 즉각적인 효과를 기대하기 어려운 즉, 시간을 필요로 하는 것인지를 확인해 봐야 한다. 시기에 따라서, 상황에 따라서 좋은 광고도 효과가 없을 수 있기에 꼼꼼한 점검이 필요하다. 특히 광고를 소극적으로 진행하고 있거나 아니면 너무 광고에만 의존하고 있는 것은 아닌지도 확인해 봐야 한다.

Q4   가까워서 오는 환자가 많은가 적은가?

> 물론 유동 인구가 많거나 그 지역에 동종 병원이 적을 경우 병원 경영에 상당히 유리하게 작용할 수 있다. 이미 정해진 자리를 탓하라는 것이 아니라 더 꼼꼼한 관리가 필요하다는 것이다.
>
> 외부 단계에서 체크할 때는 우리 병원 간판이 잘 보이는가? 저녁에 간판 조명이 잘 들어오는가? 병원 입구가 눈에 띄지 않거나 지저분하지는 않은가? 건물 내 다른 병원들과의 관계(연계)는 좋은가? 주변 지역에 온라인이든 오프라인이든 노출이 잘되어 있는가? 주변에서 혹시 우리 병원의 나쁜 소문이 존재하는가? 등을 확인해 봐야 한다. 오너의 시각이 아닌 환자의 시각으로 모든 것을 판단하는 것이 중요하다.

내부 체크하기

내부는 접수 및 대기, 초진, 상담 3파트로 구분할 수 있다.

[접수 및 대기]

Q1   환자 내원시 멘트 및 접수 양식이 잘 되어 있는가?
친절하게 멘트를 잘 하고 있는가?

Q2   접수 양식이 너무 복잡하거나 질문이 단답형만을
요구하고 있는 것은 아닌가?

Q2-1   접수 담당자가 설명과 질문을 적극적으로 하고 있는가?

Q3   대기 공간은 환자가 편안하게 대기할 수 있는 환경인가?
불편하거나 보충할 것은 없는가?

Q4   대기 공간에 병원의 PR 자료들을 적절히 잘 배치했는가?
(내용과 위치, 종류 등)

[초진]

초진 환자의 응대는 무엇보다도 중요하다. 첫 검진 후 환자가 바로 치료를 받을 것인지, 당일은 치료를 미루더라도 나중에 그 병원에서 치료를 받을 것인지, 구환으로 재 내원하여 치료를 받을 것인지를 결정하게 되는 신뢰감 형성은 초진에서 어느 정도 정해지기 때문이다. 그래서 첫인상을 좋게 하는 방법들을 끊임없이 생각해야 한다.

Q1   환자의 불편 사항이나 요구하는 바 등을 정확히
기록하고 있는가?

Q2   의료진이 환자에게 또는 환자가 의료진에게
     집중할 수 있는 환경에서 초진을 보는가?
Q3   환자들이 신뢰할 수 있는 초진 시스템이
     형성되어 있는가? (물적 증거, 동선 등)
Q4   환자를 진단할 때 의사 또는 직원의 멘트가
     신뢰와 공감을 일으키기에 충분한가?
Q5   당일에 진료와 연결될 수 있는 원활한 시스템이
     뒷받침되어 있는가?
Q6   초진 환자의 질문에 대한 답변의 시간이 충분하거나
     그렇지 않으면 보충할 수 있는 시스템이 되어있는가?

[상담]

Q1   우리 병원이 추구하는 상담 목적은 단순 비용 상담인지,
     환자의 치료에 대한 구체적인 상담인지 구별되는가?
Q2   상담 시간이 너무 짧거나 길지 않은가?
Q3   의사의 의견을 상담직원이 이해하기 쉽도록
     잘 전달하고 있는가?
>   진료과목에 따라 다르지만 의사와 직원의 상담 시간에
     대한 비율이 적절한지 확인해 봐야 한다.
Q4   타 병원과의 차별성을 얼마나 가지고 있고,
     어떻게 강조/설명하고 있는가?
Q5   상담 자료는 충분한가?
Q6   소개, 지인 등 할인의 폭은 명확한 기준이 있는가?

Q7   최소한으로 가능한 치료 계획이 상담직원에게
     전달되는가? (Drop비율 감소)

Q8   상담한 직원의 환자 동의율을 지속적으로
     체크하고 있는가?

[진료실 체크하기]

진료실에서는 환자와 병원 두 가지 입장을 따로 펼쳐놓고 생각해 봐야 한다. 병원은 원활한 운영, 효율적인 운영이 뒷받침되어야 하고, 환자는 초진을 보고 치료를 하겠다고 선택한 자신의 마음(신뢰)이 틀리지 않았음을 다시 한번 확인하는 것이기 때문이다.

Q1   환자들이 예약한 시간에 치료를 받을 수 있는
     시스템이 되어 있는가?

Q2   진료 중 통증이 있거나 두려움이 앞서는 환자를 위한
     방법을 고민하거나 적절한 멘트를 하고 있는가?

Q3   환자들에게 그날 치료할 사항에 대해서
     미리 간략하게 설명을 하고 있는가?

Q4   치료 기구, 장비 등의 청결함을 환자가 충분히 알 수 있는
     시스템이 갖춰져 있는가?

Q5   치료 전, 환자와의 아이컨택(eye contact)과
     인사(스몰토크 등)를 시행하고 있는가?

Q6   진료 중 특이사항이 발생했을 때 대처하는 방법 등이
     매뉴얼화 또는 교육이 되어 있는가?

Q7   치료 중 환자의 프라이버시가 잘 지켜지고 있는가?
Q8   진료실에서 하는 설명과 데스크 매니저가 하는
     설명이 일치하는가?

[Relation 체크하기]

이 단계는 우리 병원에서 치료받은 환자에 대한 관심을 표현하여 지속적인 관계를 이어 나가게 하는 방법이다. 두려움과 통증을 견디며 치료를 받았는데 병원이 환자에게 한 번 더 관심을 보이는 행위를 하였을 경우 사람의 마음은 끌릴 수밖에 없는 것은 물론, 더욱더 신뢰가 가게 된다.

Q1   치료 완료 후 주의 사항에 대한 설명과 피드백을
     잘 진행하고 있는가?
Q2   정기적으로 병원의 소식을 알리고 있는가?
Q3   정기 검사 등 재 내원에 대한 일정을
     잘 관리하고 있는가?
Q4   다른 환자를 소개해 줬을 경우
     감사의 인사를 하고 있는가?
Q4-1 하고 있다면 그 방법이 충분히 환자에게 감사함을
     전달할 수 있는 방법인가? 병원 입장에서도 합리적인가?

이렇게 동선별로 각각의 체크포인트를 작성해 보았다. 이 체크포인트는 병원마다, 진료과목마다 조금씩 다를 수 있지만 본질은

모두 동일하기에 각자의 상황에 맞게 변형하여 사용할 수 있다.

　병원의 모든 부분을 인수분해 해보면 막연하게 어렵거나 복잡하다고만 생각했던 것들이 아주 구체적으로 보이기 시작하고, 내가 무엇을 어떻게 수정하거나 보충해야 할지 힌트를 얻을 수 있게 될 것이다. 비록 부족한 것이 많을 수도, 진행할 여건이 어려울 수도 있지만 중요한 것은 내 병원을 제대로 파악하기 위해서는 냉정하고 상세하게 체크해 봐야 한다는 것이다. 지금 당장 할 수 있는 작은 것 하나라도 시작해보는 결단이 필요하다.

세분화의 마법

　'요즘 어떤 치료를 하면 돈이 된다더라'라는 말을 듣고, '그러면 나도 한번 해볼까?' 정도에서 시작하는 경우가 많다. 물론 시기와 상황이 잘 맞아서 목표를 이룰 수도 있지만 그렇지 못한 경우가 상당히 많다. 시간이 지나고 나면 구색을 갖추는 정도로 유지된다. 타 병원과의 특별한 차별성을 가지지 못하고 나의 목표조차도 분명하지 않는데 어떻게 경쟁에서 이길 수 있다는 말인가?

　환자의 입장에서 생각해 보라. 검색 등을 통해 찾은 병원이 얼마나 전문적인지, 얼마나 믿음이 가는지 꼼꼼하게 확인하고, 해당 진료에 대한 지식도 쌓는다. 막상 병원에 방문해 보니 생각했던 것보다 그저 그렇다면 환자는 비싼 치료비를 지불하려고 하겠는가?

십수 년간 병원을 경영하면서 느낀 것은 새로운 시도를 할 때 많은 병원이 목표를 설정하는 것부터 구체적인 방법을 정리해 나가는 기본적인 과정을 제대로 하지 못한다는 것이다. 병원 경영에 있어 환자를 관리하는 시스템, 직원을 관리하는 시스템 등을 새로 만들기 위해서는 '세분화'라는 단어를 필수적으로 되뇌어야 한다. 세분화는 막연한 생각을 구체화해 줄 뿐만 아니라, 복잡하고 어려운 문제를 쉽게 다가갈 수 있도록 만드는 마법의 단어이다.

예를 들어 우리 병원에서 보험 진료 이외에 특정 비보험 진료를 활성화하고 싶다고 가정해 보자. 보험 적용이 되지 않아 비용은 다소 높지만 환자들에게 이 치료가 정말 효과가 좋고, 회복도 빠르다는 것을 알리고 싶다. 이는 곧 매출 상승의 결과를 예상할 수 있다. 그런데 막상 시행하려고 하니 도대체 어디서부터 어떻게 시작해야 할지 막막하기만 하다. 홈페이지를 통해 내용을 홍보하고, 병원 내부에 배너도 설치하면 될 것 같은데 그 내용 또한 어떻게 해야 될지 고민이 된다. 이때가 사고를 단순하고 명확하게 만들어주는 세분화의 마법을 부릴 때이다.

지금부터 목표를 정하고 그것을 세분화를 하는 방법을 기술해 보겠다.

목표
강화하고자 하는 비보험 진료를 월 ㅇㅇ건(ㅇㅇ명) 하겠다

적용 대상
ㅇㅇ부분이 불편한 환자

적용 수가
ㅇㅇ만원

적용 근거
ㅇㅇ 논문과 증례보고에 의거하여 치료 효과가 탁월하고, 회복이 빠르다

적용 범위
ㅇㅇ환자 중 통증이 중증도 이거나 과거 기타 다른 시술을 받은 경험이 있는 환자

차별성
유사한 진료를 하고 있는 다른 병원과의 차별성을 위해서 갖추어야 할 것

연계 진료
현재 진행하고 있는 다른 진료와의 연계성을 강화하는 계획

상담 직원
ㅇㅇ실장

마케팅 툴
홈페이지, 내부 광고, 문자(카톡),
온라인 광고(키워드, 배너, 블로그, sns 등), 기사 광고

직원 교육
전 직원 대상 세미나 개최 및 상담직원 집중 교육

진료 시스템
환자 상담부터 수술 후 회복관리까지의 동선 계획

필요 물품
진행할 때 필요한 장비, 기구, 재료, 설명 자료 등

내가 특정 치료를 강화하고 싶을 때 단순히 많이 하면 "매출이 오르겠구나~"라고만 생각하면 안 된다. 물론 매출 상승에 대한 기대는 당연한 것이지만 모든 것은 환자의 입장에서 도움이 되는 것인지를 먼저 생각해야 하고, 모든 시스템은 환자의 입장에서 생각하여 문제를 세분화해야 한다. 위에 나열한 방법은 아주 기본적인 것이다. 세분화의 목표는 환자의 입장에서 치료와 동선을 생각하고, 직원의 입장에서 파트별 업무를 나누면서 의미를 부여하고, 환자와 직원 양쪽 입장에서 서로 납득할 수 있는 방법을 찾는 것이다.
지금은 이 모든 것이 어렵게 느껴질 수 있지만 한 번만 해보고 나

면 당장 실행할 수 있는 부분을 찾을 수 있기 때문에 세분화하지 않고 진행했을 때보다 훨씬 더 빠른 결과를 낼 수 있다. 그리고 부분별로 이렇게 구체적이고 상세한 준비를 하는 이유가 있다. 어느 병원이든지 시작하자마자 대박이 터지는 곳은 없다. 치료 비용을 말도 안 될 정도로 덤핑을 하든지, 원장 본인이 대한민국에서 이름을 날릴만한 사람이던지, 그 치료를 하는 병원이 거의 없든지 하는 이유 말고는 말이다.

이런 현실에서 타깃층을 세분화하고 그 타깃층에 맞춤형 진료를 진행한다면 경쟁이 덜한 부분에서부터 성장을 이룰 수 있다. 광고 비용도 저렴할 뿐만 아니라 세분화된 검색어(검색량이 낮은 검색어)를 검색한 사람은 실제 방문율이 높기 때문에 상세한 분류가 진행되어야 한다. 이렇게 병원을 방문하여 고객이 만족하면 점차 영역을 넓히고, 인지도를 높일 수 있다. 또한 타깃층이 적다는 것은 반대로 그런 사람들이 모일만한 사이트 공략에 집중할 수 있다는 장점도 있다.

그리고 이렇게 세분화 과정을 진행하다 보면 진료면 진료, 마케팅이면 마케팅 모든 영역에서 선택과 집중 그리고 만반의 준비를 하는 방법을 터득하게 된다. 일반 기업의 경영 전문가들은 사업을 진행하기에 앞서 사업계획서를 작성하는 것이 꼭 필요하다고 한다. 그것도 구체적으로 말이다. 이유는 작성 과정에서 앞으로 일어날 수 있는 고려해야 하는 많은 것들이 표면에 드러나게 되고 그럼으로써 조금 더 철저한 준비를 할 수 있기 때문이다. 이것은 사업을 시작할 때만을 이야기하는 것은 아니다. 필자는 이런 방법을 사업 진행 중에도 얼마든지 적용할 수 있다고 생각한다. 이런 세분화 기법은 진료 시스템뿐만 아니라 구환의 CRM(Customer Relationship Management)을 강화하는 것에도 상당히 유용하게 적용할 수 있다. 우리 병원을 방문한 환자와의 좋은 관계를 계속 지속시킬 방법도 좀 더 명확하고 구체적으로 계획해 나갈 수 있다.

이런 기법을 실행할 때 한 가지 팁이 있다면 어떤 목표를 직원들에게 전달할 때 대충 '이렇게 해봐라~'고 말하면 안 된다. 구체적으로 설명하고, 명확하게 영역을 지정해 주고, 직원의 참여를 유도해야 한다. 일방적인 지시가 아닌, 직원 스스로가 참여하고 함께 만든 시스템이라는 인식을 전달하는 것이 중요하다. 그래야 동상이몽 하지 않고, 하나의 목표를 향해 달려갈 수 있다.

어떤 목표를 정하고 그것을 실행하려고 할 때 어렵거나 복잡하다고만 생각하지 말고 위의 방법을 참고하여 문제를 세분화한다면 내가 당장 무엇을 해야 하는지, 어떤 것에 집중해야 하는지, 부족하거나 필요한 것은 무엇인지를 확인할 수 있다. 또한 나의 가치를 고객에게 충분히 어필할 수 있는 방법까지 찾을 수 있을 것이다. 다시 한번 말하지만 어렵지 않으니 꼭 진행해 보길 추천한다.

매출 증대의 첫걸음, 환자 데이터 수집과 분석

개원의가 늘어나면서 병원 간 경쟁은 날로 치열해지고 있다. 거기에다가 코로나 이후 시장 경기의 침체로 개원가는 더욱 어려움을 겪고 있다. 이런 시기에 개원의의 고민은 커져만 간다. 가성비 높은 마케팅이 무엇인지 정보를 찾기 위해 온라인에서든 오프라인에서든 고군분투한다. 그러나 막상 마케팅에 집중해 보려고 하면 인력과 비용의 문제에 부딪혀 진행할지, 말지 다시 한번 고민하게 된다.

이럴 때 컨설팅 업체와 컨택하거나 이메일 또는 전화로 전달되는 마케팅 회사 광고를 보고 연락을 해보기도 한다. 컨설팅이나 마케팅 업체와 일을 하게 되면 여러 가지 면에서 편하고 좋은 것은 맞다. 내가 신경 쓰지 않아도 알아서 해주니까 말이다.

하지만 그 이선에 명심해야 할 부분이 있다. 그것은 환자가 어떤 경로로 오는지를 파악해야 한다는 것이다. 우리 병원에 오는 환자가 광고로 왔는지 소개로 왔는지 정확한 경로를 알고 있어야 어떤 부분을 강화할지 결정을 내릴 수 있다. 온라인 마케팅에 의한 유입이 적다면 온라인 마케팅 전문 회사에 의뢰를 하면 된다. 반대로 소개환자가 적은데 블로그나 인스타 광고를 해주는 회사에 의뢰한다는 것은 앞뒤가 맞지 않는 결정이라고 볼 수 있다.

신규 환자를 분석하면 마케팅 분야에서 어떤 부분이 약한지, 강한지를 알 수 있게 되고 자연스럽게 타깃층이 좁혀지게 되므로 비용을 줄이고 효율은 높이는 전략을 취할 수 있다. 많은 대표원장에게 "자신의 병원에 방문하는 신규 환자가 주로 어떤 경로로 오는지 알고 있는가?"를 물어보면 대부분 알고 있다고 대답한다. 그러나 세부적으로 들어가면 대략적인 흐름 이외에는 정확한 수치를 기억하는 사람이 거의 없다. 병원의 매출은 매우 정확하게 기억하지만 말이다. 어느 정도 규모가 있거나 환자 분석의 중요성을 알고 있는 사람은 이미 진행하고 있을 것이다. 하지만 규모가 작은 1차 의료 기관은 어떻게 분석하는지, 그 자료를 어떻게 활용하는지 잘 모르는 경우가 많다.

개원의에게 필수인 환자 내원 경로 데이터 수집 및 분석 방법에 대해서 알아보자.

신규 환자의 내원 경로 4 분류에 따른 분석

· 소개   · 소문   · 마케팅   · 지역 및 기타

1. 소개로 방문한 환자의 분석

소개 환자는 순수 환자 소개와 직원 소개로 나누어 볼 수 있다. 기존 환자가 가족이나 지인들을 소개하는 경우는 우리 병원에 만

족했음을 보여주는 수치이며 다음 재방문이 유력하다는 것을 나타낸다. 일반적으로 개원한 지 5~7년 이상 지났을 때 소개 환자 비율이 총 내원 환자의 50% 정도라면 꽤 괜찮은 성적이라고 판단한다 (물론 과목 또는 병원의 특성에 따라서 편차는 있다). 반대로 그 이하라면 환자들에게 신뢰를 주지 못하는 원인에 대해서 깊이 고민해 봐야 한다. 치료 비용이 부담스러운지, 불친절한지, 치료 결과가 만족스럽지 않은지 등 분명한 이유가 있을 것이다. 여러 경로 중에서 구환을 통한 소개의 비율이 가장 중요하며, 이 수치가 높으면 안정적인 성장을 이루어 낼 확률이 높다.

그리고 직원 소개 비율도 확인해 보자. 직원 소개는 직원의 수와 구성에 따라 결과가 많이 다르기 때문에 정해진 비율이 없다. 비율이 아니라 방문 환자의 수로 판단하고 분기별 증감률을 잘 살펴보아야 한다. 우리 병원에 직원 소개가 많다면 원장의 실력을 믿거나 직원들의 애사심이 높다고 할 수 있다. 반대로 직원 소개가 거의 없다면 원장의 실력을 의심하거나(치료 결과, 비양심 진료 등) 지인 할인율이 낮고 애사심이 없는 경우일 것이다. 특히 직원은 병원에서 가장 중요한 스피커이기에 직원들 사이에서 병원에 대한 안 좋은 소문이 시작되면 나중에는 걷잡을 수 없이 커지는 경우가 많아서 미리 대비해야만 한다.

2. 소문으로 방문한 환자의 분석

우리 병원이 좋다, 잘해준다는 소문으로 온 환자의 비율이 높다는 것은 참 감사한 일이다. 환자들 사이에서 바이럴 되고 있다는 것이므로 분명 좋은 일이다. 좋은 소문의 시초가 어디인지 정확하게 알 수는 없지만 최대한 경로를 알아봐야 한다. 어느 지역, 어떤 아파트에서 왔는지가 데이터화되면 그 지역을 중심으로 마케팅을 강화할 수도 있다. 데이터를 분석할 때 소문으로 온 환자는 소개로 온 환자와 통합해서 고려해도 무방하다.

3. 마케팅으로 방문한 환자의 분석

마케팅으로 방문한 환자는 3가지로 분류할 수 있다.

- 온라인(블로그, 인스타, 검색 등) 광고
- 오프라인 광고
- B to B(제휴)

마케팅을 통해 유입된 환자의 비율이 중요한 이유는 진행하고 있는 광고의 효율성을 확인하는 기준이 될 수 있기 때문이다. 만약 인스타 광고를 진행하고 있는데 플랫폼 자체에서는 반응이 좋으나 실제 환자로 연결되지 못하는 경우에는 내용 또는 경로에 문제가 있는지 확인해 봐야 한다. 그리고 실제 효과가 있으면 더욱 강화하거나 다른 플랫폼으로 영역을 확대하는 것도 고려할 수 있다. 블로그 또는 검색 광고 마찬가지이다. 오프라인 광고, B to B(제휴마케팅) 역시도 성과를 확인할 수 있다.

이처럼 마케팅을 통해 유입되는 비율은 진료과목, 병원 상황에 따라 다를 수 있지만 앞으로의 마케팅 방향성을 결정하는데 중요한 지표가 된다. 이 데이터를 대략 1년 정도만 수집해도 추후 우리 병원이 어떤 마케팅에 집중해야 하는지, 어디가 부족한지를 알 수 있다. 심지어 정밀하게 데이터를 수집하면 유입된 환자들 평균 객단가를 플랫폼마다 조사하여 가성비가 좋은 플랫폼을 선택하고 집중할 수 있게 된다. 어떤 병원은 B to B(제휴마케팅)를 잘하여 환자가 많이 방문한다고 할 때, 처음에는 환자가 늘어서 기쁘지만 치료비 할인을 계속해 줘야 하는 것 때문에 실제로 가성비가 떨어질 수도 있다. 이럴 경우 마케팅 유입 데이터가 있다면 다른 마케팅 채널로 옮기는 것이 좋을지 아닐지를 판단할 수 있다.

4. 지역 및 기타 분석

이 부분에서는 간판을 보거나 가까워서 또는 기타 지역과 관련된 환자들이 얼마나 왔는지를 알 수 있다. 만약 간판을 보고 온 환자가 거의 없으면 우리 병원의 간판이 눈에 띄지 않는 디자인이거나, 가로수 등에 가려졌거나, 야간에 조명이 켜지지 않는 문제 등으로 생각할 수도 있다. 실제로 간판 보고 온다는 환자가 거의 없을 수도 있지만 어르신들에게는 아직도 간판이 주는 영향력이 있다.

그리고 병원의 위치가 메디컬센터 내에 있거나 병원들이 밀집해 있는 곳에 위치해 있다면 '다른 병원에 들렸다가'와 같은 항목을 추가하는 것이 좋다. 왜냐하면 주변 병원을 관리할 수 있는 즉, 마케팅 타깃 영역을 늘릴 수 있기 때문이다.

필자의 경우 주변 다른 병원에 가서 "병원에 오시는 환자분들 중에 이 병원에 다니는 분들이 많으셔서 한번 찾아뵙고 싶었습니다. 혹시 저희 병원을 추천해 주셨는가요?" 하고 먼저 인사를 건다. 대부분 "아니요"라는 대답을 할 것이다. 하지만 감사의 인사를 드리고 "만약 우리 병원의 환자분들이 물어보시면 이 병원을 추천해 드리겠습니다. 실례가 안 된다면 저희 브로슈어를 여기에 비치해 주실 수 있겠습니까?"라고 말하기도 했다. 대부분은 필자에게 호의적이었다. 상대를 칭찬하는데 나쁘게 대하는 사람은 거의 없다. 데이터 하나만 가지고도 이렇게 활용할 수 있다.

만약 지역적인 부분의 방문 비율이 떨어진다면 마케팅 파트에서 언급했듯이 가장 가까운 지역부터 먼저 광고를 해야 한다. 온라인 부분에서는 네이버 플레이스 광고를 상위 노출하도록 노력해야 한다. 같은 데이터를 가지고 어떻게 적용하느냐에 따라서 결과는 많이 달라질 수 있다.

세부적인 데이터 수집 및 분석

환자의 방문 경로만 가지고도 대략적인 방향성을 설정할 수 있다. 그러나 조금 더 세부적인 자료가 있다면 더욱 디테일한 타깃을 설정할 수 있으며 마케팅을 할 때에도 세부 타깃을 위한 방법을 추진할 수 있다.

추가적인 데이터를 이용한 분석에는 다음의 3가지가 있다.

· 연령별 분석   · 지역별 분석   · C/C별 분석

1. 첫번째는 연령별 분석이다.

연령별 데이터를 꾸준히 수집하다 보면 대략적인 연령별 방문 추세가 확인된다. 평소 30~40대가 주로 방문하였는데 50대 방문자를 늘려야겠다는 생각이 늘면 블로그 등의 내용도 50대들이 이해하기 쉽고 신뢰가 갈만한 내용으로 변경해서 포스팅할 수 있다. 이후 50대가 얼마나 오는지 확인한다면 성과가 객관적으로 측정된다.

연령별 분석을 해야 하는 이유는 한 가지가 더 있다. 대표원장과 이야기를 해보면 연령별 분포가 어떻게 되는지 잘 모르는 경우가 많다. 주로 많이 오는 연령대는 대략 알고 있지만 나머지 연령대의 방문율이 얼마나 되는지도 모르기도 한다. 한 치과에서 10대 환자는 거의 없다고 했는데, 실제로 조사해 보니 환자의 약 16% 정도였

다. 10대의 방문율이 높다는 것은 부모의 영향이 크며 그런 부모들의 니즈를 충족하기 위하여 10대를 위한 시스템 및 부모와 함께 검진을 받으면 혜택이 늘어나는 제도를 구성해 볼 수 있다. 이렇게 연령대별 데이터 수집은 우리 병원에 내원하는 연령대를 분석하여 맞춤형 광고를 진행할 수도 있기에 중요한 자료가 된다.

2. 두번째는 지역별 분석이다.

마케팅 파트에서도 언급했듯이 우리 병원의 환자가 주로 사는 지역이 어디인지 정확하게 알아야 한다. 거리상 가장 가까운 아파트에서 많이 오는지 아니면 주변 아파트에서 고르게 오는지 등을 알려면 무조건 지역별 분석을 해봐야만 한다. 가까운 아파트에서 많이 오지 않는다면 그 아파트부터 집중적으로 광고해야 한다.

이런 경우도 있다. 갑자기 주변 아파트에서 환자가 뚝 끊겼을 때 원인을 찾아보면 다른 병원에서 이미 집중 광고를 했거나 안 좋은 소문이 나서 오지 않는 경우가 있다. 지역 분석을 하지 않으면 알 수 없지 않겠는가? 지역 분석을 해야만 마케팅 타깃 지역이 분명해지고 수정 및 업그레이드가 가능하다.

3. 세번째는 C/C (Chief Complaint)별 분석이다.

병원에 방문하는 환자의 치료 목적을 알아야 한다. 예를 들어 치과에서는 임플란트, 충치, 교정, 사랑니 등 많은 영역이 있다. 만약 임플란트 하기 위해 방문하는 환자가 적을 경우 치료비가 비싼지, 임플란트를 전문적으로 하는 곳이 아니라는 인식이 있는 것인지 등을 생각할 수 있다. 결과적으로 우리 치과에 임플란트 환자를 유치하기 위해서 각종 마케팅 툴에서 임플란트 위주로 글을 쓰거나 광고를 하여야 할 것이다. 이후에 방문 환자의 C/C가 임플란트인 비율이 늘었다면 그 효과를 알 수 있는 것이다.

안과에서도 마찬가지이다. 단순 눈 질환인지, 백내장, 라식 등의 수술을 위해서 방문한 건지 그 비율을 알아야 하고 내가 원하는 분야의 환자수가 적다면 그곳에 마케팅을 집중해야 할 것이다. 절대 자신의 감을 믿지 말고 수치를 믿어야 한다.

구환 분석

병원을 한번 방문했던 구환은 자료분석에 소홀해지는 경향이 있다. 구환이 다른 환자를 소개하는 경우가 아니라면 말이다. 그런데 구환의 수는 병원 매출의 큰 축을 차지한다. 오래된 병원일수록 구환으로 먹고산다는 말도 있다. 개원한 지 5년 이상이 된 병원은 구환의 회귀율이 높아야만 한다. 만약 구환수가 신환수 대비 높지 않다면 원인을 꼼꼼하게 따져보아야 한다. CRM을 어떻게 운영해야 할지 고민하고 병원의 시스템을 수정해야 할 것이다.

기타 분석(상담)

병원의 여러 가지 데이터 중 매출과 직결되는 부분 중 하나는 상담과 관련된 것이다. 특히 비보험 진료를 주로 하는 병원인 경우 상담 건수, 상담 동의율에 관한 데이터는 너무나 중요하다. 이 데이터를 분석하기 위해서는 상담을 담당하는 직원이 매일 상담수와 동의율을 체크해야 한다. 동의율을 체크할 때에는 치료별로 나누어 수집하고 평균 비율을 확인해야 한다. 동의율이 떨어진 경우 상담자의 문제인지, 병원의 문제인지도 파악할 수 있고 또한 상담자의 긴장을 늦추지 않도록 하는 효과도 있다. 상담자가 2명 이상이라면 경쟁심도 유발시킬 수 있다. 그리고 이 데이터는 구환 데이터와 함께 묶어서 보는 것이 더욱 효과적이다.

[적극적인 데이터 수집]

지금까지 신환 및 구환의 데이터를 수집하는 것이 얼마나 중요한지 알아보았다. 그러나 실제로 적용하려고 하면 현실적으로 어렵다는 말을 많이 한다. 가장 큰 벽은 직원들의 반발인 경우가 대부분이다.

그렇기에 대표원장의 확고한 의지가 있어야 한다. "이렇게 조사해 봐~"라고만 전달하면 정확한 수집은 불가능하며 모두 귀찮아하기만 할 것이다. 앞으로 수집하는 정보는 병원 경영에 너무나 중요하다는 것을 직원에게 인식시키는 것이 가장 우선적으로 해야 할 일이다. 이 자료가 없으면 우리 병원은 망한다는 생각으로 적극적인 수집을 지시해야 한다. 시작이 어려워서 그렇지 막상 하면 한 달 내로 그 일은 그저 평범한 일이 될 것이다.

데이터를 수집하는 과정에서 아주 중요한 것이 하나 있다. 데이터는 정확성이 생명이다. 그런데 이런 자료를 환자들에게 주고 어떤 경로로 왔는지 체크만 하라고 하면 절대 정확한 답변을 기대할 수 없다. 체크를 했더라도 직원들이 다시 한번 질문하고 확인해야 한다. 예를 들어 구체적으로 "네이버로 검색해 보셨어요? 혹시 블로그를 보셨나요?"등 친절히 물어보면 대부분 답을 해준다.

또한 수집한 자료를 엑셀 등의 서식으로 만들어 항목 하나하나를 직원에게 설명해야 한다. 헷갈리거나 기준이 애매한 것은 원장과 직원이 의논해서 병원 실정에 맞는 자료로 동일하게 이해해야 데이터의 오류를 막을 수 있다. 그리고 데이터를 수집하면서 틀린 부분이 없는지 가끔 확인해야 한다. 사람은 누구나 실수를 하기 마련인데, 중간중간에 체크해 주지 않으면 부정확한 데이터가 기준이 될 수 있다. 특히 시행 초기에는 자주 피드백해 줘야 한다.

다음으로 데이터 수집을 시작한 후 매달 회의를 해야 한다. 대표원장 혼자만 보는 자료는 반쪽짜리에 불과하다. 직원 스스로 데이터의 중요성과 병원의 흐름에 공감해야 좋은 아이디어도 나올 수 있고, 긴장감도 함께 느낄 수 있다.

다만 회의에서 매출을 노출하지 않는 것이 좋다. 왜냐하면 매출이 기입되면 목표의 종착지가 결국 돈이 되기 때문이다. 환자의 중요성을 무의식에 새겨 넣으려면 오로지 환자에 대한 정보만 언급하는 노력이 필요하다. 분석 자료가 쌓이면 환자수, 동의율만 보더라도 매출을 유추해 낼 수 있는 능력이 생길 것이다.

잘 되는 병원, 잘 될 병원은 데이터가 얼마나 중요한지 확실히 알고 있다. 규모가 작은 병원일수록 데이터 기반이 아니라 대표원장의 감으로 운영하는 경우를 많이 보았다. 병원이 커질수록, 시간이 지날수록 이런 데이터의 가치는 더욱 높아지게 된다. 데이터를 수집하고, 분석하여 경영에 적용하는 병원은 분명 원하는 것을 다 이룰 수 있는 그런 병원이 될 것이다.

*간혹 전자 차트를 쓰는 병원에서 번거롭게 엑셀로 따로 자료를 수집할 필요가 있는지 물어보는 경우가 있다. 전자 차트 설정에서 이런 데이터를 모두 추출할 수 있다면 일부러 엑셀로 옮기지 않아도 된다. 다만 전자 차트에서 통계를 분석하는 것은 번거롭거나 한눈에 확인하기 어려울 수 있다. 엑셀을 이용하면 한눈에 보기도 편하기도 하고, 나중에 그래프로도 쉽게 변환이 가능하다. 특히 부수적인 효과가 있는데 직원들이 매일 일일이 기입을 하면서 병원의 흐름을 다 함께 공감하고 통계적 수치를 이용한 피드백 받기도 용이하기 때문에 엑셀을 추천한다.

손뼉도 마주쳐야 소리가 난다

축구에서 가장 중요한 것은 팀워크이다. 아무리 뛰어난 공격수가 있어도 미드필더, 윙 포워드, 수비수, 골키퍼와 손발이 맞지 않으면 골은 몇 번 넣을 수 있어도 우승은 불가능하다는 사실을 모두가 알고 있다. 한 선수의 기량이 뛰어나다는 것은 분명히 강점이 되지만 공을 받아줄 선수도, 띄워줄 선수도 없다면 슛을 쏠 기회조차 없을 것이다.

병원 경영도 마찬가지이다. 아무리 뛰어난 원장이 있어도 직원들이 따라주지 않으면 환자가 넘쳐나는 병원이 되기는 어려워진다. 우리나라에 하나밖에 없는 특수분야의 병원, 우리 지역 단 하나의 병원, 특정 질환을 유일하게 치료할 수 있는 병원이 아니라면 말이다.

한 설문에 따르면 환자가 병원을 선택할 때 고려하는 가장 중요한 요소 중 하나는 바로 의사의 실력이다. 병원의 직원들이 아무리 불친절하더라도 의사의 실력이 좋다면 가는 사람이 분명히 존재한다. 하지만 그것도 한순간이지 영원히 잘 되는 경우는 없다. 마치 뛰어난 선수 한 명에 의존하는 축구팀이 우승하는 일이 없는 것처럼 말이다.

내 병원이 세상의 유일한 병원, 최고의 실력을 자랑하는 병원이 되는 것은 사실 극소수만이 누리는 특권이라고 볼 정도로 가능성이 희박하다. 따라서 우리 병원의 성공을 위해서는 의사의 입장에서 보편적인 진료 수준이라는 가정하에 환자에게 감동을 전달해야 한다. 환자에게 전달하는 감동을 바꾸어 말하면 '나를 잘 챙겨주는 병원', '치료를 잘하는 병원'이라는 인식을 전달하는 것과 같다고 할 수 있다. 이러한 감동을 의사 혼자 전달하려고 노력하는 것은 의미가 없다. 의사와 직원 모두가 하나로 움직여야 한다.

　전통 경제학은 인간은 항상 자기 이익을 위해 합리적으로 행동한다는 것을 전제로 한다. 그래서 치료를 잘하는 병원과 친절한 병원, 같은 치료라도 비용(수가)이 저렴한 병원 등 모든 부분을 객관화해서 합리적으로 판단할 것이라고 생각한다. 반대로 행동경제학 측면에서 인간은 각자의 가치관대로 행동하고 때로는 비합리적인 의사결정도 합리적이라고 판단한다. 병원에 내원하는 환자는 행동경제학의 개념으로 설명될 수 있다.

　진료를 하는 의사가 친절하고, 상세하게 설명을 해줄 경우 다른 병원보다 치료를 잘하고 나를 위해서 정성 어린 진료를 약속한 것 같은 느낌을 받는다. 심지어 비용이 조금 비싸더라도 충분한 가치가 있다고 인식하기 때문에 치료비가 선택 기준 1순위가 아니게 된다. 이것은 무엇을 의미할까? 병원 내에서 의료진과 환자에게 전달되는 작은 멘트 하나도 이런 인간의 본능을 이해하고 철저히 분석하여 적용해야 한다는 것이다.

　현실에서 멘트를 어떻게 적용하는지, 이런 멘트를 어떻게 시스템에 녹여내는지 실제 치과에서 적용한 사례를 소개해 보겠다.

　치과에 어떤 환자가 다른 환자의 소개로 병원에 방문하였다. 살펴보니 어금니에 충치가 몇 군데 있었고, 잇몸도 조금 부어 있었다. 그래서 스케일링과 충치 치료를 하기로 했다. 먼저 스케일링을 진행하였는데 생각보다 구강상태가 좋지 않아 평소보다 다소 많은 시간이 소요되었다. 환자는 스케일링을 오랫동안 받지 않았었고 평소 관리 상태도 양호하지 않아 잇몸이 많이 부어있는 상태였다. 스케일링 도중 부은 잇몸에서 출혈이 일어났고 이후 치아가 시큰거린다고 컴플레인을 하였다.

진료실 직원은 평소 스케일링을 자주 하지 않아 치석이 많았고, 꼼꼼하게 제거를 하다 보니 불편함이 생길 수밖에 없다고 친절히 말씀드렸다. 그 말을 들은 환자는 "내가 잘한다고 소개받고 일부러 멀리서 왔는데 이게 무슨 짓이냐? 아프게만 하고, 내가 잇몸이 더럽다고 말하고… 다시는 안 오겠다!"라고 화를 냈다.

이 상황에서 과연 누구에게 잘못이 있는 것일까? 진료실 스텝은 다른 환자보다 더 꼼꼼하게 치료하기 위해서 노력했고, 환자에게도 친절하게 멘트를 했다. 하지만 환자도 나름대로 근거 있는 주장을 한 것이다. 병원의 입장에서는 환자가 이상한 것이고, 환자의 입장에서는 병원이 잘못한 것이다. 그래서 필자는 모든 부분을 검토하고 시스템을 다시 수정하였다.

먼저 소개환자가 방문하였을 때, 접수할 때부터 "아~ OOO님 소개이시군요. 감사합니다. 원장님께도 꼭 말씀드리고 끝까지 잘 치료해 드리겠습니다"라고 멘트를 하라고 알려주었다. 그리고 처음 의사와 만났을 때 차트에 기록된 '소개환자'라는 부분을 현재보다 눈에 띄게 표시했으며 의사가 접수하는 직원과 똑같은 맥락의 멘트를 한 번 더 할 수 있도록 요청하였다. 그리고 스케일링을 할 때 종전의 환자와 같이 치석이 많고, 치료 경험이 적은 사람들에게는 스케일링을 당일에 끝내지 말고 2회에 나눠서 진행하는 것이 좋을 것 같다는 의견을 내었다. 덧붙여 의사는 그런 환자에 대한 진단을 할 때 차트에 '스케일링 2회'라는 내용을 명시해 두기로 하고 진료실 스텝이 그 내용을 확인하면 2회에 나눠서 진행하라고 알려주었다. "OOO님, 원장님께서 선생님 스케일링을 꼼꼼하게 부탁한다고 말씀해 주셨습니다. 그래서 예전에 받아보신 스케일링과 다르게 2회에 나눠서 아주 깨끗하게 최대한 불편하지 않도록 진행할 예정입니다. 너무 긴장하지 마시고 진료에 적극적으로 협조해 주시기 바랍니다"라는 멘트도 덧붙여서 진행하였다. 진료가 끝난 후 수납을 하고 나갈 때에도 매니저가 '소개환자 부분'과 '원장의 추가 지시사항'에 대한 것을 한 번 더 언급하기로 하였다.

이렇게 치료를 받고 나간 환자의 기분은 어땠을까? 너무나 당연하게 기분이 좋은 것을 넘어서 감동을 받았을 것이다. 환자는 대접받는 기분이 들어서 좋고, 치료를 2회에 나눠서 불편함이 줄어서 좋고, 꼼꼼하게 치료를 받았다는 생각에 더욱 기쁜 마음으로 집으로 향했을 것이다.

치과 입장에서도 마찬가지이다. 컴플레인이 줄어서 좋고, 체어

타임이 줄어서 좋고, 환자가 기뻐하며 돌아섰기에 좋은 기억으로 다시 내원할 것 같아서 좋은 것이다.

위에서 언급한 사례를 행동경제학을 바탕으로 말해보자면 그 환자는 단순히 기분이 좋은 것에서 끝나지 않는다. 그 환자는 간단한 스케일링 하나로 만족감을 얻고 충치 치료에서 임플란트까지 모든 진료를 잘하는 치과로 기억하며 치과 내 모든 사람들에게 신뢰가 생겼을 것이다. 전통 경제학에서 말하는 '인간은 자신의 이익을 위해서 합리적으로 판단한다'는 개념이 무너지는 순간이 바로 이런 것이다.

한 사람이 잘한다고, 한 파트에서 잘한다고 모든 것이 잘될 수 없다. 손뼉도 마주쳐야 소리가 나듯이 각 파트에서 다음 파트로 이동할 때 잘 맞물리는 기어처럼 돌아간다면 한 사람이 잘했을 때보다 몇 배의 효과를 보장할 수 있다.

많은 병원에서 멘트를 어떻게 할까를 고민할 때 당장 그 멘트 하나에 집중하기보다는 이것을 어떻게 유연하게 연결할 수 있을까를 생각해야 한다. 행동경제학에서의 개념은 진료 시스템, 상담 시스템, 심지어 협력 업체와의 관계에까지 어떤 영역을 막론하고 모두 적용될 수 있기에 상당히 중요한 것임을 기억하고 적극적으로 활용해 볼 것을 추천한다.

진료시스템도 전략이 필요하다

모든 병원은 진료 시스템이 존재한다. 대형 병원은 대형 병원만의 시스템이 있고, 동네 로컬 병원은 그 병원만의 진료 시스템이 있다. 환자가 병원에 방문하면 접수를 하고 대기하다가 초진을 보고, 상담 또는 설명을 들은 후 치료를 받고 결제하는 시스템이 일반적이다.

진료 시스템은 이러한 동선에 따른 순서에만 한정된 것이 아니다. 환자가 어떤 통증 때문에 병원을 방문하였다면 그 통증에 대한 치료를 어떻게 할 것인지만 생각하는 것이 아니라 발병 원인을 파악하여 치료 후 재활이나 관리 등에 대한 방법까지도 효율적으로 시스템화하여 묶을 것인지까지 고려해야 한다.

많은 병원들은 마케팅이 잘되면 성공 가능성이 높다고 생각하여 환자를 병원으로 유입되게 만드는 Step 1에 집중하는 경향이 있다. Step 1을 관리하는 외부 마케팅은 너무나 중요한 요소이며, 마케팅을 하지 않으면 신환을 확보할 수 없는 것은 당연하다. 그런데 어렵게 유입시킨 신환이 내 병원에 재방문하지 않는다면 얼마나 안타까운 일인가? 그리고 환자가 자신의 C/C만 해결하고 끝낸다면 의사로서, 경영자로서 아쉬운 마음이 들 수 있다.

병원의 매출을 올리는 방법 중 하나는 환자 수가 증가하거나, 객단가가 높아지는 것이다. 환자 수가 늘어나려면 신환이 증가하거나 구환이 증가해야 하고, 객단가를 높이려면 환자들에게 더 많은 정보와 기회를 제공하는 '전략적 시스템'이 있어야 한다. 내 병원에 온 환자에게 치료를 잘 해주는 것은 디폴트 값이고 치료가 끝난 후 유지 관리의 가치와 그 방법을 전달하여 연계 진료의 합리성을 인식시켜야 한다. 이것을 시스템화하여 '아~이 병원은 제대로, 끝까지 관리해 주네'라는 인식을 가지게 만들어야 한다.

예를 들어 치과에 환자가 음식을 씹을 때 통증이 있어서 내원했다고 가정하자. 일반적인 경우, x-ray 촬영 후 치과의사가 구강 내를 체크하고 치아의 크랙(crack)으로 인한 통증 발생으로 진단할 수 있다. 진단에 따라 크라운(보철) 치료를 해야겠다고 말했다. 그리고 치료가 끝난 후 환자는 집으로 돌아가는 시스템이다.

이런 시스템을 업그레이드해보자. 치아에 크랙이 간 것이 환자의 주요 C/C이다. 크랙이 생기는 원인은 과도한 교합력, 이갈이 등 여러 가지가 있다. 크라운(보철) 치료를 하는 것은 당연한 치료 술식이다. 이때 환자에게 크랙의 원인은 여러 가지가 있으나 이 경우는 교합력이 강하고 잠잘 때 이를 가는 습관 때문에 발생한 것으로 판단되니 이갈이 방지 장치를 제작하여 추후 지금처럼 치아가 깨지거나 금이 가는 현상을 최대한 줄여보자고 말할 수 있다. 또한 턱관절 근육의 과도한 힘을 줄여줄 수 있는 보톡스 치료를 권유할 수도 있다. 이렇게 예방과 관리까지 제시하는 진료 시스템은 환자와 병원 간의 윈-윈(Win-Win) 전략이 된다.

아픈 곳을 치료하는 1차적 시스템에 더해 유지, 관리와 더불어 다른 치료까지 자연스럽게 연결시킬 수 있는 시스템을 만든다면 병원과 환자 모두가 만족할 수 있다. 물론, 유지 및 관리, 예방을 위해 필요한 치료가 아니라 오로지 객단가를 높이는 것에 치중한 시스템을 만든다면 병원은 결코 오래갈 수 없다. 이러한 연계 치료 시스템은 어떤 진료과목이라도 해당하기 때문에 각자 가장 알맞은 연결 치료를 고민해 봐야 한다.

그리고 앞서 설명했듯이 이런 진료 시스템은 환자에게 신뢰감을 줄 수 있는 병원의 이미지메이킹에 큰 영향을 미친다. 환자가 병원을 방문하였을 때 자신의 불편한 부분에 대해서 설명하고 의사가 해결 방법을 제시하는 것은 똑같을 수 있지만, 그것의 원인과 치료 후 유지관리, 예방까지 제대로 설명해 준다면 환자들은 진료에 더 적극적일 뿐만 아니라 자신을 잘 관리해 준다는 생각을 할 가능성이 높아진다.

환자들이 좋은 병원을 언급할 때 "의사가 설명을 참 잘해준다"라는 말은 상당히 높은 수준의 칭찬으로 받아들여도 된다. 아직도 병원은 딱딱한 분위기라는 사회 인식이 깔려 있기 때문이다. 또한 환자들은 병원을 방문하는 순간부터 대부분 약자의 감정을 느끼기 때문에 친절한 설명과 환자를 진심으로 걱정해 주는 멘트, 편안한 시스템은 환자로 하여금 의료진을 자신의 보호자로 생각하게 하고 높은 안정감과 신뢰를 전달한다.

실제 환자에게 부가적인 설명을 하는데 소요되는 시간은 대부분 3분 이내에서 끝난다. 끊임없이 질문과 답변을 하지 않는다면 말이다. 아주 디테일한 이야기는 상담 직원들이 할 수 있으니 중요한 요점을 환자들에게 인식시키기에는 1~2분 정도면 충분하다.

이런 연계 시스템을 구축하는 하는 방법은 의외로 간단하다. 먼저 병원에서 하고 있는 치료를 질환별, 증상별로 나열하고 그것의 원인과 치료 방법을 기록한다. 그다음 현재 하고 있는 치료 방법에 관리의 영역에서 할 수 있는 방법을 추가한다. 관리의 영역은 환자 본인이 해야 하는 것이 있고, 병원에서 도와줄 수 있는 것이 있을 것이다.

환자 본인이 해야 하는 것은 직원에게 철저히 교육시켜 환자에게 상세히 알려줄 수 있도록 해야 한다. 데스크에 앉아서 간단하게 설명하는 것이 아니라 환자 본인에게 1:1 집중 관리하듯이, 마치 시스템화 되어 있는 듯한 느낌을 주도록 시간과 장소를 지정해서 진행하는 것이 좋다. 병원에서 도와줄 수 있는 영역은 먼저 보험 적용이 되는지 확인해 보고, 된다면 보험 기준에 맞게 진행하고, 안된다면 합리적인 비급여 수가를 적용해서 환자에게 제시하는 것이 좋다. (비급여 수가를 적용하기 위해서는 첫 상담에서 자세한 설명이 꼭 필요하다. 그래야 나중에 환자가 추가 비용에 대한 언급을 하더라도 거부감이 줄어든다.)

만약 좋은 취지이지만 병원 입장에서 돈이 안될 것 같아 포기하려는 경우가 있을 수 있는데 환자와의 끈을 이어간다는 생각으로 지속 가능한 시스템을 만든다면 결국 우리 병원에 도움이 될 것이다.

대부분의 개원의는 하루 종일 환자를 보는 것만으로도 정신없이 바빠서 자신이 하고 있는 일 이외의 생각을 할 여유가 없다. 그러다 환자가 줄어들고 시간적 여유가 생기면 오히려 걱정이 앞서서 머리는 더 복잡해진다. 이럴 때 병원 진료시스템 중 어떤 부분이 부족했는지, 어디를 업그레이드해야 추가적인 매출을 발생시킬 수 있는지 곰곰이 생각해 보아야 한다.

마케팅, 광고만이 정답은 아니다. 진짜는 내부부터 시작되어야 한다. 이런 생각의 전환은 앞으로 병원 경영을 함에 있어서 상당히 긍정적인 효과를 가져다줄 것이다.

Chapter 5
대표원장
자신이 만드는 매출

훌륭한 시스템을 가지고 있더라도 오너의 마인드가 무너지면 추락할 수밖에 없는 결과를 가져온다. 명심하라. 직원을 열심히 일하게 하고 싶은가? 그러면 오너의 마인드부터 바꿔라. 오너의 마인드가 만사다.

오너의 마인드가 만사다

'오너의 마인드가 만사다' 너무나 식상한 말이라고 생각하는가? 세상에 식상한 말은 차고 넘친다.

그런데 식상하다는 말은 너무나도 중요하고, 너무나도 당연한 진리이기에 강조에 강조를 하다 보니 그 부분을 잘 모르는 사람까지 알게 되었을 정도로 많이 회자되었다는 뜻이다. 처음 진리를 깨달은 자는 정답을 향해 가는 과정에서 필연적으로 나타나는 많은 시행착오와 내적 갈등, 현실 타협의 유혹을 물리치며 포기하지 않고 끊임없이 몰입하여 성공이라는 달콤한 열매를 얻을 수 있었을 것이다. 하지만 대부분의 사람들은 결과론적인 사고로 과정의 소중함과 본질을 이해하지 못하여 뻔한 이야기라고 치부하는 경우가 많다.

한번은 치과 컨설팅을 의뢰받았다. 그 치과는 상당히 큰 규모의 대형 치과였다. 일반 소형 치과처럼 치과의사 한 명이 여러 진료를 하는 것이 아니라 대학병원 시스템과 같이 전문 과목별로 진료 범위가 나눠져 있고, 담당의가 따로 배정되어 진료를 하는 곳이었다.

한때는 꽤 잘 나갔던 시절이 있었지만, 시간이 흘러 경쟁 치과가 늘어나고 공격적인 광고를 내세운 치과가 우후죽순 생기기 시작하면서 내리막길을 걷기 시작했다. 필자가 치과에서 여러 날을 보내며 하락 원인을 분석해 본 결과 몇 가지 문제점들이 발견되었다.

1. 홈페이지를 시작으로 온라인 광고 부분이 너무나 취약했다.

2. 과별 진료를 함에 있어서 내부의 연계 시스템이 원활하지 못했다.

3. CRM 시스템이 부족했다.

4. 대표의 의지가 꺾여 있었다.

이런 진단을 내리고 어디서부터 해결할지 고민하였다. 가장 중요한 문제와 시급한 문제를 정렬시키고 하나하나 개선해 나가기 시작했다. 이 중 필자가 가장 중요하게 생각한 것은 각 과별 대표원장들의 꺾인 의지를 다시 세우는 것이었다. 과거에 잘나가던 시절만을 회상하면서 참담한 현실에 한숨 쉬고, 다른 과 원장의 책임으로 떠넘기기 바빴다. 서로에 대한 신뢰는 떨어지고 대형 치과로써 장점을 잃은 지 오래였다.

그래서 모든 대표원장들을 모아놓고 문제점과 해결 방안을 설명하면서, 강제로 전체 회의 시간을 만들었다. 회의를 통해 얻고자 했던 최종 목표는 바람직한 과별 경쟁의식을 형성하고, 무너지고 있는 협진 체제를 고취시키기 위해 서로의 진단 과정과 결과를 공유하는 것이었다. 과별 연계시스템을 점수화해서 원활하게 이행했을 때 전 직원이 참여하는 회의의 시작은 선물과 함께 공을 치하하는 자리를 마련하였다. 물론 광고의 영역은 따로 진행하였다.

그 결과 과별로 부족한 부분과 잘하는 부분이 공유되어 서로 좋은 아이디어가 나오고, 부탁해야 하는 또는 부탁을 수용해야 하는 포인트를 확인할 수 있었으며 파트별 장점을 부각시킬 수 있는 방법이 눈에 띄게 늘어났다. 한 병원 내에서 서로가 이렇게 모르고 일했다는 것이 신기하다고 할 정도였다. 첫 몇 개월간의 분석과 세팅의 시간이 지나고 서서히 매출이 오르기 시작했다. 월 3억 원대의 매출이 3천, 5천 오르기 시작하면서 각 대표원장은 패배 의식에서 조금씩 벗어나는 듯한 느낌을 받았고 회의와 교육에 절대로 빠지는 일 없이 각자의 파트에서 혼신의 힘을 다하게 되었다.

원장의 마음이 바뀌면서 더 적극적으로 진료를 하게 되었고 병원의 분위기도 굉장히 밝아졌다. 그 결과 월 매출 약 3억 원대의 치과가 5.5억 원까지 오르게 되었다. 감격의 순간이었고, 필자도 그 기쁨을 맘껏 누렸다.

그런데 그 행복도 잠시였다. 그 치과의 일을 그만둔지 몇 개월 후 한 원장으로부터 내부의 분위기가 이상해지고 있다는 연락을 받았다. 매출이 많이 늘어서 분위기가 좋았는데, 원장 중 한 명이 그동안 열심히 일했더니 힘이 들고, 이제 안정화도 되었으니 1주일 중 하루를 더 쉬고 싶다는 이야기를 했다는 것이다. 처음에는 다른 원장들이 안 된다고 했지만, 환자를 조금 몰아서 잡으면 충분히 해낼 수 있다고 말했다는 것이다. 그러면서 다른 원장들의 불만이 생기기 시작했고 "그러면 나도 쉴래…", "우리 돌아가면서 쉬자~"로 결론이 났다는 것이다.

결국 그 치과의 매출은 줄어들게 되었다. 얼마나 안타까운 일인가? 아무리 시스템이 부족하더라도 대표가 잘 될 거라는 희망과 확신을 품고 열심히만 해도 병원은 어느 정도 성장한다.

반대로 훌륭한 시스템을 가지고 있더라도 오너의 마인드가 무너지면 추락할 수밖에 없는 결과를 가져온다. 명심하라. 직원을 열심히 일하게 하고 싶은가? 그러면 오너의 마인드부터 바꿔라.

오너의 마인드가 만사다.

사고(思考)의 시작은 어디서부터 출발해야 하나?

이 세상에는 수많은 기업이 존재한다. 대기업, 중소기업 등 규모와 종류에 따라 셀 수도 없을 만큼 많은 기업이 서로 경쟁하고 있다. 또 한편으로는 과학과 기술의 발전, 환경의 변화로 인하여 새로운 직업이 생겨나기도 하고 점차 역사의 뒤안길로 사라지기도 한다.

산업은 1차 산업에서 2차, 3차를 거쳐 지식산업에 이르는 4차 산업, 레저·취미·패션 산업인 5차 산업으로까지 분류된다. 이렇게 수많은 산업이 발전하면서 성장하는 기업은 소비자에게 무엇을 어필하고 있을까? 위대한 기업은 제품의 무엇을 중점적으로 기획하고 생산할까?

이런 문제를 언급하는 것이 병원 경영과 무슨 상관이냐고 반문할 수 있지만, 의료 서비스 역시 의료라는 하나의 분야로 수익을 창출하는 산업의 일부분이기에 그 맥을 같이 한다고 볼 수 있다. 단지 사람의 신체·생명과 직접적인 연관이 있기 때문에 더 존중받고, 더 고귀한 직종으로 인식하는 것이다.

모든 기업들은 상품을 판매한다. 그것이 물건이 될 수도 있고, 정보가 될 수도 있고, 서비스가 될 수도 있다. 상품을 판매하기 위해서는 소비자가 있어야 하며, 소비자가 상품을 많이 구매할수록 기업은 매출과 수익이 증가하게 된다는 사실을 우리 모두는 알고 있다.

결국 모든 기업은 고객 즉, 소비자가 중심이 되고 소비자의 니즈를 충족할 수 있는 상품을 제시해야 한다. 이는 좀 더 편리한 제품을 만들어야 된다는 의미가 아니다. 인간의 욕구와 심리적인 요소까지 깊이 접근해야 한다는 것이다.

우리가 알고 있는 기업의 예를 들어보자. 전 세계 대부분의 사람들이 알고 있는 슈퍼 기업 Apple은 '아이폰'이라는 혁신적인 제품을 세상에 내놓았다. 아이폰에 들어있는 기능은 사실 그 당시에 이미 기존에 있는 것이었지만 iPod(MP3), 휴대폰, 인터넷 커뮤니케이터를 하나로 연결함과 동시에 한 손에 잡히는 미려한 디자인으로 소비사들을 열광하게 했다.

이런 혁신의 뿌리는 사람, 소비자, 인간의 심리에서 출발한다. 스티브 잡스는 비록 대학을 중퇴했지만 리드 대학교에서 철학을 전공하였으며, 자신의 정신적 스승이었던 일본의 승려인 오토가와 고분 치노(乙川弘文)에 많이 의지했다. 아이팟 등의 단순한 디자인이 참선의 정신에서 비롯되었다는 이야기도 있다. 기술적인 부분에서 최고이기 이전에 잡스는 이미 인간을 탐구하는 인문학에 더 많은 관심과 노력을 기했다.

스티브 잡스는 기능이 좋을 뿐만 아니라 사람들의 감성을 자극하는 제품을 만드는 데 중점을 둔 것으로 유명하다. 그는 "고객 경험에서 시작하여 기술로 거슬러 올라가야지, 그 반대가 아니라!"라고 말했다. 이런 관점을 설명하는 몇 가지 예를 보자.

사용자 중심 디자인

Apple은 직관적인 인터페이스와 세련된 미학을 갖춘 제품 디자인에 지속적으로 중점을 두었다. 이러한 접근 방식은 사용자가 기술과 상호작용을 하는 것뿐만 아니라 사용자 경험의 중요성에 대한 이해에서 비롯된다.

감정적 호소

Apple 제품은 단순한 기계장치가 아니라 사람들의 삶을 향상시키는 도구로 판매되는 경우가 많다. 회사의 광고 캠페인은 사용자가 자사 제품으로 할 수 있는 것보다 어떻게 느끼는지를 강조한다.

심리적 요인

Apple은 제품 디자인과 마케팅 전략에 심리적 원리를 활용한다. 예를 들어, 희소성 원칙은 소비자 사이에 긴박감과 욕구를 조성하기 위해 제품 출시 중에 종종 사용했다.

이처럼 Apple의 성공은 기술혁신뿐만 아니라 제품 개발, 마케팅 및 브랜드 전략을 이끌어온 인간 행동과 심리학에 대한 이해에서 기인했다고 할 수 있다.

또 다른 예를 들어보자. 현재 대한민국 이커머스 시장은 연간 약 230조 규모이다. 이제는 남녀노소 누구나 온라인 또는 모바일에서 물건을 구매하고 있다. 온라인 쇼핑을 할 때 소비자들이 가장 중요하게 생각하는 것은 가격일 것이다. 오프라인보다 저렴한 경우가 많고, 클릭 몇 번이면 내가 원하는 곳에 배송까지 빠르게 해주니 안 할 이유가 없다. 그런데 모든 사람이 최저가를 찾고 구매할 것 같지만 실제로는 그렇지 않다. 검색해서 둘러보다가 상품의 상세 페이지를 확인하고 괜찮다고 생각되면 최저가와는 상관없이 구매하는 경우도 많다.

왜 그럴까? 여기에는 2가지 이유가 있다. 하나는 사람들이 최저가 상품을 찾기 위해서 일일이 클릭하는 그 과정 자체를 힘들어함에 있다. 한마디로 귀찮은 것을 싫어하는 습성이 있기 때문이다. 다른 이유는 바로 상세 페이지의 구성과 내용에 있다. 구매 전환율이 높은 상세 페이지를 살펴보면 고객의 니즈, 구매의 소구점을 정확하게 파악하여 상단에 배치하는 구성을 하고 있으며 더불어 왜 이 제품을 여기에서 사야 하는지에 대한 후킹(Hooking) 멘트가 적절히 포진되어 있다.

실제로 온라인 셀러를 교육하는 곳에서 상품 판매 전략 교육 중에 가장 중요하게 생각하는 것은 마케팅과 상세 페이지 구성 및 제작방법이다. 한 온라인 셀러는 상세 페이지 제작에 엄청난 노력을 한 대신, 똑같은 제품을 파는 다른 셀러보다 더 높은 가격을 책정했음에도 훨씬 많은 매출을 올리기도 했다. 이 모든 것이 사람의 심리, 행동 경제학을 이해하고 접근하는 판매 방식이다.

　병원도 마찬가지다. 비슷한 환경에서 비슷한 수준의 의료 행위를 한다고 할지라도 환자가 느끼는 감정은 모두가 다를 수 있다. 치료의 결과가 최우선이 되어야 하는 것은 맞지만 환자들이 생각하는 좋은 병원의 기준은 의사가 생각하는 기준과는 다르다. 그래서 병원에서 진행하는 모든 행위는 철저하게 소비자 즉, 환자 중심에서 출발해야 한다.

　해외에서 '환자 우선주의'로 성공한 Mayo Clinic의 경우 환자 중심 진료로 전 세계 환자들로부터 확고한 충성심을 얻었다. 학술적으로 대단히 뛰어난 것은 물론 각각의 환자를 돌볼 때 팀을 이루어 환자의 진단과 치료, 회복에 기여하며 행동과 태도에서 환자 우선주의 개념(The needs of the patient come first)을 제일 앞에 두고 진료한다. Mayo Clinic은 병원이 이윤보다 환자 경험을 우선시하면 환자와 그 가족의 신뢰와 충성도가 높아진다고 생각한다. 이러한 충성도는 긍정적인 입소문과 지속적인 관계로 이어져 궁극적으로 병원의 평판과 시장 지위를 강화한 결과를 나타냈다.

　내가 마케팅을 기획하더라도, 진료를 하더라도, 멘트를 만들더라도 모든 것의 뿌리는 바로 환자이다. 소비자의 니즈, 욕구, 마음을 이해하지 못하면 그것의 가치는 낮아질 수밖에 없다.

 예를 들어 안과에서 몇 가지 검사를 한다고 가정해 보자. 총 3가지 검사를 거쳐야 하는데 이 3가지 검사는 환자들에게 어떠한 효과가 있을까? 환자들은 이 3가지 검사를 왜 해야 하는지 이해할까? 이해시키기 위해서 어떻게 설명해야 할까? 그 설명은 직원이 하는 것이 좋을까? 의사가 하는 것이 좋을까? 직원이 하는 것이 좋다면 어떤 타이밍에 해야 할까? 설명하는 내용은 어떤 근거가 있는가? 모든 환자에게 동일하게 설명해야 하나? 아니면 상황마다 조금씩 다르게 설명해야 하나? 친절하게 설명하는 것이 좋은가? 전문적으로 설명하는 것이 좋은가?

 너무나 당연하고 꼭 필요한 검사이지만 그것이 의료진의 입장에서 생각하고 매뉴얼을 만든 것인지 환자의 입장에서 생각하여 매뉴얼을 정한 것인지에 따라 결과는 정말 다르게 나타나게 된다.

 어떤 기업이든 자신이 판매하는 상품은 소비자에 의해서 만족과 불만족의 결과가 나타난다. 그런데 의료계는 일반 기업과 다르게 공급자의 입장에서 모든 것을 생각하는 경향이 있다. 물론 예전과 비교했을 때 환자를 중심으로 기획하는 병원이 많이 늘어나긴 했지만, 뿌리 깊은 관념이 아직도 내재되어 있어 보인다.

 만약 이 글을 읽고 환자로부터 출발하는 사고를 시도하다가 나의 생각과는 다른 무언가와 충돌하는 경우가 생긴다면 이렇게 되뇌어

보라. "나를 찾는 환자들에게 명의가 되는 순간은 지금 이런 생각을 버리는 것에서 시작된다."

난 어떤 시각으로 경영을 바라보는가?

일반적으로 병원 경영은 최종 목표인 매출을 높이는 방법, 수익이 높아지는 방법 등에 대해서 고민하는 것이라고 이야기한다. 틀린 말은 아니다. 궁극적인 목표는 매출이 맞다. 대부분의 사람들은 성공하길 원하며 개원의 입장에서 성공은 곧 돈을 많이 버는 것이라고 말한다. 그걸 겉으로 잘 표현하지 않지만 말이다.

아직도 의사가 돈을 많이 버는 것을 부도덕한 시선으로 보는 사람이 많은 것은 사실이며, 그런 시선 때문에 의사는 돈에 관련된 이야기라면 쉬쉬하는 경향이 있다. 의사 자신도 돈을 이야기하면 품위가 떨어진다고 생각하여 더욱 말을 조심하는 경향이 있다. 그렇지만 '곳간에서 인심 난다'라는 말이 있다. 필자도 경영하는 사람으로서 당연히 환자가 많고 수익이 높은 병원에서 환자에게 더 많은 서비스를 제공할 여건이 된다고 생각한다.

다만, 이렇게 매출이 높은 병원을 만들기 위해서는 대표원장이 선택할 수 있는 두 가지 방향이 있다. 하나는 성공하기 위해서 표현할 수 있는 모든 것을 숫자로 나타내고, 마케팅에 집중하고, 온갖 도전적인 시도를 통하여 매출을 높이는 것에 집중하는 방향이고, 나머지 하나는 내가 할 수 있는 모든 역량을 매출이 아니라 사람을 중심에 두고 움직이는 것이다. 최종적으로 추구하는 것은 같을 수 있으나 출발점과 경유지로 어떤 선택을 하느냐에 따라서 결과는 다르게 나타난다.

사고의 시작점이 달라지면 행동이 달라지고 행동이 달라지면 결과가 달라진다. 요즘 세상에 무슨 꼰대 같은 말이냐고 할 수 있지만 결론부터 말하자면 최종 목적은 매출이 아니라 행복, 즐거운 인생이 되고 그것을 이루기 위해서 목표를 정해야 하며 그 수단이 돈이 되어야 한다. 이것은 성공한 수많은 사람들에 의해서 증명되었다. 최종 목적이 돈 즉, 부(富)가 되는 순간 여러 가지 문제에 직면하게 된다.

병원을 예로 들어보자. 최종 목표가 돈이므로 어떡하든 돈이 되는 전략을 구상한다. 경쟁 병원보다 더 좋은 병원, 더 잘하는 병원으로 보이기 위해 병원의 외관 또는 내부 인테리어에 많은 비용을 지불하고 또 요즘 뜨는 마케팅은 무엇인지 알아보고, 어떤 툴이 좋을지 가성비를 따지면서 선택한다. 누구는 유튜브나 블로그를 개설하여 광고하고 아니면 TV에 얼굴을 알리기 위해서 막대한 비용을 지불한다. 이것뿐일까? 돈이 되는 진료를 위해 의사는 비급여 위주로 진단을 내릴 가능성이 높아지게 되고 직원을 구성할 때도 급여의 비중에 초점을 맞추게 된다.

이런 전략이 무조건 틀리다고 할 수는 없지만 의료의 본질을 제대로 파악하지 못해 결국 비용을 줄여야 하는 어려운 시기가 왔을 때 조금씩 무너지는 경우가 많다. 잘 되는 병원으로 만드는 것은 어렵지만 오랜 기간 유지하는 것은 더욱 어렵다.

반대로 의료, 사업의 본질을 이해하고 환자가 무엇을 원하는지를 깊이 생각하여 그것을 제공하기 위해서 멘트 하나, 동선 하나를 더 고민하고 개선하는 병원은 결국 안정된 성공의 길로 진입하는 경우가 많다. 이런 병원은 직원 소개환자도 많고, 직원의 이직률도 낮으며, 그 직원들이 처리하는 업무의 난이도도 높고 양도 많다.

전자와 후자 모두 돈을 벌고자 하는 행위임은 분명하지만 차이점은 전자는 돈을 쫓는 모습을, 후자는 돈이 쫓아오는 모습을 보여주고 있다. 전자를 선택한 대표원장은 항상 쫓기는 듯한 느낌을 많이 받지만 후자를 선택한 대표원장은 생각보다 마음의 여유가 생긴다.

의료인의 시작점은 일반 고객이 아닌 환자에서 출발한다. 아프거나 불편한 환자를 치료하는 과정에서 수많은 어려움과 수고스러움, 고민이 함께 할 수 있지만 환자의 진심 어린 감사 인사를 듣는다면 의료인으로서 더욱 보람되고 뜻깊은 하루가 될 것이다. 나의 의료 행위로 인하여 환자가 행복해지고 그로 인해 수익을 가져다

주는데 기뻐하지 않을 수 없다.

그럼 이제 사고의 프레임에 따라서 어떻게 바뀌는지 재미있는 예시로 보험설계사의 관점에서 한번 생각해 보자.

한 보험설계사가 고객에게 여러 번의 설명과 미팅으로 계약을 진행했다고 가정해 보자. 고객의 입장에서는 내 돈을 들여서 내가 가입하였고, 나중에 보험금을 받을 때에는 당연히 내가 낸 돈으로 받는 것인데 뭔가 크게 고맙다고 생각할 것이 없다.

설계사의 입장도 마찬가지이다. 본인이 열심히 설명했고 충분히 고지했으며 결국 최종 가입서에 사인은 고객이 하였으니 내가 노력한 만큼 대가를 받았다고 생각하므로 진심으로 고맙다는 말을 듣는 것을 기대하지 않는다.

보험설계사의 입장으로 병원의 의사를 본다면 환자에게 고맙다, 감사하다는 말을 듣는 것은 생각보다 쉽다고 할 것이다. 판매의 재화 자체가 완전히 다르며 의료 서비스와 보험상품은 소비자들의 판단 기준 자체가 다르기 때문이다.

여기에서 한 번 더 깊게 생각해 보면, 보험설계사가 고객이 있는 곳 어디라도 찾아가서 열심히, 친절히 설명하는 것은 기본이다. 그런데 보험 업계에서도 최고 계약률을 달성한 사람들은 일반 설계사와는 사고부터 다르다. 성실함과 친절함은 기본을 넘어 당연한 이야기이고, 보험을 설계하는 순간부터 본인에게 수익성을 더 주는 상품이냐를 크게 따지지 않으며 오로지 고객의 입장에서 도움이 되는 설계를 위해서 최선을 다한다. 단순히 비용을 줄여주는 것이 아니다. 진짜는 비용을 줄여야 하는 부분과 비용이 들더라도 그 사람에게 더 도움이 되는 효율적인 방법을 제시해 주는 것이다. 여기에 그치지 않는다. 최고의 설계사는 고객이 보험 청구를 할 때에도 본사의 약관과 규정을 알려주는 수준을 넘어 어떻게 해서든 정당한 범위 내에서 최대의 보상을 받을 수 있도록 힘써준다. TV나 각종 매체에서도 보았듯이 이런 사람은 아주 매니악한 고객층이 있으며 항상 감사의 인사, 편지, 메시지를 받으며 지낸다.

이 내용을 바탕으로 다시 의료인에게 대입해 보면 어떨까?

의료업계에서 최고 매출을 달성한 사람들은 아래와 같이 일반 의사와 사고부터 다르다.

> 수준 높은 치료와 친절함은 기본을 넘어 당연한 이야기이고, 진단하고 치료 계획을 잡는 순간부터 본인에게 수익성을 더 주는 치료를 하느냐를 따지지 않으며, 오로지 환자의 건강과 앞으로의 회복에 도움이 되는 진료를 위해서 최선을 다한다. 단순히 비용을 줄여주는 것이 아니다. 진짜는 최소 비용의 기본적인 치료와 그 사람에게 더 도움이 되는 효율적인 방법을 제시해 주는 것이다.
> 여기에 그치지 않는다. 최고 매출을 달성한 의사는 환자가 나중에 치료

부위가 불편하거나 다른 부분이 또 나빠졌을 때에도 주의사항을 잘 지켰는지를 확인하는 수준을 넘어 어떻게 해서든 불편하지 않고 더 건강한 일상을 유지할 수 있도록 설명과 치료를 더해줌과 동시에 그 환자의 불안하고 걱정스러운 마음까지 따뜻한 말로 위로하기 위해서 힘써준다. TV나 각종 매체에서도 보았듯이 이런 의사는 아주 매니악한 고객층이 있으며 항상 감사의 인사, 편지, 메시지를 받으며 지낸다.

어떠한가? 같은 내용을 다른 시각으로 보았을 때 어떤 느낌이 드는가? 업종은 다르지만 본질은 모두 같다.

우리가 생활하는 환경과 조직 내에서 같은 일을 반복하는 일상을 지속하다 보면 편협적인 사고에 갇히는 경우가 많다. 경영적인 문제, 환자와의 문제 등 많은 일이 생겼을 때 사고의 출발점이 어디냐에 따라서 도출되는 결과는 다르게 나타난다.

의사는 의료를 행하는 의료인인 동시에 개인사업자이다. 성공하는 것이 궁극적인 목적이며 목적을 이루기 위해서는 목표를 정해야 한다. 그 목표를 위해서 나아가는 시작점이 고객 즉, 환자의 입장에서 사고하는 것이다.

잘나가는 병원을 견학해 보고, 소문으로 노하우라는 것들을 들어봐도 우리 병원에 딱 알맞은 솔루션을 찾기 어려운 적이 있었는가? 잘나가는 병원은 고객의 니즈로부터 시작되는 사고가 기본에 깔려 있고, 우리는 그것을 표현한 것만 볼 수 있다. 본질을 모르는 또는 본질을 이해하려는 노력 없이 한 번에 해결하는 비법만을 찾는 사람에게는 절대로 솔루션이 보이지 않는다. 그것을 애써 설명해 주는 병원도 없다.

한 배의 선장 격인 대표원장이 방향 키를 어디로 돌리느냐에 따라 병원의 경영 사정은 확실히 달라진다. 거리(기간)가 멀면 멀수록 더욱 그렇다. 지금부터라도 사고의 시작점을 '나'가 아닌 '환자'로 바꿔보는 것이 어떨까?

정보의 가치는 달라진다

어떤 사람에게 돈이 되는 정보를 알려주었을 때 받아들이는 사람에 따라 평가는 나뉘게 된다. A라는 사람은 "그래, 좋은 정보인 것은 알겠는데 그러니까 이게 어떻게 돈이 되도록 만드냐? 가능한 일인가?"라고 의심을 품은 말을 하고, B라는 사람은 "아~그래? 그러면 이렇게 하면 돈이 되겠네. 한번 알아보자."라고 말을 한다. 같은 정보가 제공되더라도 받아들이는 사람에 따라 그 가치는 전혀 다른 방향으로 흐를 수 있다.

얼마 전 '초전도체' 때문에 각종 언론이 들썩인 적이 있다. 원래 과학에 관심이 많은 사람도, 과학에 대해서 문외한인 사람도 모두 알게 되었을 만큼 '초전도체'라는 단어가 회자된 것이다. 초전도체가 이슈가 되면서 어떤 이들은 "아~ 그렇구나… 우리나라 많이 발전했네"라고 반응을 하였고, 발 빠른 사람들은 초전도체 관련 주식 매수를 고려했다. 누구에게는 하나의 이슈로 치부되었지만 누구에게는 가치를 지닌 보석 같은 정보가 되는 것이다. '초전도체'가 실현 가능한가? 아닌가? 관련 주식은 무엇인가?를 말하고자 하는 것이 아니다. 어떤 정보가 가치 있는 정보가 되려면 정보를 받아들이는 '나'가 준비되어 있어야 한다. 받아들일 준비가 되어있지 않으면 그 정보는 나에게 아무런 가치가 없다. 그리고 기본 지식이 없는 사람에게는 떠먹여 주는 수준으로 알려준다고 해도 씹어 삼키는 방법까지 요구하는 것이 현실이다.

이런 정보의 가치를 높이는 첫 번째 방법은 마음을 오픈하는 것이며 두 번째 방법은 관련 지식을 쌓기 위해서 책을 읽거나 강의를 듣는 것이다. 오픈 마인드가 없으면 모든 것이 의심의 연속이며, 나의 경험과 기준에 맞춘 편협한 사고로 더 이상의 발전은 기대하기 힘들다. 세상의 모든 일은 100% 똑같은 상황에서 이루어지지 않는다. 그 말은 현재 상황은 과거와 다르며 그에 따라 해결하는 방법 또한 다를 수밖에 없다는 것이다. 그래서 같은 정보라도 내가 어떻게 적용하는가에 따라서 결과는 달라질 수 있다.

책이나 강의에서 알려주는 정보는 받아들이는 사람이 자신의 상황에 맞게 활용할 수 있도록 해주는 방향 키의 역할을 제공한다.

그것을 받아들이느냐 받아들이지 못하느냐는 오픈 마인드를 가지고 있느냐 그렇지 않으냐에 따라서 달라진다.

한 가지 예를 들어보자면 얼마 전 코웨이 이해선 부회장의 경영 강연회를 간 적이 있다. 이해선 부회장은 CJ오쇼핑 사장이기도 했고 년 매출 1조 이상의 브랜드만 17개 이상 만든 사람이다. 대한민국의 '마케팅의 신'이라고 불리기도 한다. 그날 강연이 끝나고 수많은 사람이 나가면서 하는 이야기가 내 귓가를 스쳐 갔다. 어떤 사람은 "정말 대단하다. 저런 마인드로 접근하니 그렇게 큰 성공을 이룰 수 있었네~나도 마음가짐부터 다르게 가져야겠어"라고 말을 하였으며, 어떤 사람은 "저런 위치에 있으니 저런 것이지 우리 같은 사람은 현실적으로 안되는 거 아니야?"라고 말하였다. 또 누군가는 "대단하네. 그런데 결국 자기 자랑 아니야?"라는 부정적인 말을 쉽게 던지고 있었다. 분명 같은 강의를 같은 시간, 같은 장소에서 들었는데 누구에게는 가치가 크고, 누구에게는 가치가 작고, 누구에게는 시간만 때우는 결과로 나타났다. 아이러니하게도 그날 강연의 주제는 '생각의 크기가 시장의 크기다'이었다.

또 다른 예를 들어보자. 의료인은 여러 가지 강의를 듣는다. 그것이 보수교육점수 때문이든, 내가 필요하기 때문이든 목적은 다양하다. 진료에 관한 것도 있고, 병원 경영에 관한 것도 있고 정말 다양한 주제로 강연이 열린다. 강의가 좋았다고 하는 사람이 있는 반면, 다 아는 이야기이고 별로 도움이 되지 않는다고 생각하는 사람도 있다. 도움 될 것이 별로 없다고 자주 말하는 사람은 오히려 평소에 강의를 거의 듣지 않는 경향이 있다. 귀찮기 때문이다. 물론 어떤 강의의 내용은 실제로 누군가에게는 별로 도움이 되지 않는 경우도 있을 수 있다.

그러나 시각을 바꾸면 생각이 달라진다. 어떤 강의든지 강의를 진행하는 사람의 입장에서 강의를 잘하든, 잘하지 못하든 자신의 모든 것을 쏟아내려고 한다. 어떤 내용이든지 하나는 건질만한 내용이 있다. 노하우가 될 수도 있고 최신 소식 정도일 수도 있다. 사람들은 자신이 원했던 많은 정보를 제시해야 좋은 강의이고, 그렇지 않으면 별로라는 말을 하지만 그것은 생각하기 나름이다. 받아들일 준비가 되어있지 않아서 받아들일 것이 없다고 생각하는 것이지 정말로 없는 것은 아니다.

필자는 강의를 들을 때 거의 알고 있는 내용이더라도 그 강의를 듣는 사람들의 모습과 상황에서 무언가를 얻어낸다. "와~주말에 이렇게 멀리까지 와서 강의를 듣는구나. 다들 열심히 살고 있네"라는 생각도 하면서 이렇게 많은 사람이 노력하는데 나도 뒤처지면 안 되겠다는 다짐 정도는 말이다. 지식이 아니라 분위기, 상황에서도 얻을 것이 있었다.

이렇게 강의를 듣다 보면 부가적인 효과도 있다. 직원들이 나를 바라보는 모습도 달라진다는 것이다. 원장이 공부를 열심히 하는 모습은 신뢰도 상승과 직결된다. 직원에게 인간적으로 잘해주는 원장의 모습과는 별개로 의사이기 때문에 의료인으로서의 기본 자세를 본능적으로 바란다. 직원 본인이 치료를 받을 수도, 가족과 지인들이 치료를 받을 수도 있기 때문이다.

 의료 전시회, 기자재 전시회에 가보면 다양한 기구와 장비가 소개된다. 내가 당장 필요한 것이 없어도 어떤 제품이 뜨고 있는지, 어떤 제품이 새로 나왔는지, 어떤 제품에 사람들의 관심이 많은지 등의 정보를 얻을 수 있다. 요즘의 대세가 무엇이며, 시장의 제품은 어떻게 변화하고 있는지, 우리 병원에서는 시대적 변화를 어느 정도의 비중으로 수용할 것인지를 따져보며 유연한 사고를 해야 한다.

 예를 들어 소독장비가 많은 관심을 받고 있다면 우리 병원은 어떤 소독 시스템을 가지고 있으며, 개선해야 하는 것은 무엇인지, 개선한다면 환자들에게 어떻게 어필할 것인지까지 이끌어 내야 한다. 같은 정보라도 받아들이는 사람의 마음가짐에 따라 다른 결과를 가져오게 되는데 과연 당신은 어떠한 사람이 되고 싶은가? 성공하는 병원을 만들기 위해서 오픈 마인드로 모든 것을 스펀지처럼 흡수할 마음이 있는가? 아니면 툴툴대면서 나의 처지, 환경을 탓하며 그 자리에 머물러 있고 싶은가? (사실 가만히 있으면 결국 뒤처지는 것과 같다.)

유료 오픈 강의에서든 유튜브에서든 병원 경영과 관련된 강의는 수도 없이 많다. 좋은 강의는 지식을 제공하는 것, 환자의 마음을 읽어내는 방법을 아는 것, 나를 행동하게 만드는 것 등 모든 것에 해당할 수 있다. 심지어 필자는 병원과 관련 없는 강의를 듣고도 병원에 적용할 만한 내용이 많다는 것을 느낀다. 정보의 양이 중요한 것이 아니라 크게 바라보거나 작게 바라보는 것에 따라서 가치가 달라진다는 것을 기억하길 바란다. 가치의 크기는 내 생각의 가치에 따라 정해진다.

포괄적 진료를 지향하자

건강검진을 위한 경우를 제외하고 일반적으로 환자들은 불편한 부분을 치료하기 위해 병원을 방문한다. 이때 대부분의 병원에서는 환자의 C/C를 확인하고 그 부분에 대해서 집중적으로 상담하고 치료한다. 반대로 어떤 병원은 C/C는 물론이고 평소에 불편했던 부분이나 전체적인 건강에 대해서 물어보고 체크해 주기도 한다. 즉, 전인적 진료를 하는 것이다.

환자는 사실 자신이 불편해하는 부분을 친절하게 해결해 주면 대부분 만족하며 돌아선다. 그러나 환자가 불편해하는 부분과 더불어 평소에 불편하게 느끼는 부분에 대해서 질문하고 전반적인 건강 상태에 관해 확인해 주면 환자는 마치 자신의 주치의가 생긴 것 같은 기분을 느끼게 된다. 예를 들어 감기로 내과를 방문하였는데 평소에 소화가 잘 안되는 경우가 있는지, 두통은 있는지, 혈압이 높지는 않은지 등에 대한 전반적인 건강 상태에 대해서 언급하고, 필요할 경우 추후 간단한 검사 진행을 권하기도 한다면 환자는 병원에 온 김에 여러 가지 정보를 얻을 수 있고 자신을 꼼꼼하게 챙겨주는 그 병원에 대해서 감사한 마음과 호감을 느낄 수 있게 된다.

사람들에게 병원이라는 곳은 대부분 기대감이 낮은 장소이다. 하지만 기대 이상의 서비스를 받으면 그때부터는 감동으로 변한다. 치료를 잘해서가 아니라 치료 이외의 부분에서 받는 감동은 치료까지 훌륭하게 잘 할 것이라는 심리로 변환되는 것이다. 심리학에서 말하는 후광효과와 비슷한 감정이다. 물론 이런 전인적 진료는 2가지 걱정 때문에 주저하게 된다. 하나는 과잉 진료에 대한 논란이고 다른 하나는 환자 1명에게 할당된 충분한 시간적 여유가 없다는 것이다.

먼저 과잉진료에 대한 논란은 환자와 대화할 때 뉘앙스 차이에서 일어날 수 있다. 전인적 진료의 핵심은 추가 치료를 하려는 것이 아니라 주치의가 된 마음으로 환자의 전반적인 상태를 체크해 주는 것이다. 만약 질문 도중에 의심스러운 부분이 생겨 몇 가지 검사를 하고 추가 비용이 발생한다고 하더라도 오히려 미리 알게 해준 병원에 감사함을 느끼게 된다. 또한 환자 자신의 건강 상태를 꼼꼼하게 물어보는 의사를 싫어할 사람은 없다. 이런 마음으로 접근하면 과잉진료에 대한 오해는 거의 발생하지 않는다.

그리고 과잉진료의 이미지가 생기지 않도록 하기 위해서는 상태를 세분화해서 설명할 줄 알아야 한다. 무조건 '좋다', '안 좋다'로 양분하는 것이 아니라 관심, 주의, 심각 등의 단계로 나누고 당장 치료해야 하는지, 경과를 관찰해야 하는지, 안심하고 예방에 관심을 기울어야 하는지를 설명해야 한다.

다음으로 환자마다 이런 전반적인 상황을 물어보는 것이 시간이 없을뿐더러 예진 시간이 길어지게 되어 많은 환자를 볼 수 없게 되어 병원 매출에 영향이 있을 것이라고 생각할 수도 있다. 이런 말은 대부분 그렇게 해보지 않은 사람이거나, 제대로 질문을 할 줄 모르는 사람인 경우가 많다. 모든 것을 하나하나 꼼꼼하게 체크하라는 말이 아니라 나이에 따라 흔하게 발생하는 질병, 어떤 증상을 가진 사람에게 나타나는 다른 질병 등 간단한 몇 가지 정도만 더 체크해 줘도 환자는 충분히 만족할 수 있다.

이렇게 포괄적 진료를 시행하면 C/C만 해결하는 것보다 객단가가 높아진다. 또한 병원의 평판이 좋아지는 부가적인 효과도 생긴다. 병원의 평판이 좋아진다는 것은 재방문율이 높아진다는 것이고, 재방문율이 높은 병원은 소개환자 비율도 높다.

포괄적 진료는 선택의 문제가 아니라 필수이다. 마케팅을 해서 병원을 알리는 것도 중요하지만 대표원장이 내원한 환자를 어떤 시스템으로 응대하고 치료할 것인지에 따라 병원의 매출이 달라질 수 있다는 점을 기억해야 한다.

세금 관리, 세무조사 관리- 무엇을 하고 있나?

일반적으로 개원 초기에는 세금에 관하여 신경 쓸 겨를이 없다. 우선은 수익이 거의 없기도 하고 오로지 매출을 올리는데 바쁘기 때문이다. 초기에 들어가는 비용이 많아 지출이 대부분을 차지하므로 세금에 관하여 크게 신경 쓸 필요가 없다고 생각하는 사람도 많다. 그러나 시간이 지나면서 매출이 증가하고 주변에서 세금에 대한 이야기를 듣고 나면 상황이 바뀌기 시작한다. 내가 납부하는 세금이 적당한 것인지도 궁금하고, 세금 관리를 잘못하면 나중에 폭탄이 되어 돌아올 수 있다는 이야기를 듣기라도 하면 덜컥 겁부터 난다.

개원한 지 오래된 원장은 "내가 고생해서 열심히 벌었는데 나라에 세금 바치려고 일하는 것 같다" 라며 볼멘소리를 하기도 한다. 맞는 이야기이다. 그러나 아무리 불만을 토로한들 세금은 피할 수 없는 제도라는 것을 우리는 모두 알고 있다. 어떤 사업을 하든지 세금은 항상 중요한 일이며, 나의 수입과 직결된 문제이기에 제대로 관리를 하지 않으면 상당히 큰 대미지를 받는다. 그런데 필자가 알고 있는 많은 개원의는 세금이 두려운 것인지 세무조사가 두려운 것인지 헷갈릴 만큼 모호한 생각을 하고 있었다. 그래서 세금관리는 어떻게 해야 하는 것인지, 세무조사는 어떨 때 나오는 것인지 전반적인 개념을 정리할 필요가 있다.

대부분의 1차 의료기관들은 개인사업자이다. 일부 의료재단은 비영리 의료법인의 형태로 운영되고 있지만 그것은 극히 소수일 뿐이다. 의료기관은 전문직으로 분류되어 수입이 많고 소득률이 높지만 법인으로의 전환이 거의 불가능한 업종으로 분류되어 있다. 일반적인 기업은 매출은 높지만 수익률이 낮은 반면 의료기관은 기업에 비해 매출은 낮지만 수익률이 높다. 그래서 개원의는 개원 초기부터 이익률 및 세금관리에 신경을 써야 하며, 제대로 관리하지 않으면 나중에 세금폭탄이라는 무서운 결과를 맞이할 수도 있다.

내가 세금을 얼마나 내야 하는지 결정의 기준은 소득 금액이다. 이때 매출 대비 이익 금액이 얼마인지를 나타내는 지표를 이익률이라고 하며, 총매출 중에서 얼마만큼 남았는지를 나타내는 비율 즉, 소득률이라고 한다.

1차 의료기관은 내과, 정형외과, 안과, 치과, 피부과, 성형외과, 한의원 등 여러 과로 분류되며, 국세청 신고 통계자료로 과별 평균 이익률이라는 것이 있다. 국세청은 일반적으로 개원 이후 자리 잡고 4~5년 내에는 평균 이익률을 달성할 것이라고 예상한다. 따라서 한 번 올라간 이익률을 특별한 사정이 없는 한 낮추는 것은 쉽게 생각할 문제는 아니며 국세청에서도 과도한 이익률 감소는 눈여겨 보고 있다.

그래서 병원은 개원 초기부터 이익률 관리를 잘해서 평균 이익률에 어긋나지 않게 하고, 안정적으로 우상향 되도록 만들어 가야 한다. 이렇게 우상향하는 그래프를 이어 나가면 국세청에서는 바람직한 경비처리로 인식하고 세무조사 대상으로 선정되는 위험이 감소된다.

세금에 신경 쓰는 병원에서는 매출 대비 이익률이 얼마나 중요한 것인지를 알기에 종합소득세 신고 기간이 되면 "그래서 이번에 이익률이 얼마입니까?"라고 세무사에게 물어보곤 한다.

이익률은 자세히 따져보면 매출 대비 지출의 차익이므로 중요한 것은 지출의 항목별 비율이라고도 할 수 있다. 지출별 항목에는 인건비, 재료비, 공과 잡비 등 여러 가지가 있는데 대부분은 이런 부분의 비율을 크게 신경 쓰지 않는 경향이 있다.

치과를 예를 들어보자. 치과는 재료비의 비중이 타 과에 비해서 현저하게 높다. 만약 A치과와 B치과가 있는데 매출이 거의 동일하다고 가정하자. 소득신고를 할 때 A치과는 재료비가 전체 지출의 15%, B치과는 16%라고 신고했는데 A치과에 세무조사가 들어왔다. 무슨 일이 있었을까? A치과는 재료비 중 임플란트 재료 구입에

50%를 사용했고, B치과는 35%를 사용한 것으로 확인되었다.

국세청에서는 매출 대비 지출의 비중에 대한 전국 또는 지역 치과별 평균값을 알고 있다. 세부적으로 들여다보면 임플란트 구입비용 대비 매출의 평균도 알고 있다. 역산하면 대부분의 매출을 알 수 있다는 것이다. 결국 총 비율을 평균에 맞추더라도 세부항목까지 세밀하게 준비하지 않으면 안 된다는 것이다.

자신의 병원을 관리해 주는 세무사와 회의할 때 단순히 이익률만 가지고 모든 것을 판단해서는 안 된다는 것을 기억해야 한다. 가능하면 분기에 한 번씩(적어도 반기에 한 번씩) 세무사와 만나거나 준비 현황을 확인하여 미리 조정하고 어느 부분을 어떻게 대비해야 하는지 의논해야 한다. 또한 올해뿐만 아니라 장기적인 측면에서 예측하여 방향성을 같이 의논해야 한다.

세금관리에서 가장 잘못된 것은 세무사가 알아서 해줄 것이라고 믿고 종합소득세 신고 전에 한번 만나서 자료를 보는 것이 전부인 그런 모습이다. 이런 병원은 세무사도 관심을 가지고 관리해 주지 않는다는 것을 기억하라. 친하게 지내고 자주 대화하다 보면 결국 서로에게 도움이 될 것이다.

다음은 다들 막연히 무서워하는 세무조사에 관한 것이다.

세무조사는 크게 정기 세무조사와 비정기 세무조사로 나뉜다. 정기 세무조사는 말 그대로 정기적으로 대상을 선정해서 진행하고 신고된 내용을 검증하는 것이며, 비정기 세무조사는 특별한 사항이 있거나 필요에 따라 수시로 실시하는 조사이다.

일반적으로 정기 세무조사는 연초에 세무조사 대상을 선정하며 신고성실도가 낮은 납세자 중 조사받은 지 오래된 납세자를 대상으로 선정하는 경우가 많다. 그리고 이런 신고성실도가 낮은 업체는 기본적으로 5년에 한 번씩은 정기조사를 받도록 하는 것이 원칙이다. 반대로 성실도가 높은 경우라도 세무조사를 한 번도 받지 않았거나 정기 세무조사를 받고 5년이 경과했다면 세무조사 대상으로 선정될 가능성이 높아진다.

국세청은 업체를 개별로 하나씩 평가하는 것이 아니라 동종 업체의 신고율을 유기적으로 확인한다. 그리고 국세 전산망에 기록된 장부 내용이 크게 변화되면 이를 바로 알 수 있다. 그래서 입증할 만한 특별한 사항이 아니라면 큰 변화가 생기지 않도록 평소에 잘 대비하여야 한다.

그리고 비정기 세무조사는 첩보에 의하거나 불법 리베이트, 매출의 누락 특히 현금영수증 미발급 사항이 누적될 경우 사전 통보 없이 조사가 나올 수도 있다. 만약 현금영수증 의무발행 업종이면서 (병원은 의무발행 업종임) 매출을 누락한 경우, 고의성 여부와 상관없이 매출 누락에 해당하는 세금과 가산세, 현금영수증 미발행분 과태료까지 부과되어 흔히 말하는 세금폭탄을 맞을 수 있다.

간혹 국세청에서 첩보를 입수하여 세무조사가 나오는 경우가 있다. 한 가지 참고할 만한 사항은 첩보는 탈세의 정황만으로 세무조사를 나가지 않는다. 탈세제보는 육하원칙에 의해서 정확한 내역이나 증거가 있어야만 조사를 나갈 수 있다. 만약 첩보에 의해서 세무조사가 나왔다면 병원 내 세무자료를 알고 있는 사람이 증거로 제출했을 가능성이 높다. 보통 직원이나 세무 업무에 깊숙이 개입된 사람에 의해서 유출되는 경우가 많다는 것을 기억하라.

주위를 살펴보면 한 번도 세무조사를 받지 않는 사람도 있다. 그 사람은 "이렇게 하니 한 번도 세무조사가 나오지 않았다"라고 말하며 그것을 맹목적으로 믿는 사람도 있다. 하지만 그 말을 100% 신뢰하면 안 된다. 대부분 매출이 적은 병원일 가능성도 있고, 언젠가 나올 예정인데 지금까지 나오지 않았을 뿐이라고 생각해야 한다. 절대적인 것은 없다.

많은 사람들이 세금을 줄이기 위해서, 세무조사를 받지 않기 위한 특별한 방법을 찾기 위해 안간힘을 쓰기도 한다. 하지만 현재의 조세시스템은 예전과는 다르게 너무 투명 해져서 절세 이외에는 특별한 방법이 없는 것이 사실이다.

한 가지 분명한 것은 막연한 세무조사의 두려움과 세금에 대한 비난을 하기보다는 현명하게 절세하는 방법을 찾는 것에 집중을 해야 한다는 것이다. 세무사에게 세금에 대한 위임을 하였지만, 돈 주고 맡겼다는 책임감 없는 말과 행동은 절대로 하면 안 된다. 앞서 언급한 것처럼 세무사에게 지속적인 관심과 대화, 의논을 한다면 다른 어떤 거래처보다도 자신의 병원에 신경을 쓸 것이다.

그리고 절세를 하기 위한 좋은 방법 또한 세무사의 관심에서 시작된다. 요즘에는 정부에서 '청년 일자리 도약 장려금' 같은 각종 지원 제도가 많기에 정보의 귀를 열어두고 세무사와 자주 대화하길 바란다. 또한 '아는 만큼 보인다'는 말처럼 내가 세금 관련 공부를 하면 세무사와의 대화에서도 깊이 있는 질문이 가능하고, 그만큼 내 병원이 현명한 세금 납부를 가능케 한다.

마지막으로 세무조사가 실시된다는 통지를 받으면 대부분 두렵게만 느껴질 것이다. 하지만 당황하지 말고 담당 세무사와 상담을 통하여 세무조사의 원인부터 찾아야 한다. 정확한 원인을 알 때까지는 잘못된 부분이 보인다고 해서 임의적으로 수정을 하면 안 된다. 원인이 파악된 이후에 하나씩 근거자료를 토대로 소명을 위한 대책을 마련하는 것이 세무조사시 불이익을 벗어나는데 도움이 된다.

필자는 매달 자신의 병원 수익 일부를 세금 납부를 위해서 따로 모아두어야 한다고 강조한다. 이미 내 지갑에 들어왔으니 내 돈이라는 인식을 하는 순간 스트레스만 쌓일 뿐이다. 어차피 나갈 돈이기에 적금식으로 적립해두면 세금 납부시 마음이 여유로워진다.

세금에는 왕도가 없고, 절세에도 한계가 있다. 다만, 아무런 개념 없이 그저 반발의 감정만으로 세금을 대한다면 마음의 상처와 더불어 나의 지출만 늘어나는 결과만 맞이할 수 있다.

Special Key

어려울 때 꺼내보는
비밀의 문서

미래에 대한 불안감, 같은 일의 반복으로 무료함을 느낄수록 새로운 수익, 새로운 파이프라인에 관심을 기울인다. 그럴 때 수익성이 보장된 사업을 활성화시키는 것이 좋을지, 아니면 새로운 도전에 열정을 바치는 것이 좋을지 심사숙고해보길 바란다.

수가의 경쟁에서 살아남는 방법

불과 20년 전만 하더라도 의료시장은 지금과는 많이 달랐다. 병원을 개원하기만 하면 대부분 '기본은 한다'는 불변의 법칙이 존재하던 시절이었다. 또한 정보의 비대칭으로 인하여 환자들은 병원에 대한 정보 파악이 어려웠으며 의료지식마저 소문이나 주변 지인들을 통해서 알아보는 것이 당연한 시대였다. 그렇기에 대표원장은 자신의 업무에만 집중하면 큰 어려움 없이 병원을 운영할 수 있었다.

그러나 요즘 병원들 간의 경쟁은 치열함을 넘어 생존의 문제로까지 이어지고 있다. 병원을 운영하기 위해서 필수 지출인 인건비, 재료비, 관리비 등은 지속적으로 상승하고 있는데 실제 치료 수가는 갈수록 낮아지고 있다.

보험 진료를 위주로 하는 병원은 치열한 경쟁으로 환자 수가 줄어서 힘들어하고, 비보험 진료를 위주로 하는 병원들은 경쟁 심화와 더불어 저수가 치료를 앞세우는 병원들 때문에 경영 위기를 겪고 있다. 심지어 말도 안 되는 덤핑 수가를 지향하는 병원들이 늘어나고 있고, 환자들은 낮은 수가를 환영하며 그 병원으로 몰리고 있다.

상식적으로 말도 안 되는 수가에 대해서 환자들은 한 번쯤 '왜 이렇게 싸지?'라고 의심을 해볼 수 있겠지만 '돈 앞에 장사 없다'라는 말저럼 너무 큰 치료비의 차이에 환자들은 저수가 병원으로 향하고 있다. 오히려 기존 병원들이 폭리를 취했다고 생각하기도 한다.

그렇다면 이런 수가의 경쟁에서 살아남는 방법은 무엇일까?

교과서적인 답변은 저수가 병원과의 차별성을 만들고, 우리 병원의 진료에 가치를 부여하는 것이 경쟁에서 살아남는 방법이겠지만 우리가 궁금한 것은 'HOW'이지 않겠는가?

우선 사고의 출발점부터 상대를 중심으로 접근하는 것이다. 저수가 병원의 입장에서 그들이 강조하는 것을 생각해 보고 그 근거를 역으로 이용할 수 있는 방안을 고민해야 한다.

일반적으로 저수가 병원은 환자를 유치하기 위해서 낮은 치료비를 대대적으로 홍보한다. 만약 일반적인 치과의 임플란트 1개당 식립 수가가 평균 100만 원인데 저수가 치과는 40만 원으로 광고할 경우 임플란트가 필요한 사람이라면 누구나 관심이 갈 것이다.

저수가 치과에 내원한 환자는 낮은 치료비 때문에 방문하였지만 약간의 의구심을 가지게 된다. 이때 병원에서는 낮은 치료비에 대한 근거를 제시한다. "우리는 치료비의 거품을 걷어냈다", "우리는 모든 재료를 대량으로 구매해서 원가가 낮다", "이윤은 작지만 환자가 많기에 괜찮다", "양심 병원이기에 많이 찾아달라" 이런 설명을 하면서 낮은 수가를 취하는 병원이 양심적인 것이고, 비싼 치료비를 받는 병원은 폭리를 취하는 병원이라는 프레임을 씌운다. 환자들은 이런 말을 들으면 의심은 확신으로 변하며 그 말에 수긍할 가능성이 높아진다.

저수가 병원이 무조건 잘못된 것은 아니다. 하나의 전략이며 그 전략이 환자들에게 통하는 것이 현실이다. 이런 현실에 대응하기 위해 저수가 병원이 강조하지 않는 것을 강화해야 한다. 정보의 비대칭을 역으로 이용하는 것이다. 싸고 좋다는 이야기를 들은 환자들에게 합리적이라는 개념을 인식시켜야 한다. 저수가 병원은 치료비의 강점이 최고의 무기이기에 시간과 노력을 다른 곳에 쓸 여력이 줄어들 수밖에 없다. 당장의 문제만 해결해 줘도 큰 문제가 없기도 하고 실제로 환자를 많이 보아야 유지할 수 있는 구조이다. 그래서 이런 문제를 중심으로 끈질기게 파고들어야 한다.

수가의 구성을 다르게 한다

병원 수가를 구성하는 방법은 2가지가 있다. 하나는 당장의 성과를 내기 위한 정책이 있고, 다른 하나는 병원의 포지션을 확고히 하는 전략적 수가 정책이 있다.

먼저 당장의 성과를 내기 위한 수가 설정을 하는 것이다.

현실적으로 우리 병원의 모든 수가를 낮게 설정할 수 없다. 그러나 분명 어떤 진료는 낮은 수가 적용이 가능한 것도 있을 것이다. 병원에서 주력으로 생각하는 A라는 치료 수가를 낮게 책정하기가 어려울 경우 A라는 치료와 관계있는 B라는 치료 수가를 많이 낮추는 것이다. 그리고 광고를 B에 집중한다. B 치료는 A와 상관관계가 있기 때문에 낮은 수가인 B 때문에 A 치료환자를 늘려 나가는 방법을 취할 수 있따. 미끼상품과 비슷한 전략이다.

다음으로는 전체적인 수가 체계의 기준이라고도 할 수 있는 방법이다.

저가와 고가의 진료를 나누는 것이다. 기본 질병 또는 기본 치료와 같이 자주 하지만 수가가 낮은 항목은 주변 병원보다 더욱 낮은 수가를 적용하여 양적인 성장을 도모하는 것이다. 이 수가는 저가이지만 환자를 유입시키는 성장의 동력으로 생각하면 된다. 대신 특정 수술이나 치료는 타 병원보다 다소 높은 수준의 수가를 적용시켜 전문성을 강조하는 형태로 운영하는 것이 좋다. 이렇게 이분화된 방법은 환자의 저항은 줄어들고 전문성은 배가시킬 수 있는 방법이 될 것이다. 다만 다소 높은 수가에 대한 근거를 제시할 수 있는 대비는 반드시 필요하다. 장비와 시설 또는 타 병원과는 차별화된 설명과 케어가 뒷받침되어야 한다.

상담에서부터 다르게 접근해야 한다

합리적인 수가의 근거를 입증하기 위해서는 깊이 있는 상담 시스템이 있어야 한다. 환자의 상태와 이런 질환이 발생된 원인, 해결 방법을 자세하게 설명하고 제시해야 한다. 표현할 수 있는 것은 말로써 하는 것이 아니라 물적 증거를 제시하면서 설명해야 한다. 환자들에게 치료를 해주는 것은 어렵지 않지만 가장 중요한 것은 환자 본인이 이 질환이 왜 생겼는지, 어떻게 치료하고 관리는 어떻게 해야 하는지를 자세히 설명하여 다시는 이런 불편을 겪지 않도록 해주는 것이 우리 병원의 진료철학이라는 것을 강조해야 한다.

건강 관련 TV프로그램을 보면 기-승-전-결의 순서가 있다. 이것을 환자 본인에게 맞춤형으로 제공한다고 생각하면 이해하기 쉽다. 중요한 것은 사람의 심리이다. 그래서 프레임을 잘 짜야 한다. 돈이 양심이 되는 것이 아니라 환자를 아껴주기 위해서 정확한 근거와 설명, 꼼꼼한 치료가 양심이라는 인식을 시켜줘야 한다. 환자가 상담을 마치기 전에 이런 이야기를 한마디 해주는 것도 좋다. "다른 병원에 가시더라도 그 병원에서 이런 것까지 해 주시는지 꼭 확인해 보세요. 그 정도까지 고려해서 치료한다면 하면 나쁘지 않은 선택이 될 수도 있습니다. 궁금한 사항이 있으면 저희 병원에 전화주시고요~" 이렇게 말해 놓으면 선택의 기준이 우리 병원이 된다. 쇼핑을 하더라도 다시 돌아올 확률이 높아진다.

Q 주변 병원과 수가가 비슷하다면 그대로 있어도 되는가?

A 특히 비보험 진료를 위주로 하는 병원들은 경쟁이 심해짐에 따라 전체적으로 수가가 낮아져 있다. 그래서 가능하다면 최대한 현재 수가를 고수하고 싶은 마음은 누구나 가진다. 경쟁이 심한 중심가에 위치한 병원들은 다른 이야기이지만 정말 동네 작은 규모의 로컬 병원들은 서로 눈치를 보며 수가를 건드리지 않고 싶이 힌다. 하지만 결국 누군가는 낮은 수가를 반영할 수 있다.

최대한 견뎌보다가 주변 병원에서 먼저 수가를 낮추게 되면 그때는 어쩔 수 없이 따라간다는 생각은 위험하다. 나중에는 더 낮추지 않으면 안 되기 때문이다. 독이 되는 결정일 가능성이 높다.

그렇기에 위에서 제시한 수가 정책을 선정하고 주변 병원보다 먼저 그 위치를 선점하는 방법이 도움이 될 것이다.

*본 전략은 진료 과목, 지역 및 규모, 진료 철학 등에 따라 모두 다를 수 있다. 하지만 위에서 제시한 전략의 본질을 이해하고 자신의 병원에 맞게 도입한다면 현재의 흐름에 순응하면서도 자신의 가치가 훼손되지 않을 것이다. '수가=자존심'이라는 고정관념을 탈피하면 환자들에게 더욱 높은 신뢰를 받을 것이라고 믿어 의심치 않는다.

새로운 파이프라인이 필요하다고 느껴질 때

어떤 분야에서 성공하려면 뚝심 있게 한 우물만 파면된다는 말이 있다. 하지만 요즘은 그렇지 않다고 생각하는 사람도 많고 사회 분위기도 직업의 다양성을 존중하고 있다. TV나 유튜브, 여러 언론에서 자신만의 새로운 파이프라인을 만든 사람들이 본업을 벗어나 크게 성공했다는 사례들을 많이 볼 수 있는 이유이기도 하다.

누군가는 현재 시장이 단군이래 가장 돈 벌기 좋은 시대라고 한다. 과학기술이 발달하면서 사업의 영역이 글로벌적이며, 사람들의 인식 또한 개인의 행복이 우선시되고 그로 인하여 소비의 형태 또한 다양해지고 커졌기 때문이다.

누구나 항상 똑같은 일을 반복하다 보면 지치고 힘들어지는 경우가 있다. 어떤 직업을 막론하고 모두가 그렇다. 이럴 때 나만의 새로운 파이프라인을 구축하고 싶은 마음이 샘솟기도 한다. 특히 미래에 대한 불확실성이 커지면 불안한 마음에 그러한 생각이 더욱 강해지곤 한다. 또한 현재의 사업이 잘되지 않을 때, 가까운 사람의 성공을 접했을 때가 가장 마음의 동요를 일으키는 순간이다.

그런데 의사가 다른 사업 또는 새로운 파이프라인을 만들고 싶을 때 주변에서 부정적인 반응을 보이곤 한다. 가까운 사람일수록 더욱 그렇다. 필자는 새로운 파이프라인에 대한 간절함이 있는 사람들을 응원하고 싶다. 왜냐하면 이것은 또 다른 기회이자 사고의 전환을 일으킬 훌륭한 타이밍이 될 수 있기 때문이다.

그렇다면 어떻게 해야 성공하는 파이프라인을 만들 수 있을까? 실패하는 이유와 성공하는 이유 그리고 방법을 알아보자. 지피지기 백전불태(知彼知己 百戰不殆)라고 하지 않았는가?

병원을 운영하는 의사가 다른 파이프라인을 잘 만들지 못하는 이유 중 하나는 집중의 결핍 때문인 경우가 많다. 병원에 집중하지 못하고 다른 사업에도 집중하지 못한다는 말이다. 돌아갈 곳을 염두에 두고 나아가기 때문에 항상 수동적인 자세를 보이곤 한다.

대부분의 의사는 내가 잘 모르는 분야이지만 성공했을 때 돌아오는 수익의 달콤함에 취해 이익이 되는 부분에만 집중하는 경향이 있다. 어떠한 사업이든지 리스크가 있기 마련인데 의외로 리스크를 간과하는 경우가 많다. 특히 동업의 경우에는 더욱 심하며 내가 잘 모르는 분야이기에 동업자를 더 믿는 것에서부터 문제가 발생한다. 특히 어떤 사업을 하든지 한 분야에 집중해도 성공하기가 쉽지 않은데 부업의 개념으로 접근하다 보니 강력하게 추진하지 못하는 경우가 많고 그러다 보니 한 분야에 전념하는 사람보다 좋은 결과를 만들지 못하는 것은 당연하다. 한마디로 다리만 걸쳐놓는 경우가 아니겠는가?

반대로 성공하는 케이스도 있다. 내가 아는 분야를 활용해서 사업을 하는 경우인데, 이런 경우는 출발선 자체가 다르다. 예를 들어 정신과 의사가 심리치료나 상담 센터를 따로 개업하는 경우는 현재 업무와 연관이 있고 시너지 효과를 낼 수 있기에 충분히 좋은 성과를 낼 수 있다. 서로 연관성이 있는 사업은 중요한 프로세스를 본인이 구성할 수 있고, 연계 및 협약이라는 명분으로 병원의 타이틀을 활용할 수도 있다. 결과적으로 실패할 확률을 줄일 수 있다는 것이다. 다만, 조심해야 할 부분은 내가 하는 업무와 연관성이 있더라도 새로운 제품을 만들어서 시장해 출시하는 경우에는 정말 깊이 있게 시장조사를 하고 자금 또한 여유 있게 준비해 둬야 한다.

왜냐하면 제품을 생산하는 것은 아이디어 하나만으로 성공하기 힘들기 때문이다. 제품개발은 생산이 중심이 아니라 유통이 큰 부분을 차지한다는 것을 인식해야 한다. 유통은 자금이 많이 소요되기도 하고 경험 없이 뛰어들었다간 큰 손해를 입을 수도 있다. 마케팅 또한 유통 못지않게 중요하기에 많은 지식이 필요하다. 물건을 판매하는 마케팅과 서비스를 파는 마케팅은 본질은 같지만 채널의 특성에 따라 활용하는 방법이 다르기에 아무렇게나 진행할 수 없다.

그리고 판매할 상품의 시장조사도 꼼꼼하게 해야 한다. 예를 들어 치과의사인 A 씨가 정말 좋은 치약을 만들었다고 가정해 보자. 2023년 기준 전 세계 치약 시장은 연간 약 25조 원, 한국은 1조 1천억 원에 이를만큼 규모가 크다. 내가 1%만 차지해도 한다고 해도 매출이 상상을 초월하기에 해 볼만 하다고 생각할 수 있다. 하지만 이미 대기업들이 시장을 장악한 상태이기 때문에 시장의 규모가 크다고 쉽게 덤빌만한 것이 되지 못한다. 실제 많은 치과의사들이 치약과 칫솔을 제작하여 판매해 보았지만 대부분 시장에서 사라졌다. 독특한 아이디어가 있고 정말 좋은 제품이라고 하더라도 유통과 마케팅을 운영할 능력이 안되면 이익은커녕 투자비 회수도 하지 못하고 빚만 늘어날 수 있다.

만약 본인이 좋은 아이디어가 있다면 직접 제조, 판매보다는 전문 업체와 협업을 하여 내가 크게 신경을 쓰지 않고 로열티 정도로 한정하는 방법노 있다. 아니면 와디즈(Wadiz), 텀블벅(Tumblbug) 같은 클라우딩 펀딩(crowd funding) 플랫폼을 통하여 시장의 흐름을 읽어가면서 소액 투자자들로부터 자금을 조달하며 리스크를 줄이는 것도 좋은 대안이 될 수 있다.

다음으로 새로운 파이프라인을 만들기 위해서는 수익성에 대한 고민을 해봐야 한다. 의료업은 타업종에 비해서 수익성이 높은 편이다. 그래서 많은 의사들이 수익성의 기준을 병원 정도로 생각하는 경향이 있기에 새로운 사업에 도전할 때 문제가 발생하곤 한다.

병원 사업 이외에 높은 수익률이 발생하는 사업은 리스크가 크거나 사기일 가능성이 높기 때문에 달콤한 희망에 취해 자기 합리화를 하는 경우가 많다. 우선 성공했을 때 이익보다 실패했을 때 닥칠 리스크의 크기를 판단해 보고 본인이 그것을 감당할 정도의 여력이 있는지 깊이 생각해 보아야 한다. 만약 주변 지인들을 통해서 좋은 정보, 확실한 정보라는 말을 들었다면 다시 한번 재고해 봐야 한다. 특히 부동산, 주식, 코인 등에서 많은 문제가 발생한다.

그러나 내가 평소에 취미나 좋아하는 분야 또는 잘하는 분야와 관련된 사업이라면 즐거운 마음으로 소액의 투자금으로 해보는 것은 추천한다. 이것 또한 삶의 에너지가 될 수 있기 때문이다.

지금까지 새로운 파이프라인에 대한 고민을 해봤다면 역으로 생각해 보자. 다른 사업에 투자할 자금으로 현재 병원에 투자한다면 어떤 결과가 나올까? 병원을 운영하기 더 좋은 위치로 이전할 수도 있고, 장비와 인력을 더욱 강화할 수도 있다. 병원의 위치가 좋다는 것은 어떠한 마케팅보다 강한 요소가 될 수 있다. 그리고 인력을 강화한다는 것은 인력을 늘려야 한다는 의미보다는 좋은 인재를 영입하는 것에 초점을 맞춘다는 것이다. 맨파워가 강하고 해당 분야에 역량이 높은 사람을 영입한다면 병원 전체 분위기 전환이 가능하다. 대신 이런 사람의 급여는 기존 직원들의 급여수준보다 높을 수 있으며 그러기 위해서는 대표의 용기 있는 결심이 필요하다. 대부분 여기에서 머뭇거리게 되는데 투자라는 측면에서 접근한다면 그리 큰 비용이 드는 것이 아닐 수 있다. (인재는 간호사, 치위생사, 전문경영인, 봉직의 등이 될 수도 있다.)

　일반적으로 병원에 재 투자를 생각하면 많은 사람들이 병원의 인테리어를 언급하곤 한다. 병원의 분위기를 전환하기 위해 인테리어가 영향이 있긴 하지만 필자는 인테리어가 병원에 미치는 영향은 미비하다고 본다. 환자가 병원을 선택하는 조건 중에 인테리어는 그리 큰 요소가 아님이 각종 조사에서 밝혀졌다. 지저분하지 않고 깔끔한 정도이면 충분하다. 차라리 전문 청소업체에 의뢰해서 깨끗하게 만드는 것이 더 좋은 선택일 수 있다.

　의사가 당장 시작해도 좋은 파이프라인이 있다. 바로 부동산이다. 현재의 병원을 키워 나감과 동시에 좋은 부동산을 매입하는 것은 높은 확률로 성공할 가능성이 있다. 단, 전제 조건은 병원과 관련된 부동산을 매입하는 것이다. 그 부동산에는 내 병원이 꼭 들어가야 한다. 어떤 건물에 병원이 있는 것과 없는 것의 가치는 상당히 크기 때문이다. 병원의 확장, 자산의 증가 모든 것이 가능해진다. 실제 주변에서도 병원을 임대로 시작해 그 자리를 매입하고 또 확장하며 마지막에는 건물까지 매입한 경우가 많이 있다. 은퇴한 이후 건물의 임대료로 충분히 여유로운 생활을 하는 의사들을 종종 볼 수 있으며, 이 방법은 타 사업에 비해 리스크가 적은 편이다.

　이런 방식으로 돈을 버는 기업 중 대표적인 기업은 바로 맥도날드이다. 사실 맥도날드는 햄버거를 팔아서 큰돈을 버는 기업이 아니다. 2021년 연례 보고서에 따르면 전 세계적으로 11,500개의 매장(부동산)을 소유하고 있다. 이런 부동산과 관련된 토지, 건물, 임대료 등의 가치는 338억 달러라고 한다. 투자수익률이 높은 만큼 맥도날드는 지금도 부동산에 집중한다.

시장 경기가 하락하고 미래에 대한 불안감, 같은 일의 반복으로 무료함을 느낄수록 새로운 수익, 새로운 파이프라인에 관심을 기울인다. 그럴 때 수익성이 보장된 사업을 활성화시키는 것이 좋을지, 아니면 새로운 도전에 열정을 바치는 것이 좋을지 심사숙고해 보길 바란다. 사람의 마음은 급할수록 무리수를 던지기 마련이다. 불확실한 미래의 두려움 때문에 섣불리 내달리지 말고, 정말로 내가 열정을 다할 수 있다는 결심이 들었을 때 비로소 시작해도 늦지 않다. 하지 말라는 말이 아니라 제대로 하라는 말이다. 이런 과정을 겪고 나면 경영에 대한 사고력, 시가도 확장될 것이다.

병원의 분위기가 느슨해질 때

처음 개원을 할 때만 하더라도 눈에는 총기가 있고, 원장과 직원들 모두 정신을 바짝 차리려고 노력한다. 하지만 똑같은 일을 반복하다 보면 누구나 일상에 지쳐 처음과는 다르게 나태해지고, 당장 눈앞의 일에만 매진하게 된다. 직원이든 대표 원장이든 모두가 공통적으로 겪는 문제다.

직원들의 이러한 행동은 이해할 수 있다. 하지만 대표원장은 절대로 그런 모습을 보여서는 안 된다. 모든 직원들은 대표원장의 말이나 행동을 보고 나태해져가는 모습이 당연한 것으로 인식하기 때문이다.

병원을 운영하다 보면 여러 가지 문제를 발견할 때가 있다. 평소에는 각자 자신의 업무에만 집중하느라 보이지 않던 것들이 환자가 줄어 예약 상황에 여유가 생기게 되면 직원들의 총기도 줄어들고 병원의 분위기도 느슨해지는 느낌이 들기도 한다. 한창 바쁘다가 한 번씩 여유가 생기는 것이 아닌 지속적인 분위기를 말하는 것이다.

이린 분위기가 어느 정도 지속되면 환자가 없어서 그런 것을 알기에 대표원장 본인도 열심히 안 하는 것이 환자가 없어서 못하다고 인식해 버리는 경우가 발생한다. 그런데 문제는 여기에서부터 시작한다. 예약된 환자가 있는 시간대에 어쩌다 신환이나 구환 몇 명이 몰려왔을 때 직원들은 우왕좌왕하고 병원은 정신이 없어진다. 그런 날이면 직원들은 너무 힘들었다고 투덜대기도 한다. 그리고 이런 일이 몇 번 반복되면 직원들이 아예 병원의 예약을 여유롭게 잡아 두기도 한다.

이럴 땐 어떻게 해야 할까? 무조건 직원들을 탓할 수 없는 노릇이라 대표원장도 답답하기만 하다. 여기 한 가지 방법이 있다.

예약을 몰아서 잡아라

예를 들어 여유롭게 잡아둔 2~3일 정도의 예약을 하루 만에 모두 몰아서 잡아보는 것이다. 말이 안 된다고 생각을 할 수 있지만 의외로 가능하다. 직원들의 반발이 있을 수 있지만 의지를 꺾지 말고 추진해 보기를 추천한다. 그럼 나머지 1~2일 동안은 일없이 거의 놀게 될 텐데? 맞다. 그런 것을 감수하고 진행하는 것이다. 이렇게 하루에 몰아서 예약을 잡으면 다음과 같은 효과가 있다.

- 환자가 몰릴 때 어떤 문제점이 있는지 파악이 가능하다.
- 직원들이 긴장한다.
- 예약을 타이트하게 잡는 방법, 효율적인 예약시스템을 고민하게 된다.
- 북적이는 대기실 때문에 환자들에게 정말 잘 되는 병원이라는 인식이 생긴다.
- 바쁠 때, 여유로울 때의 시스템이 달라야 됨을 인식할 수 있다.
- 직원들의 업무 역량이 높아진다.

조금 극단적인 방법이긴 하지만 분명히 효과가 있다. 병원마다 예약의 정도가 다르기에 2~3일분을 고수할 필요는 없지만 최소한 약간 무리가 갈 정도로 예약을 몰아서 잡다 보면 많은 문제점과 좋은 점이 함께 드러날 것이다. 그런데 이런 방법을 진행한 이후가 더욱 중요하다. 직원들에게 꼭 피드백을 해줘야 한다. 피드백이 없으면 불만만이 가득해지기 때문이다. 원장은 직원들이 예약을 잡을 때 진료별, 소요 시간별로 어떻게 효율적으로 분배할 수 있는지 기준을 제시할 교육의 명분이 되고, 바쁠 때에도 지켜야 하는 멘트도 결정할 수 있으며 직원들 간의 호흡을 맞춰 나갈 수 있는 효율적인 동선 및 순서를 찾아낼 수도 있다. 원장과 직원 모두 같이 공감할 수 있는 시간이었기에 회의를 통하여 피드백 하기도 용이 해진다. 환자들에게 잘 되는 병원이라는 인식을 심어주는 것은 덤이다.

병원의 분위기가 전반적으로 느슨해지고 활기가 줄어든다면 강제적으로 악조건의 상황을 만들어내는 용기도 필요하다. 직원들, 원장의 생각이 바뀌는 중요한 순간이 만들어질 것이다.

지인의 병원이 잘 된다는 말을 들었어요

필자의 지인에게 다음과 같은 이야기를 들었다.
"진료를 마치고 오랜만에 동기를 만나 같이 술을 한잔 먹었습니다. 이런저런 대화를 하다가 다른 동기 중 한 명의 병원이 요즘 잘 나간다는 이야기를 들었습니다. 그날 저는 '아~그 친구는 좋겠네'라고 생각했습니다. 다음날 진료를 보다가 문득 병원이 잘된다는 그 동기의 이야기가 생각났습니다. 그런데 갑자기 '나는 왜 이럴까?'라는 생각이 들면서 마음이 힘들어졌습니다."

'사촌이 땅을 사면 배가 아프다'라는 속담이 있다. 사람은 부러움을 넘어 질투가 생길 수도 있다. 하지만 사촌이 땅을 샀다는 사실보다 가지지 못한 자신을 비관하는 것은 더욱 큰 문제이다. 내 지인의 병원이 잘 된다는 이야기만 듣고 자신과 비교하여 스스로를 힘들게 만드는 것은 어리석은 일이다.

병원의 매출과 관련된 이야기는 사실 모든 것이 100% 믿을 만한 이야기가 아닐 가능성이 있다. 한마디로 걸러 들어야 한다는 것이다. 매출이 높다고 말한다면 지출이 얼마인지 비교해 보아야 하고, 얼마를 벌었다면 투자를 얼마나 했는지, 대출은 얼마나 있는지 세전인지 세후인지 확인해 보아야 한다. 아무리 가까운 사이라도 100%라고 믿을 수 없다는 것이다.

누구는 자존심 때문에 매출이 높다고 말할 수도 있고, 누구는 잘난 척하는 모습으로 보일까 봐 매출을 줄여서 말하기도 한다. 병원의 규모가 크다고 성공했다고는 말할 수 없으며, 규모가 작다고 수익이 적다고는 말할 수도 없다. 사람은 감추고 싶은 비밀 하나쯤은 모두 가지고 있다.

월 매출이 1억 원인 병원과 3억 원의 병원이 있다. 절대적인 수치로는 무조건 3억 원의 매출을 올리는 병원이 훨씬 성공한 병원으로 보인다. 그러나 그 속을 들여다보면 겉보기와는 다른 경우도 있다. 월 매출 1억 원의 병원은 근무하는 직원 수, 지출의 규모가 작고, 임대가 아니라 자신의 소유이며, 반면 3억 원을 하는 병원은 직원 수가 1억 하는 병원보다 훨씬 많고, 마케팅에 소요되는 비용도 높아 지출 역시 높다. 또한 임대료도 내고 있어서 자산의 가치도 거의 없다. 나중에 세금까지 생각하면 실제 대표의 소득은 별 차이가 없거나 전자의 경우가 더 높은 경우도 있다.

특히 고정비가 높은 큰 병원일수록 매출 하락이 지속되면 더 힘들어지는 상황이 발생한다. 이것은 규모가 작고, 매출이 낮은 병원만을 운영해 본 사람들은 크게 느끼지 못하는 부분이다.

사람들은 각자의 목표가 다르다. 누구는 외부적으로 보여지는 것, 큰 규모를 운영해 보는 것, 명예를 중요하게 생각하는 사람이 있는 반면에 누구는 조용하게 자신의 실속을 챙기는 것을 중요하게 생각하는 사람이 있다. 이것은 선택의 문제이다. 모두의 지향점이 다르기에 겉으로 보이는 것 만을 가지고 자신과 비교하는 것은 잘못된 생각이다. 남의 떡이 커 보인다는 것을 잊지 말아야 한다.

그렇다면 지인의 병원이 잘나간다는 말을 들었을 때 어떻게 생각하고 받아들여야 나에게 도움이 될까?

부러움을 넘어서 그 사람이 일구어 낸 것을 나도 할 수 있다는 생각으로 지식을 쌓은 것부터 시작해야 한다. 어렵다고? 아니다. 당신도 할 수 있다. 왜냐하면 그 사람이 왜 잘 되었는지 알고 싶다는 마음이 생기기만 한다면 자신의 위치를 객관적으로 파악할 수 있고, 그러면 내가 무엇에 집중해야 하는지 알 수 있기 때문이다.

대신 한 가지 조건이 있다. 이제부터는 'How'보다는 실천에 집중해야 한다. 그리고 궁금한 것을 물어보는 행동을 부끄러워하지 말아야 한다.

미국의 노아 카건(Noah Kagan)은 한화로 약 1,000억 원대의 자산가이다. 그는 23번 사업에 도전했지만 실패했고 24번째 사업인 APPSUMO.COM을 만들어서 성공하게 된 사람이다. 한 강의에서 그는 이렇게 말했다.

"저는 상당히 내성적인 사람이었으며, 처음부터 어떤 일을 시작해 보기 전에 아직은 준비가 덜 된 것 같다고 말하며 두려움을 느꼈습니다. 지금 당신의 현재와 꿈꾸고 있는 당신의 위치는 당신의 생각보다 엄청 가까이에 있습니다. 마음속에는 'How'를 품고 있겠지만 언제나 'Now'가 우선입니다. 그리고 시작을 두려워하면 그 어느 곳에도 닿지 못하고, 질문을 두려워하면 그 무엇도 가지지 못합니다. 저는 소심한 성격 때문에 아직도 질문을 할 때 가슴이 두근거리곤 하지만 항상 거절은 당연하다고 생각하면서 질문을 합니다. 그러다 보면 10명 중 2~3명은 친절하게 답변해 주고, 그 답변은 나의 사업에 큰 힘이 되었습니다."

내가 운영하는 병원이 잘 안되거나 더 큰 성공을 이뤄내기 위해서 실력 있는 사람, 성공한 사람에게 시간적, 기술적 방법을 물어보는 연습을 해야 한다. 분명 거절하거나 내가 원하는 답을 듣지 못할 수도 있다. 그러나 거절의 불편함을 감수하고 집요하게 물고 늘어져야 한다.

단, 이런 질문을 할 때에는 상대가 친한 사이 일지라도 불편하지 않도록 예의를 갖추면서 내가 원하는 부분을 물어보아야 한다. 가장 잘못된 방법은 단도직입적으로 "어떻게 성공했어요?", "성공한 비결이 뭐예요?" 라고 물어보는 것이다. 이런 질문에 자세히 대답해 줄 사람은 거의 없다. 두루뭉술하게 물어보면 답도 똑같이 두루뭉술하게 돌아온다.

먼저 자신의 상태가 어떤지 말해주고 내가 정말 궁금한 부분을 디테일하게 질문하고 그에 대한 답변을 부탁해도 될지…라는 식으로 물어보는것이 좋다. 상대방도 한꺼번에 모두 답할 수 없기에 물꼬를 튼다는 생각으로 구체적으로 질문하다 보면 자연스럽게 원하는 답변을 얻을 수 있다.

만약 상대방이 나의 부탁과 질문에 거절하더라도 섭섭하거나 답답해하지 마라. 누구에게 거절을 당하더라도 내 인생에는 아무런 영향이 없다는 것을 인지하는 순간 마음은 더 편해지고 더 강해진다.

결과적으로 남들과 비교하며 자신을 비관하는 일은 절대로 하지 말아야 한다. 특히 개원의는 더욱 그렇다. 간절히 원하고, 잘하는 사람에게 질문하고, 시작하는 용기만 가지면 현재보다 더욱 좋아지는 병원을 만들 수 있다. 하지만 그 마음이 여기에서 끝난다면 절대로 성공할 수가 없다. 남을 부러워하거나 질투하지 마라. 그 시간에 배우고 시작하는 것이 훨씬 더 빠른 성장을 이루게 한다.

불확실한 미래에 대한 공포가 밀려들 때

어쩌면 끊임없는 불안에 잠 못 이루는 사람이 많을 것이다. 특히 개원의라면 자신의 어깨에 짊어진 책임감 때문에 불안한 마음은 더욱 커져만 간다. 현재 운영하는 병원이 잘 되는 사람, 잘 안되는 사람 모두 불안하기는 마찬가지이다.

가만히 과거를 돌이켜보면 현재가 더 나아졌다는 생각이 들지만, 불확실한 미래에 대한 불안감 때문에 현재의 자신을 잃어버리거나 막연한 두려움에 매몰되어 버리는 경우도 많다. 특히 성장기에서 성숙기로도 가보지 못한 사람일수록 패배감에 지배되어 자신의 한계를 설정해버리는 오류를 범하고는 한다.

그렇지만 이 책을 읽고 있는 사람이라면 분명 누구보다도 자신의 병원과 미래에 대해 걱정하고, 고민하며 병원을 성공시키려는 열정이 충만한 사람일 것이다. 인생을 당장 눈앞에 벌어진 일에만 집중거나 미래를 되는대로 살아가는 사람은 이런 글을 읽거나 귀담아들을 가능성이 거의 없다.

그렇기에 다음의 내용을 곱씹어 보고, 자신의 사고는 어디에 위치해 있고, 어떻게 두려움을 극복해야 하는지 알아보는 시간이 되길 바란다.

관찰자로서의 삶

앞서 다른 장에서 소개했던 내용을 다시 한번 생각해 보자.

당신은 지금 불행하다고 생각하는가? 그렇다면 그 불행의 기준은 무엇인가? 그럼 그 기준은 누가 설정했는가? 이 질문을 맞이한 당신은 당황했거나 자신과 상관없는 철학으로 받아들일 수 있다. 하지만 이 모든 것은 사실이다. 내 생각의 시작점, 기준을 어디에 두는가에 따라서 답은 달라질 수 있다.

여러 심리학자, 형이상학자, 심지어 뇌 분석학자까지도 동의하는 내용 중 하나이다. 내가 행복하거나 불행한 것이라는 사실적 근거는 없다. 기준이 다르기 때문이다. 단지 내가 처해있는 상황을 두고 '행복하다고 바라보는 나'가 있고, '불행하다고 바라보는 나'가 있을 뿐이다. 내가 설정한 기준의 프레임에 갇혀 불행함의 그물에 내 삶을 맡기지 마라. 관찰자의 시점에서 출발하면 불행함을 벗어날 수 있는 기회를 얻을 수 있다. 현재 나에게 펼쳐진 상황을 저 멀리서 관찰자의 눈으로 바라보라. 결국 일어난 일에 대한 해석도 내가 선택하는 것이다. 내가 지금까지 경험한 모든 것은 성공의 밑거름이 됨을 인식하라. 분명 밝은 미래를 위해 달려나가고 있는 현재의 행복한 나를 발견할 수 있을 것이다.

과거의 족쇄를 끊어라

"내가 열정적으로 열심히 해서 한때는 최고의 매출도 찍었는데, 지금은 경기가 너무 안 좋고 저수가 병원들이 많아져서 너무 힘들다"라고 말하는 사람들이 있다. 그래서 미래가 더 불안하다고 한다. 현재 일어난 문제를 과거의 영광에 빗대어 생각하게 되는 순간 끝없는 낭떠러지에서 추락하는 것과 같다. 이것은 자신의 미래를 옭아매는 나비효과로 나타날 수 있다. 그러나 걱정하지 마라. 자신의 불안한 마음이 현실로 나타난다는 사실을 깨달을 때 현실(결과)을 보면 원인을 해석할 수 있다. 내가 부족한 부분이 무엇인지, 과거에는 옳았지만 지금의 트렌드가 아닌 것은 어떤 것인지를 알 수 있는 기회의 순간이 될 수 있다. 과거에 얽매이는 것이 아니라 과거로부터 현재를 해석하고 미래를 예측할 수 있다는 현실을 인정하고 지금부터 분석하라.

실패의 두려움

실패(失敗)의 사전적 의미는 '목표했던 일을 달성하지 못한 상태'를 말한다. 그렇다면 현재 자신의 병원 매출이 낮다고 실패라는 단어를 사용하고 있지는 않은가?를 생각해 보아야 한다. 자신이 목표했던 일을 달성하지 못했다면 그 목표를 어떻게 설정하고 그게 올바른 목표였는가부터 되짚어 보아야 한다. 현재 병원의 신환이 줄어들고, 매출이 낮아지는 것은 자신의 목표에 다가가기 위한, 성공으로 나아가는 과정의 시행착오일 뿐이다. 성공의 반대개념이 아니라 기반이 되는 과정이라는 것이다.

그런데 현재 자신이 걸어온 길(과거)을 가지고 현재를 판단하여 앞으로(미래) 나아가지 못하고 우물쭈물하는 것은 미래의 실패를 끌어다 쓰는 것과 마찬가지이다.

이런 말을 하면 사람들은 철학적이라고 말한다. 아니다. 철학이 아니라 현실이며 관점의 차이일 뿐이다. 시행착오라는 것 자체에 비중이 다를 뿐 모든 것은 인생이라는 큰 틀에서 바라볼 땐 모두 같다. 현재를 인정하고 과거를 분석해서 미래를 대비하자는 인식을 내 의식에 새겨 넣으면 두려움 그것은 한낱 단어에 불과하다. 그 두려움이 나의 밑거름이 되는 것은 나의 인식에서부터 출발한다. 그러니 의식적으로 두려움에 움츠려들지 말고 무엇부터 변화시킬지를 고민하라.

큐브가 틀어졌다

사람은 왜 불행해지는가? 흐름을 예상하고 예측하기 때문이다. 앞으로의 흐름이 자신의 예측을 빗나가게 될 때 사람은 불행함을 느낀다. 지금까지 열심히 했지만 내가 생각한 데로 잘 안되었다면 현재 나의 모습에 실망하고, 앞으로의 미래까지 비관적으로 판단하기에 불안감이 더욱 커지게 되는 것이다.

이런 마음이 드는 것은 보통의 사람에게는 당연한 감정이다. 캐나다의 'MinPark'라는 형이상학자는 이런 인간의 합리적인 심리를 큐브에 빗대어 표현한다. 어릴 때 가지고 놀던 큐브를 생각해 보라. 모든 조각이 흐트려져있는 큐브는 같은 색깔끼리 모두 맞추는 게임이다. 큐브의 한 단면은 2차원이다. 이를 맞추기 위해 더 높은 3차원에 있는 우리는 큐브를 이리저리 돌려가며 모든 것을 재분석, 조립, 정돈한다.

당신은 지금까지 큐브의 같은 색깔 한 면, 두 면을 맞추기 위해서 부단히 노력하고 열심히 살아왔다. 하나의 면을 맞추기 위해서 남들은 모르는 속앓이를 하면서 말이다. 이렇게나 열심히 살아왔는데 내 눈앞에 어둡고 힘든 미래가 느껴지니 선뜻 큐브를 움직이지 못한다. 내가 이미 완성한 한 면까지 흐트러질 것 같은 두려움에 휩싸이기도 한다. 사람은 2개를 얻는 것보다 1개를 잃었을 때 더 큰 실망감을 느끼기 때문이다. 회피하는 것은 인간의 본능이다.

하지만 걱정하지 마라. 알다시피 큐브를 완성하기 위해서는 이미 맞춰 놓은 면을 다시 흐트러트려야만 한다. 기존의 면을 건드리지 않고는 절대로 큐브를 완성할 수 없다. 나의 현실이, 나의 미래가 어떻게든 나를 옥죄는 느낌이 든다면 너무 심각하게 받아들이지 말고, 분명 더 나은 길로 나아가기 위한 과정이라 인지하라. 그러니 앞으로 당신이 결심했더니 불운으로 보이는 일이 생겨나면 이렇게 말하라.

"이제 큐브가 뒤틀리기 시작하는구나!", "곧 완성을 향한 여정이 시작되는구나"

미약한 것부터 시작하라

미래에 대한 걱정을 하기 시작하면 인간은 대부분 사고(事故)를 제압당하고 이는 곧 행동으로까지 연결된다. 한 번의 공포에 사고를 제압당하면 문제의 정도를 파악하기 힘들고 단순히 모든 것이 무섭고, 어렵고, 가능성이 희박해 보이기도 한다.

10가지의 문제 중에 1가지는 아주 쉽고, 2가지는 쉽고, 5가지는 보통이고, 2가지는 아주 어려운 문제인데 불안한 마음이 드는 사람은 자신이 느끼는 것 10개 모두가 아주 어렵다고 인식하게 된다. 하지만 이런 생각이 드는 순간부터 정신을 똑바로 차리고 자신과 자신의 상황을 객관화시켜야 한다.

먼저 나에게 주어진 문제를 모두 종이에 적어보라. 그리고 그중에서 가장 쉬운 문제, 당장 해결할 수 있는 문제부터 바로 행동으로 옮겨서 해결하라. 그러면 분명 다음 문제도 해결할 수 있는 방법이 보일 것이다. 문제는 안 되는 것이 아니라 안된다고 인식하는 것이다.

"이 작은 것을 한다고 뭐가 달라지겠어?"라는 생각이 들것이다. 그러나 위기를 극복하고 성공한 사람은 바로 그런 작은 것부터 바꿔 나갔다. 불확실한 미래보다 확실한 현재의 작은 변화에 집중하고 최선을 다하라. 성공은 작은 실천에서부터 시작된다. 성공한 사람들은 모두 알고 있는 사실이다.

아끼는 직원이 흔들릴 때

병원을 개원하기 전에는 두려움 반, 설렘 반으로 출발한다. 막상 개원을 하고 보니 일 자체가 힘든 것이 아니라 사람 때문에 스트레스를 받는 경우가 많다. 특히 병원에서는 간호사 또는 치위생사를 구하기란 참 어려운 상황인데 처음부터 손을 맞추고, 우리 병원에서는 없어서는 안 될 귀중한 인재가 그만둔다는 말을 들으면 참으로 난감 해진다. 지금까지 같이 해온 세월이 있고, 진심으로 잘 해주었으며, 기쁠 때나 슬플 때 같이 하였기에 막상 나간다고 하니 섭섭하기도 하고, 괘씸하기도 하며 겁이 나기도 한다.

사람이 살다 보면 내가 원하는 일이 잘 풀리지 않을 때도 있고, 생각지도 못한 변수 때문에 힘들어할 때도 있지만 그게 사람일 경우 가장 대미지가 크다.

아끼는 직원이 힘들어하거나 그만둔다고 할 때 그 사람을 잡을 방법은 어떤 것들이 있을까?

 직원이 그만두는 이유는 너무나 다양하기 때문에 해결 방법 또한 정답은 없다. 가장 중요한 것은 힘들어하는 이유를 알고 그것을 해결해 주면 되는데 그 이유를 솔직히 말하지 않거나 현실적으로 무리한 요구를 할 경우 감정에 호소하는 방법 이외에는 손을 쓰지 못하는 경우가 다반사이다.

 사실 그만둘 마음이 확고한 사람에게는 어떠한 방법도 통하지 않지만, 퇴사를 결정하지 않고 마음이 갈팡질팡하는 사람에게는 여러 가지 방법을 고민해 봐야 한다.

 지금까지 겪어본 수많은 직원들이 퇴사를 결심한 원인은 과중한 업무, 낮은 급여, 자신을 인정해 주지 않았을 경우, 자기 개발의 한계를 느꼈을 경우 등이 있다. 특히 고연차들은 월급 10만 원 정도 적다고 타 병원으로 쉽게 옮기지는 않는다. 사실 아끼는 직원이라면 그 징도 이상의 급여는 더 줄 수 있지 않은가? 그런데 실제로 한 사람을 올려주면 모든 직원들의 급여를 높여줘야 하는 부담감에 놓치는 경우가 많다.

 필자가 경험한 직원 퇴사를 예방하는 방법 몇 가지를 소개한다. 다만 이런 방법들은 정답이 아니라 상황마다, 사람마다 다르다는 것을 기억하고, 사람의 마음을 사로잡는 본질은 비즈니스적 관점에서 출발해야 함은 당연하다. 직원은 돈을 벌기 위해서 일을 한다는 것을 잊지 말아야 한다.

급여 문제일 경우

평소 타 병원보다 급여 수준이 낮다면, 그런 수준을 대표원장이 고수한다면 방법이 없다. 하지만 그 사람을 놓치고 싶지 않은 마음에 생각보다 더 많은 급여를 지급하기 위해서는 직책을 부여하고 직책수당이라는 명분으로 지급하는 것이 좋다. 또한 이런 직책을 부여함에 있어서 책임감도 동시에 전해주어야 한다. "평소에 충분히 일을 잘하는 것 같아 이미 생각하고 있었다. 한 단계 더 높은 업무를 맡기고 싶고, 충분히 해내리라 본다. 당연히 직책수당을 더 붙여서 지급한다."라는 말을 덧붙이는 것이 좋다. 아니면 직원 전체의 급여 상한액을 정해두고 그 안에서 기여도에 맞춰서 급여를 높이는 방법도 있다.

과중한 업무 문제일 경우

직원이 부족해서 그런 것은 당연히 직원을 보충해야 일이 해결된다. 그러나 본인이 업무에 지쳤을 때에는 휴식의 시간을 지급하는 것도 좋다. 예를 들어 일정 기간 유급휴가를 보내는 방법, 당분간 주 3일 정도 일하는 방법(알바 형태), 타 직원과의 업무 분산(업무 비중 낮춤) 등이 있다. 일을 잘하는 직원일수록 원장이 믿고 여러 가지 일을 맡기는 경우가 있는데 실제로 얼마나 과중한 일인지 모르는 경우가 많다. 그래서 업무의 재편성과 적당한 안식이 필요하다.

자기발전의 한계

평소 직원 교육에 집중하는 병원에서는 자기발전 기회가 부족하다고 퇴사하는 직원은 별로 없다. 그러나 이제는 배울 것이 없다거나 이 병원에서 자신이 발전할 가능성이 없다고 생각하는 직원이 있으면 1:1 면담이 꼭 필요하다. 기억해야 할 것은 이런 마음을 가지게 만든 대표원장의 책임이 크다는 것이다. 이런 직원은 본인이 직원들을 교육하거나 성장시켜 나갈 수 있는 여건을 마련해 주어야 한다. 교육팀장 같은 직책을 주어도 좋고, 필요하다면 여러 세미나를 지원해주면서 배움의 목마름을 해결해주는 센스도 필요하다.

*세미나 참석 후 숙제처럼 강의 내용을 여러 직원들 앞에서 발표하라고 하면 아무도 가지 않는다. 다만, 원장이 직접 그 직원과 대화 형태로 내용을 물어보면 직원도 이야기를 잘 해줄 것이다. 자신에게 관심을 가져주고 귀담아 들어주는 모습에 감사함과 자신감, 애사심을 가지게 된다.

퇴사를 미연에 방지하는 방법

어떤 조직이든지 불만 없는 사람은 없다. 그리고 모든 직원을 만족시키는 방법 또한 없다. 그러나 십수 년간 병원을 운영해 보면서 느낀 것은 퇴사하고자 하는 직원들의 대다수가 조금만 더 신경을 썼다면 충분히 예방할 수 있었을 것이라는 점이다. 급여를 되도록 적게 주려는 병원을 제외하고는 말이다.

대표원장은 책임자에게 직원들을 잘 관리하라는 책임만 주고 나머지 직원들과 대화 자체를 잘 하지 않는 경우가 많다. 정작 직원들은 대표원장과 이야기를 하고 싶은데도 말이다. 직원들은 조직의 최고 책임자인 대표원장의 입에서 나오는 한마디에 더 큰마음의 동요를 일으킨다.

회식을 자주 하고, 자주 어울리라는 말이 아니다. 지나가면서 한마디씩 한 사람 한 사람에게 "오늘 헤어스타일 변한 것 같네~", "요즘 힘든 것 있어요?" 등의 진심 어린 작은 관심이 필요한 것에서 시작하는 것이다. 정기적으로 1:1 면담을 통해 직원들의 이야기를 들어주는 것만으로도 미리 예방할 수 있다.

직원과 면담을 할 때에도 해결에 중점을 두기보다는 그 사람의 이야기를 들어주는 것에 집중하여야 한다. 물론 필요한 것이 있다면 되도록 해결할 수 있는 노력은 해야 하지만 그보다 중요한 것은 경청하는 것이다. 속마음을 털어놓을 수 있는 환경과 분위기를 만드는 것에 힘써야 한다.

일반적으로 일을 잘하고 아끼는 직원은 평소 병원에 대한 애사심이 많다. 그들로 하여금 들을 수 있는 이야기와 정보가 많은 만큼 자주 이야기를 하면서 머리를 맞댄다면 생각보다 해결할 수 있는 경우가 많아진다. 떠나갈 때 잡으려는 에너지보다 잘할 때 관리하는 에너지가 훨씬 적게 든다는 것을 기억하라.

위기의 병원을 위한
STRATEGY 전략
반드시 성공하는 1%의 차이는 무엇인가?

초판 1쇄 발행 2024년 10월 15일

지은이 | 김성훈
비즈니스문의 | coupe28@naver.com

펴낸곳 | 주식회사 바른북스
출판등록 | 2019년 4월 3일 (제2019-000040호)
주소 | 서울시 성동구 연무장5길 9-16, 301호 (성수2가, 블루스톤타워)
전화 | 070-7857-9719
팩스 | 070-7610-9820
메일 | barunbooks21@naver.com
홈페이지 | www.barunbooks.com

ISBN 979-11-7263-739-2 (03320)

· 이 책은 저작권법에 따라 보호받는 저작물이므로 무단 전재와 무단 복제를 금하며,
  이 책 내용의 전부 또는 일부를 이용하려면 반드시 저작권자와 바른북스의 서면 동의를 받아야 합니다.
· 잘못된 책은 구입처에서 바꿔 드립니다.